CENTRO INTERNAZIONALE DI STUDI GIOACHIMITI
S. GIOVANNI IN FIORE

Opere di Gioacchino da Fiore: testi e strumenti
Collana a cura di Roberto Rusconi

28

CENTRO INTERNAZIONALE DI STUDI GIOACHIMITI

S. GIOVANNI IN FIORE

Regione Calabria
Dipartimento Cultura

Comune di
San Giovanni in Fiore

Provincia di
Cosenza

Comune di
Carlopoli

Comune di
Celico

Comune di
Luzzi

Comune di
Pietrafitta

Gioacchino da Fiore

Scritti brevi

Genealogia degli antichi santi padri
Interpretazione dei canestri di fichi
Questione su Maria Maddalena

a cura di Gian Luca Potestà
testi critici a cura di Alexander Patschovsky e Gian Luca Potestà

viella

Prima edizione: marzo 2019
ISBN 978-88-3313-092-7

viella
libreria editrice
via delle Alpi, 32
I-00198 ROMA
tel. 06 84 17 758
fax 06 85 35 39 60
www.viella.it

Indice

Gian Luca Potestà

Premessa

Nel 2014 gli scritti più brevi di Gioacchino da Fiore, ad eccezione di quelli direttamente attinenti il testo dell'Apocalisse di Giovanni, sono stati pubblicati in edizione critica, con il titolo di *Scripta breviora,* per cura di Alexander Patschovsky e Gian Luca Potestà presso l'Istituto Storico Italiano per il Medio Evo nelle *Fonti per la Storia dell'Italia medievale* (*Antiquitates*, 40) nella serie degli *Opera omnia* di Gioacchino (sezione IV, vol. 6). Quel volume contiene brevi testi teologici ed esegetici, commentari profetici, meditazioni, lettere, componimenti poetici. Come è avvenuto per i precedenti volumi degli *Opera omnia*, si è ritenuto utile fornire una traduzione italiana, con testo originale latino a fronte, anche dei testi editi negli *Scripta breviora*, ai fini di una maggiore diffusione e migliore comprensione della dottrina dell'abate calabrese. Essi verranno ripartiti in due tomi.

Questo volume contiene tre scritti: la *Genealogia degli antichi santi padri* (*Genealogia sanctorum antiquorum patrum*), la *Interpretazione dei canestri di fichi* (*Intelligentia super calathis*) e la *Questione su Maria Maddalena e Maria sorella di Lazzaro e di Marta* (*Questio de Maria Magdalena et Maria sorore Lazari et Marthae*). Nel volume del 2014 il primo testo è stato edito da Gian Luca Potestà, il terzo da Alexander Patschovsky, il secondo congiuntamente da entrambi. I testi latini qui riprodotti riprendono fedelmente quelli editi; il curatore di questo volume ha apportato solamente due limitati interventi che ritiene migliorativi (cfr. sotto, p. 93, nota 73 e p. 119, nota 6).

Per quanto riguarda le introduzioni e le note di commento, nel presente volume si è proceduto a qualche modifica e a limitati aggiornamenti. Come avviene di consueto per gli scritti di Gioacchino compresi nella collana *Opere di Gioacchino da Fiore: testi e strumenti* del Centro Internazionale di Studi Gioachimiti di S. Giovanni in Fiore, l'apparato delle varianti non è invece riportato; per esso si rimanda dunque all'edizione critica. Traduzioni italiane e cura del volume sono di Gian Luca Potestà.

Alexander Patschovsky, Gian Luca Potestà

*Introduzione**

1. *Genealogia degli antichi santi padri*

1.1 *Struttura dell'opera e tradizione manoscritta*

La *Genealogia* è un breve testo che nei manoscritti assume forma e ampiezza diverse. Nell'assetto più ampio presenta quattro sezioni seguite da un diagramma.

L'attribuzione dell'opera a Gioacchino è stata lungamente messa in dubbio in ambito storiografico. H. Grundmann riteneva «impossibile» che fosse autentica.[1] J. Bignami Odier, pubblicando una trascrizione del solo testo scritto (e non del relativo diagramma) secondo un unico manoscritto, appartenente alla Biblioteca Apostolica Vaticana, lo ritenne prudentemente un prodotto «dans la manière joachimite».[2] L. Tondelli fu il primo a considerarlo un'opera autentica di Gioacchino e lo ripubblicò tenendo conto anche di un secondo manoscritto, il Lat. 3595 della Bibliothèque Nationale di Parigi.[3] M. Reeves e B. Hirsch-Reich, alle quali si deve la scoperta di un terzo testimone manoscritto, il Lat. 11864 della Bibliothèque Nationale, considerarono il testo scritto come spurio e il diagramma di albero come una «mere parody», una rielaborazione tarda di rappresentazioni derivate dal *Liber figurarum* e da altre opere autentiche.[4] S. E. Wessley rilanciò la tesi dell'autenticità dell'opera, sul fondamento di un approfondito studio di un quarto manoscritto precedentemente sfuggito agli studiosi, custodito nella Stiftsbibliothek dell'abbazia austriaca di Zwettl.[5]

La paternità gioachimita della *Genealogia* va ritenuta certa sul fondamento delle corrispondenze, già rilevate nella prima edizione critica dell'opera, fra il testo e la cosiddetta *Prefatio super Apocalypsim* (tradotta in italiano con il titolo di *Introduzione all'Apocalisse*), altro scritto riferibile con certezza a Gioacchino.[6] Senza dover riportare ora in dettaglio gli esiti del confronto sinottico già compiuto altrove, basta richiamare qui la perfetta coincidenza verbale, già rilevata altrove, tra passi della seconda e della terza parte della *Genealogia* e passi della prima parte della *Introduzione all'Apocalisse*, come pure tra passi della quarta parte della *Genealogia* e passi della seconda parte della *Introduzione all'Apocalisse*.[7]

Le differenze fra i rispettivi testi sono di minima importanza. Inoltre varianti significative rilevate entro la tradizione manoscritta della *Genealogia* risultano presenti anche in quella dell'*Introduzione all'Apocalisse*.[8]

Alla luce degli studi dell'ultimo ventennio sulle modalità di lavoro intellettuale e di produzione didattica di Gioacchino (modalità peraltro niente affatto singolari in ambienti monastici del secolo XII), è possibile fornire una spiegazione plausibile dei rapporti genetici fra le due opere. Diversi scritti dell'abate risultano dall'assemblaggio entro cornici formalmente unitarie di *membra disiecta* talvolta preesistenti o tramandati in forme diverse. Per tali opere composite è stata coniata la definizione di «testo-contenitore», rivelatasi utile sul piano euristico, per quanto resti aperta la discussione sui limiti entro cui può essere correttamente applicata rispetto al complesso della sua produzione dottrinale.[9] *Genealogia* e *Prefatio* sono appunto testi-contenitore, nati da due differenti operazioni di assemblaggio di materiali in buona parte comuni.[10]

La struttura composita dell'opera è confermata dalla tradizione manoscritta, entro cui essa si presenta in forme diverse. I manoscritti attualmente noti che la tramandano sono cinque (oltre ai quattro cui si è già accennato, un quinto testimone è stato recentemente individuato in una carta singola di grandi dimensioni, un rotolo, dell'Archivio capitolare di Vercelli).[11] Di essi, due riportano solamente il testo scritto; tre riportano sia il testo scritto sia il relativo diagramma, che riproduce in forma schematica la figura di un albero. Il carattere schematico del testo scritto dà ragione della sua collocazione: in quattro dei cinque testimoni risulta prossimo al *De septem sigillis*, sintetico compendio della concezione della storia di Gioacchino espressa in forma di schema.

1.2. *Contenuto dell'opera. Il testo scritto*

Il testo scritto può essere suddiviso in quattro sezioni. La prima[12] è dedicata alla spiegazione della figura di un albero simile a quelli presenti nel *Liber figurarum* e nella *Concordia*: un albero bipartito (un fico su cui è innestata una vite), che cresce con il succedersi delle generazioni, da Adamo fino al ritorno finale di Cristo. Tale figura permette di computare precisamente il numero complessivo delle generazioni della storia e di rappresentarne il corso in termini di crescente progresso spirituale. L'innesto della vite sul fico – il primo inizio della nuova epoca – avviene all'altezza della generazione del re Ozia, figura rilevante in virtù della posizione che la sua generazione viene a occupare nella concezione della storia di Gioacchino, tassonomica e computistica. Ozia fu peraltro contemporaneo di Isaia, che Gioacchino, nel solco di una diffusa tradizione interpretativa, considera come protoevangelista del Messia in quanto servo sofferente.[13] Il passaggio dalla condizione carnale degli inizi alla condizione via via più spirituale pienamente avviata con la prima venuta di Gesù Cristo e destinata a culminare nella sua Parusia avviene dunque attraverso una fase di transizione, costituita dalle ventuno generazioni fra Ozia e Gesù, in parte ancora carnali e in parte già spirituali.

Nel quadro dei suoi calcoli delle generazioni e del tempo della fine, nella prima sezione Gioacchino afferma incidentalmente che l'anno in corso è il 1176: un riferimento importante sia perché permette di considerare lo scritto (o quanto meno una parte di esso) come il più antico suo testo databile con certezza, risalente al periodo in cui risiedeva ancora presso l'abbazia calabrese di Corazzo;[14] sia perché rappresenta la testimonianza più precoce della sua attitudine diagrammatica e del suo utilizzo dell'albero, *figura* destinata ad essere la più ricorrente rispetto a tutte le altre.[15]

La seconda sezione[16] riassume la dottrina tradizionale delle sei età e fornisce primi esempi della corrispondenza fra le due epoche dell'unica storia della salvezza, in particolare fra le sette tribolazioni subite dagli ebrei e le sette subite dalla Chiesa.

La terza sezione[17] tratta precisamente e in modo più dettagliato di tale dottrina, spiegando che ciascuna delle sette tribolazioni subite dagli ebrei è destinata ad essere intesa nel suo autentico significato nel momento in cui i cristiani subiscono la tribolazione corrispondente. Le prime sette tribolazioni sono i sette sigilli chiusi dell'Apocalisse, la cui apertura è misteriosamente annunciata da Giovanni e compresa dal suo interprete Gioacchino, finalmente capace di dare un nome a ciascuno dei grandi persecutori degli ebrei e dei cristiani, l'ultimo dei quali sarà l'Anticristo.

Con questa spiegazione lo scritto giunge a una svolta. Mentre le prime tre sezioni della *Genealogia* risultano fra loro collegate dalla tematica della doppia serie di tribolazioni (presentate brevemente nelle prime due sezioni e più ampiamente nella terza), la quarta, assai breve, è di argomento in parte differente.[18] Divisa a sua volta in due parti, è legata alle precedenti per la tematica apocalittica, ma se ne differenzia in quanto propone una partizione del testo dell'Apocalisse di Giovanni che adotta la suddivisione settenaria derivata da Beda, comunemente accolta nella tradizione esegetica medievale.[19] Essa attribuisce inoltre il ruolo di protagonisti di ciascuna parte ad altrettanti soggetti che di volta in volta appaiono preminenti nelle differenti e successive fasi della storia della Chiesa e nei conflitti che essa è chiamata ad affrontare.

L'individuazione della sua natura di testo-contenitore e delle sue corrispondenze con l'*Introduzione all'Apocalisse* permette di determinare il genere letterario della *Genealogia*: si tratta di appunti puntuali e schematici riguardanti l'intera storia della salvezza e l'*Apocalisse*, in quanto profezia relativa ad essa; la stesura di essi si colloca nella fase in cui Gioacchino era ancora legato al tradizionale modello binario, anteriormente alla scoperta del nesso fra Trinità e storia e all'adozione dei cosiddetti modelli storici *alfa* e *omega*.[20]

1.3. *Il diagramma dell'albero e il suo rapporto con il testo scritto*

In tre dei cinque manoscritti sopravvissuti al testo scritto della *Genealogia* è unito un diagramma. Esso rappresenta il duplice albero descritto nella prima sezione.

Il testo spiega la *figura*; e tuttavia, nella forma in cui è tramandata, la *figura* non può essere considerata esattamente identica a quella cui la relativa spiegazione era originariamente legata. Come si legge nella prima sezione del testo, ai due lati della figura dell'albero si trovano riportate serie di imperatori e di papi.[21] Nel 1176 era regnante papa Alessandro III (1159-1181). Nel diagramma riportato nei codici la lista dei papi si spinge però a indicare i nomi di Lucio III e del successore Urbano III, papa dal 1185 al 1187.[22] La spiegazione più logica dell'incongruenza è che dopo aver descritto e spiegato il diagramma nel 1176, Gioacchino lo abbia successivamente aggiornato – inserendovi riferimenti ai papi più recenti – senza più rimettere mano al testo iniziale. Proprio perché l'elenco si arresta a Urbano III, la *figura* dell'albero di cui disponiamo deve essere stata allestita tra l'inizio del suo pontificato e l'elezione del successore Gregorio VIII.[23] In conclusione, il confronto tra la prima sezione del testo e la *figura arboris* attesta che il diagramma nella forma pervenutaci è successivo al testo (la forma originaria, andata perduta, era invece nata contemporaneamente ad esso).

La *figura arboris* della *Genealogia* risulta invece più facilmente paragonabile a quella del cosiddetto «albero dei due avventi di Cristo» del *Liber Figurarum*.[24] Il *Liber Figurarum* può essere considerato anch'esso un testo-contenitore, in quanto si presenta come una raccolta di diagrammi autentici (che traducono cioè in forma grafica concezioni proprie di Gioacchino) prelevati da altre sue opere e inseriti in una sorta di raccoglitore di tavole. In questa prospettiva non sorprende che il diagramma dell'albero dei due avventi risponda alla descrizione fornita nella sezione iniziale della *Genealogia*, cui risulta inoltre riferibile anche per gli indizi cronologici: l'ultimo papa nominato nel diagramma del *Liber figurarum* è infatti *Alexander* (III).[25] Nondimeno, neppure l'albero dei due avventi risponde pienamente e perfettamente agli elementi descrittivi forniti nella sezione iniziale della *Genealogia*.[26] Ciò premesso, va sottolineato che la *figura* di albero riprodotta in appendice al testo è una costruzione dell'editore e ha il semplice scopo di rendere perspicuo il rapporto originariamente intercorrente per Gioacchino fra testo scritto e testo diagrammatico, andato come tale perduto.

Vista nel suo complesso, la *Genealogia* presenta dunque quei caratteri di *work in progress* che contrassegnano l'intera produzione di Gioacchino e risultano particolarmente evidenti in scritti rimasti a uno stadio redazionale provvisorio o incompiuto, quali il trattato *Sulla Vita e sulla Regola di san Benedetto* e i *Trattati sui quattro Vangeli*. La fluidità dei testi si ricollega in effetti al dinamismo esistenziale e alla mobilità di pensiero del teologo apocalittico, impegnato ad affinare e aggiornare continuamente i propri calcoli in modo da mantenersi al passo dei tempi.

Questi rilievi sui rapporti tra *figura arboris* e testo scritto permettono di precisare quale dovesse essere la natura originaria della *Genealogia*, che S.E. Wessley definì efficacemente un «instructional writing»:[27] materiale didattico, appunti provvisori e schematici, miranti, almeno in parte, ad accompagnare e spiegare il diagramma di un albero della storia, che – diversamente da altri alberi di Gioacchino, come quelli della *Concordia* – acquisì la consistenza di un segmento a sé stante.[28]

2. *Interpretazione dei canestri di fichi*

Il breve scritto sulla *Interpretazione dei canestri di fichi* (*Intelligentia super calathis*) rivolto all'abate Goffredo fu individuato per la prima volta come testo a sé stante da Antonio Maria Iosa nel 1886, nella sua descrizione del codice 322 della Biblioteca Antoniana di Padova, dove si trova ai fogli 136va-139vb.[29] Nel manoscritto il testo è privo di titolo, che fu attribuito ad esso dall'autore del catalogo. Si tratta di una scelta felice, come cercheremo di dimostrare nelle pagine seguenti, e il titolo si è giustamente affermato. Nella letteratura scientifica l'interesse per l'opera è stato limitato. J. C. Huck fu il primo a citarla nella sua dissertazione su Ubertino da Casale comparsa nel 1903;[30] egli tentò inoltre, in verità con ben poca fortuna, di caratterizzarne brevemente il contenuto e le finalità nella sua monografia del 1938 su Gioacchino.[31] Solo H. Grundmann, in un saggio straordinariamente innovativo, che nel contempo avrebbe dovuto assumere la funzione di studio preparatorio in vista di un'edizione critica, collocò l'opera al centro di un'interpretazione che riporta Gioacchino dalla torre d'avorio del pensiero puro di una teologia della storia al mondo reale dei conflitti politici relativi allo spazio della Chiesa nella società cristiana, nel quadro del conflitto tra *regnum* e *sacerdotium*: secondo la formulazione di Grundmann, intorno «alla libertà della Chiesa e alla potenza imperiale» nella prima fase degli Staufer.[32] Solo da quel momento in poi lo scritto cominciò ad essere considerato in ambito storiografico.[33] L'obiettivo raggiunto da Grundmann nell'aver manifestato la dimensione attenta alla storia profana del pensiero di Gioacchino non risulta rimesso per nulla in discussione dalla critica acerba nei confronti delle sue tesi espressa da Ferruccio Gastaldelli, studioso cui vanno peraltro riconosciuti grandi meriti per il suo lavoro su Goffredo di Auxerre – il biografo di Bernardo di Clairvaux – racchiuso in un saggio del 1997/1998.[34] Le affermazioni di Gastaldelli costringono peraltro a verificare nuovamente e in profondità contenuto, datazione e destinatario della breve opera. Si tratta di un'esigenza tanto più urgente in quanto la prima edizione dello scritto, pubblicata da P. De Leo nella sua antologia di scritti minori di Gioacchino fino a quel momento inediti, risulta migliorabile dal punto di vista sia della costituzione del testo sia dell'introduzione che lo presenta.[35]

2.1. *Contenuto*

La *Interpretazione dei canestri di fichi* assume quale punto di svolta e di ancoraggio interpretativo la parabola di Geremia 24 relativa ai due canestri di fichi. Ciò risulta chiaramente già dalla prima frase dello scritto,[36] da cui trasse ispirazione A.M. Iosa per formulare il titolo dell'opera; e poiché essa coglie il nocciolo della questione, il riferimento è stato mantenuto anche nella edizione critica cui si riferisce la presente traduzione.

Il profeta evoca l'immagine di due canestri di fichi, posti davanti al Tempio del Signore, l'uno pieno di frutti che hanno un buon sapore, l'altro di frutti cattivi, assolutamente non commestibili. Il canestro con i fichi buoni rappresenta la parte del popolo giudaico condotta insieme al re Ieconia da Nabucodonosor nella cattività babilonese; l'altro, con i fichi cattivi, rappresenta coloro che rimasero a Gerusalemme insieme al re Sedecia. Mentre ai prigionieri in Babilonia viene promessa la grazia di Dio, a coloro che pretendono di resistere a Gerusalemme viene annunciato il rifiuto divino.

Gioacchino ritiene che nel proprio tempo presente si dia sul piano ecclesiastico-politico la medesima situazione, certo non come una condizione definita, divenuta già storia, ma nel senso di una situazione aperta, nella quale occorre decidere se si voglia prendere la strada del re Ieconia oppure quella del re Sedecia. La prima conduce, a prezzo della perdita della libertà ecclesiastica, alla servitù babilonese, ma aprirebbe alla Chiesa la possibilità di ottenere di nuovo la grazia divina – lungo il sentiero di un'umiliazione penitenziale certamente percorribile solo attraverso sofferenze – e con ciò anche la libertà; la seconda conduce alla difesa ad ogni costo della libertà della Chiesa, ma in questo caso il costo sarebbe la stessa sostanza spirituale della Chiesa, quindi anche la sua sconfitta.

Dal punto di vista di Gioacchino, la condizione di grazia della Chiesa è garantita non tanto dalla sua libertà, quanto piuttosto dalla sua disponibilità ad essere umiliata, dovendo dipendere dalla propria condizione di peccato e affidarsi alla totale misericordia di Dio per liberarsi nuovamente dalla colpa dei peccati. Nella *Interpretazione dei canestri di fichi* la dottrina già fondata su di un piano universalmente umano nei *Dialoghi sulla prescienza divina e la predestinazione degli eletti* trova conferma su di un piano propriamente ecclesiastico-politico. L'elezione gratuita di Dio cade su colui che è umile e rigetta colui che è superbo, poiché nel quadro delle virtù l'umiltà sta al vertice, mentre la superbia è il peggiore dei vizi.[37] Ciò significa per i fedeli in quanto peccatori, come pure per i prelati in quanto depositari nella Chiesa di una responsabilità politica, essere disponibili a sottomettersi alla penitenza avendo fiducia nella misericordia divina, invece che ostinarsi nella difesa rocciosa della giustezza della verità in un comportamento che rifiuta Dio.[38] Da tutto ciò consegue come indicazione di comportamento la possibilità, dal punto di vista ecclesiastico-politico, dell'alternativa già delineata: una condizione di servitù nell'umiltà è migliore rispetto a una condizione di libertà nella superbia;[39] infatti la superbia comporta in genere quel legame peccaminoso con il mondo che Gioacchino definisce come lussuria.[40] Sebbene la condizione di servitù in quanto opzione ecclesiastico-politica sia ben poco desiderabile in sé – se paragonata con il disporre, su di un piano puramente ipotetico, di una libertà priva di peccato nell'umiltà – essa può tuttavia diventare necessaria per chi voglia evitare un male maggiore;[41] e questo male è precisamente quella libertà cresciuta a partire da una superbia peccatrice, che non tiene in alcun conto il piano divino e pertanto conduce direttamente nel disonore, sulla terra come nell'aldilà.[42]

Da dove trae Gioacchino la consapevolezza di poter attribuire un significato rilevante dal punto di vista storico-salvifico alle alternative ecclesiastico-politiche che stanno davanti ai suoi occhi? La trae dal proprio impianto, imperniato sull'idea di una corrispondenza tra eventi tipologicamente rilevanti della storia del popolo ebraico nel tempo dell'Antica Alleanza ed eventi della Chiesa nel tempo della Nuova Alleanza; per usare le parole stesse di Gioacchino, tutto dipende «dall'opera della concordia»,[43] cioè dal principio che sta a fondamento ed è oggetto di una delle sue opere principali, la *Concordia del Nuovo e dell'Antico Testamento*. All'inizio della *Interpretazione dei canestri* Gioacchino spiega perciò lo schema concordistico, non solo per mostrare in generale al destinatario il principio in forza del quale forma il proprio giudizio,[44] ma anche per manifestare in modo assolutamente concreto, in riferimento al caso specifico della sua interpretazione di *Geremia* 24, in che senso il corso della storia della salvezza abbia raggiunto, nell'immediato presente suo e del destinatario cui si rivolge, in quel momento preciso, la costellazione veterotestamentaria dei due canestri di fichi, divenuta ora nuovamente e pienamente attuale nella storia della Chiesa.

Egli dà ragione di ciò mettendo in parallelo tre epoche,[45] che, partendo da una condizione ideale, in due passaggi avrebbero condotto rispettivamente il popolo di Israele e quello dei cristiani in una condizione di crescente distanza da Dio.

La prima epoca ideale si estese per la discendenza di Israele da Giacobbe fino a Salomone; nella storia della Chiesa va da Gesù Cristo fino a papa Silvestro e all'imperatore Costantino il Grande. In entrambi i casi i rispettivi tempi segnarono una rottura, una crescita, un progresso verso l'alto, fino al vertice raggiunto da una parte nella fioritura del regno di Giuda sotto Salomone, dall'altra, per la Chiesa, nel tempo della Donazione di Costantino.

Seguì quindi un'epoca caratterizzata dalle prime manifestazioni di decadenza, indicate nel tempo dell'Antico Testamento dal legame matrimoniale di Salomone con una figlia del Faraone;[46] nel tempo della storia della Chiesa la decadenza è individuata nel trasferimento di Costantino da Roma nella nuova metropoli di Costantinopoli/Bisanzio.[47] Di qui prese inizio il distanziarsi dell'imperatore greco e del patriarca dal papa e dagli imperatori rimasti al suo fianco, prima a Roma e infine, a partire da Carlo Magno, nel regno dei franchi.

Tale allontanamento produsse esiti negativi dal punto di vista storico-salvifico.[48] Inizia allora la terza epoca, che si estende fino al presente. Nel tempo dell'Antico Testamento essa è nuovamente introdotta da un'alleanza insana con l'Egitto sotto il re Ezechia e termina nella catastrofe della prigionia babilonese; nel tempo della storia della Chiesa, dopo i lodevoli inizi dei sovrani franchi, questa patisce un periodo di oppressione da parte degli imperatori romano-germanici e del loro popolo, i tedeschi, che nel linguaggio simbolico di Gioacchino sono i nuovi caldei.[49] E con ciò si giunge alla situazione che fornisce la materia storica per la parabola dei due canestri di fichi.[50] L'argomentazione di Gioacchino a favore o contro una determinata opzione di politica ecclesiastica si regge o cade alla luce di questa determinazione storico-tipologica del suo presente.

Sono questi l'impianto argomentativo e il tenore ecclesiastico-politico dell'opera. Il tono è enfatico, appellativo, esprime grande serietà e insieme passione.[51] Lo scritto potrebbe essere inserito senza difficoltà nella serie dei cosiddetti «Libelli de lite» dei Monumenta Germaniae Historica. E ciò in forza del suo contenuto ecclesiologico e nel contempo teologico-politico. Proprio quest'aspetto aveva attirato l'interesse di Grundmann; prima di lui, già Huck lo aveva intravisto, allorché aveva attribuito allo scritto una «impostazione curialista».[52] Le affermazioni di Huck si esposero alla critica di Grundmann,[53] le cui osservazioni non risultano peraltro pienamente soddisfacenti, in quanto mettono in luce il corso dei pensieri di Gioacchino invece di enunciare il contenuto dottrinale dell'opera.

Ci si accosta nel modo migliore al contenuto ecclesiologico e teologico-politico dello scritto se si considera l'utilizzo da parte di Gioacchino del sintagma «vicario di Cristo». Questo titolo, rivendicato a partire da Innocenzo III come prerogativa del papa, ha una lunga preistoria. Per lungo tempo furono considerati vicari di Cristo in senso assai generale gli apostoli, i vescovi e anche i semplici preti. Solo dall'inizio del secolo XII la denominazione si trova riferita in modo speciale al papa come sua propria; anche qui in analogia con Cristo, secondo la dottrina di Paolo, in riferimento alla sua prerogativa di essere l'ecclesiastico più alto in grado dal punto di vista della funzione («secondo l'ordine») di Melchisedek.[54] L'esempio più celebre per quanto riguarda questa formula espressiva del linguaggio simbolico ierocratico è offerto da Bernardo di Clairvaux, nel suo trattato epistolare *De consideratione* rivolto a papa Eugenio III.[55] Nella sua celebre interpretazione della dottrina delle due spade anche Bernardo rivendica solamente per la Chiesa il potere più alto, nella sua duplice forma, all'interno della cristianità. Essa è per lui detentrice di entrambe le spade: il prete porta quella spirituale; il guerriero quella secolare, secondo la volontà del prete e il comando dell'imperatore.[56] Bernardo peraltro non chiarisce in che modo volontà e comando si rapportino reciprocamente dal punto di vista ecclesiologico e teologico-politico; se essi vadano espressi, nel senso della dottrina gelasiana dei due poteri, solamente come esercizio in un senso più alto della funzione chiericale papale, oppure anche come esercizio di una autorità effettiva, rivolta all'esterno, nel senso quindi di una dottrina, già matura, della pienezza del potere papale (*plenitudo potestatis*).

Nella sua *Interpretazione dei canestri di fichi* Gioacchino va chiaramente oltre. Egli vi utilizza il concetto di «vicario di Cristo», che per lui equivale a «vicario di Dio», come concetto proprio del potere papale. Da una parte lo utilizza in un'accezione non diversa da quella di Bernardo per quanto riguarda l'ambito spirituale, dal momento che considera segno distintivo del buon sovrano cristiano – cioè del sovrano alla maniera di Costantino il Grande! – il rendere onore a Dio e al suo rappresentante come fosse Padre e Signore, il rendergli onore e il non immischiarsi in questioni di dottrina ecclesiastica contro il parere di Dio e del papa.[57] D'altra parte, descrive però come malvagi i sovrani cristiani che non derivano il loro potere imperiale da Cristo e dal suo rappresentante, cioè dal papa, ma piuttosto assumono come modello Giulio Cesare e l'imperatore Ottaviano Augusto, e di conseguenza ne ricavano la convinzione non solo di una pari dignità, ma di una dignità superiore dell'Impero rispetto al Papato, anzi rispetto alla Chiesa, e questo a differenza dell'imperatore Costantino il Grande.[58]

Tale affermazione è notevole da molti punti di vista. In primo luogo risulta con ciò chiaro quale sia la fonte del legittimo potere dell'imperatore: il suo ufficio viene da Dio, ovvero da Cristo attraverso il «vicario di Cristo», il papa. In secondo luogo si tratta del primo esempio noto di una concezione giuridica, secondo cui sarebbe illegittimo un potere imperiale che non si fondi sulla sua attribuzione da parte di Cristo attraverso la mediazione papale; in un contesto ben determinato viene addirittura evocato il concetto di tirannia.[59] In terzo luogo troviamo qui indirettamente un'attestazione molto precoce dell'idea imperiale degli Staufer, secondo cui l'origine dell'Impero va ricercata nell'antichità e nei suoi inizi pagani, al tempo quindi di Giulio Cesare e dell'imperatore Augusto, e di conseguenza va sostenuto il concetto di una ereditarietà dell'Impero – tesi che dovette poi giocare un ruolo notevole nelle trattative del 1196/1197 di Enrico VI con la curia.[60]

Gioacchino determina la posizione del papa come vicario di Cristo in una prospettiva ecclesiologico-giuridica che risulta simile a quella che Innocenzo III, adottando questo titolo, assume in rapporto alla comprensione del proprio ruolo. Sarebbe tuttavia un errore classificare come «curialista»[61] nel senso di Innocenzo III la comprensione che Gioacchino ebbe del rapporto fra potenza imperiale e potenza papale: per il papa il titolo di «vicario di Cristo» (invece che «vicario di Pietro») esprime il legame tra pienezza del potere chiericale e insieme pienezza del potere secolare che pertiene ai successori di Cristo.[62]

Che cosa ha dunque in comune il concetto gioachimita di «vicario di Cristo» con quello di Innocenzo III e come se ne distingue? La questione potrebbe apparire oziosa, se a questo proposito si trattasse solo di Gioacchino. Risulta peraltro chiaro che la posizione ecclesiologico-giuridica di Gioacchino assume contorni ben definiti solo nella prospettiva degli sviluppi successivi. Occorre partire da un saggio di R. E. Lerner, in cui l'autore mostra che il concetto che Innocenzo III pone al centro della rappresentazione ierocratica del proprio ufficio – ossia il «sacerdozio regale» simboleggiato nella figura veterotestamentaria del re sacerdote Melchisedek, «re di Salem» e «sacerdote del Dio onnipotente» (Gn. 14,8) – trova espressione, come quintessenza della pienezza del potere papale, già nella *Concordia* di Gioacchino da Fiore,[63] opera accessibile nella curia romana a partire dal 1196.[64] In tale contesto Lerner ricorda anche la *Interpretazione dei canestri di fichi*,[65] scritto in cui la figura simbolica di Melchisedek non è certo citata per nome, ma in cui è evocato il concetto fondamentale di «sacerdozio regale»,[66] nel contesto ben definito di un riferimento non al papa, ma alla Chiesa come tale. D'altra parte, il nucleo di questo concetto cui è ancorata la responsabilità del papa è espresso in modo assolutamente inequivocabile in altri passi, là dove il pontefice, quale detentore del potere sovrano più elevato («la somma del regno») viene designato, in quanto successore del «vero Dio e vero sacerdote» – cioè Gesù Cristo, Figlio di Dio –, con gli attributi di Melchisedek.[67] Gioacchino indica come unica fonte del legittimo potere dell'imperatore l'insediamento nell'ufficio conferitogli da Dio, ovvero da Cristo per tramite del vicario di Cristo: ebbene, questa è esattamente la posizione che sarà assunta da Innocenzo III. Per il suo concetto di un «sacerdozio regale secondo l'ordine di Melchisedek» pare che il papa si sia addirittura ispirato a Gioacchino;[68] per questo aspetto non si è infatti potuta finora addurre alcuna testimonianza più antica.[69] D'altra parte, c'è tra i due una differenza decisiva. Essa consiste nell'atteggiamento nei confronti dell'uso del potere secolare. Con la decretale *Per venerabilem* Innocenzo III considerò per la prima volta la possibilità di un'intromissione diretta del papa nella sfera d'esercizio del potere mondano,[70] e i suoi successori consolidarono ulteriormente tale concetto. Al contrario, Gioacchino prende radicalmente sul serio il principio di delega per quanto riguarda la sfera di esercizio del potere mondano. Ciò appare del tutto tradizionale, nel senso della dottrina delle due spade, allorché egli afferma che verso l'interno il clero deve evitare di intromettersi nella giustizia capitale e verso l'esterno non deve prendere esso stesso le armi per difendere i cristiani; questo è infatti un affare che riguarda il «vessillifero» della Chiesa, un laico che porta il titolo di re, precisamente come Cristo in quanto antitipo di Melchisedek.[71] Per questa funzione del potere secolare rispetto a quello ecclesiastico Gioacchino usa l'immagine dell'olmo che sostiene la vite.[72] L'ordinamento gerarchico risulta così chiaramente indicato: la dignità regale spetta primariamente al clero («ordine ecclesiastico») e solo in seconda battuta ai laici, e solamente nella misura in cui si adoperano a imitare nello zelo il clero.[73] Così è la condizione ideale, simboleggiata nella «santa» Gerusalemme di Davide, tipo della Chiesa latina,[74] circoscritta dal punto di vista storico entro il tempo di Costantino il Grande e di papa Silvestro.[75] Nel tempo presente, però, il rapporto tra potere secolare e potere ecclesiastico si pone per Gioacchino in modo diverso, e la sua risposta non può più inserirsi lungo una tradizione data. Dal suo punto di vista, la Chiesa si trova in una condizione di decadenza, il popolo cristiano si attribuisce una gloria vuota e un benessere pieno di vanità (simboleggiato nel concetto di «Egitto»)[76] e in tal modo si offre all'ira punitiva di Dio.[77] Gioacchino si volge verso la libertà della Chiesa, verso il concetto di una Chiesa in condizione ideale. Tale libertà è stata praticamente annullata ad opera delle nuove potenze secolari: nel suo linguaggio storico-tipologico, gli imperatori romano-germanici, capi dei nuovi Caldei.[78]

Pur nella sua condizione corrotta, la Chiesa deve lasciarsi interrogare su che cosa propriamente difende, se cioè vuole restare ferma nella difesa della propria libertà e quindi, corrispettivamente, ferma anche al modello di un ordinamento ideale del mondo, alle proprie prerogative di fronte al potere mondano. Non si tratterebbe di un mondo rovesciato, se, nella propria condizione corrotta, pretendesse di essere innalzata alla condizione di signora?[79] Per diventare signora, la Chiesa – e in questo contesto ciò significa: la «Chiesa di Pietro», cioè la Chiesa così come sarebbe poi apparsa a un Innocenzo III – dovrebbe esercitare il potere delle armi; ma questo non è affatto compito suo, stando alla parola rivolta dal Signore a Pietro (Io. 18,11): «Riponi la tua spada nel fodero!». La sua salvezza si trova solo nelle armi ecclesiastiche; e se esse non conducono alla vittoria, può giovarle solamente accettare la sconfitta.[80] Gioacchino istituisce dunque non solo un rapporto di causa/effetto tra azione della Chiesa e perdita minacciosa della sua libertà, ma ritiene pure che non si diano affatto circostanze in cui la Chiesa romana possa disporre dei poteri mondani nel senso della dottrina del potere papale. Con tale atteggiamento si pone lungo la stessa linea di principio di Bernardo di Clairvaux;[81] si vede però costretto, sul fondamento di una condizione divenuta drammaticamente pericolosa, a ricavarne conseguenze ben più estreme rispetto a lui.

Se si considera la centralità assunta dal grido di battaglia «libertà della Chiesa!» nella riforma gregoriana della Chiesa del secolo XI, all'epoca della lotta per le investiture, si avverte la rilevanza, per un difensore della concezione ierocratica della Chiesa, della messa in discussione di tale libertà, la cui perdita poteva apparirgli come una benedizione salvifica.

Prima di andare alle radici di questo paradosso, occorre ancora fare cenno a un ultimo aspetto della concezione ecclesiologico-giuridica espressa nella *Interpretazione dei canestri di fichi*. Si tratta precisamente dell'idea che il potere imperiale è illegittimo se non è fondato su di un'attribuzione da parte di Cristo, attraverso la mediazione del papa. Anche in questo caso non conosciamo formulazioni più antiche di tale dottrina. Sappiamo però con certezza che una tale rappresentazione fu formalizzata nella cerchia di Innocenzo IV: è la teoria secondo cui la Donazione di Costantino non può essere affatto considerata una donazione in senso giuridico, ma soltanto la restituzione al legittimo proprietario di una proprietà usurpata.[82] Ad evitare malintesi: Gioacchino non ha preceduto Innocenzo IV nel senso di una concezione giuridicamente soppesata e terminologicamente raffinata della Donazione di Costantino come atto di riconoscimento di un dominio papale sul mondo (per lui, Costantino afferma sempre una «tradizione», non una «restituzione», nel consegnare a papa Silvestro la corona che simboleggia il dominio sul mondo).[83] Tuttavia, il passaggio concettuale secondo cui il dominio universale possiede legittimità non in forza di criteri intramondani come l'ereditarietà, bensì solamente sul fondamento di una chiamata fondata sulla sua attribuzione da parte di Cristo, Signore del mondo, è il presupposto dell'idea che un imperatore non può donare ciò che non possiede legittimamente; di conseguenza, Costantino dette a papa Silvestro solo qualcosa che apparteneva senz'altro a quest'ultimo.

La concezione paradossale di Gioacchino, per cui da una parte egli pone l'accento sulla prerogativa della Chiesa romana e del suo capo, dall'altra accosta questa stessa istituzione a una servitù babilonese, per quanto limitata nel tempo, trova fondamento e spiegazione nella specificità della sua visione storico-tipologica, in particolare nel concetto di «trasmigrazione», nucleo della parabola dei due canestri di fichi:[84] un'umanità caduta nel peccato – si tratti di un singolo nel tempo della sua vita individuale («interpretazione morale») o della Chiesa come istituzione nel tempo della sua storia («interpretazione tipica») – può approdare nuovamente a una condizione di grazia se «attraversa» le prove cui è sottoposta, se le intende come punizione disposta da Dio e le prende sopra di sé con umiltà. Ogni insorgere non solo è privo di scopo, ma anche fuorviante rispetto alla salvezza, poiché generato dalla superbia. Se si seguisse il paradigma agostiniano secondo cui l'uomo cade necessariamente nel peccato, si tratterebbe di un'antropologia negativa.[85] Da parte sua Gioacchino non si spinge evidentemente così avanti nella propria caratterizzazione del peccato.[86] Egli ritiene possibile la condizione ideale e la ritiene anche episodicamente realizzata dal punto di vista storico. Per lui i modelli esemplari sono il regno di Davide e in parte quello di Salomone nell'epoca dell'Antico Testamento e il breve momento prima della svolta costantiniana nel tempo della storia della Chiesa; ma la storia insegna che l'uomo non riesce a mantenere a lungo la condizione di una tale perfezione, che ciò avvenga per leggerezza giovanile o per presunzione;[87] non perché gli sarebbe impossibile, ma perché ciò è umano, nel senso della *contingenza*.[88] Secondo le parole del Salmista, che Gioacchino fa proprie, «un uomo è nella sua vita come erba, fiorisce come un fiore di campo»; così è l'uomo: come l'erba sono i suoi giorni, come un fiore di campo egli fiorisce.[89] Occorrerebbe in realtà leggere il versetto di questo salmo alla luce della sua continuazione: «Se un vento lo investe, più non esiste; e il suo posto non lo riconosce più». La prerogativa della Chiesa e del Papato nello spazio del potere è conseguentemente riportata alla condizione contingente e manchevole di coloro che sono responsabili di questo potere. La Chiesa e lo «Stato», il papa e l'imperatore, stanno in reciproca armonia nella condizione ideale del mondo solo se riconoscono come fondamento comune la prerogativa della Chiesa e del papa; di conseguenza, la Chiesa nella sua condizione decaduta deve diventare bottino dei tiranni, dalle cui grinfie può liberarsi solo se rinuncia alle proprie prerogative.

2.2. *Datazione*

Quale situazione in atto aveva in mente Gioacchino? Chi, come Gioacchino, argomenta su un piano di principio vuole annunciare verità universali; di conseguenza, anche le sue affermazioni rimangono su di un piano universale, per quanto possano trarre spunto da un fatto specifico. La *Interpretazione dei canestri di fichi* non contiene nemmeno un elemento che renda evidente la datazione dello scritto. Herbert Grundmann riconobbe peraltro che riguardo all'interpretazione di *Geremia* 24 c'è un passo parallelo nella *Concordia*.[90] In esso si parla della parabola per caratterizzare una condizione della Chiesa delineata come disperata durante i pontificati di Lucio III (1181-1185) e ancor più di Urbano III (1185-1187), quando la «libertà della Chiesa» sarebbe stata minacciata dalle tensioni nuovamente esplose tra l'imperatore Federico Barbarossa e papa Alessandro III dopo la pace di Venezia (1177). Si trattò in concreto dell'occupazione della sede arcivescovile di Treviri: una lotta che si sarebbe ancora potuta intendere come un conflitto genuinamente ecclesiastico, se non si fosse trattato anche di diritti signorili; e in effetti furono in discussione anche questioni puramente profane, quali il possesso dei cosiddetti beni matildini nel territorio della marca della Tuscia. Il conflitto si inasprì infine nel maggio 1186, quando Urbano III contestò all'imperatore il diritto di spoglie e di *regalia*, e ciò fece sì che ampi territori dello Stato della Chiesa fossero occupati da parte del figlio, il re Enrico VI.[91] Nel linguaggio simbolico di Gioacchino, tutto ciò è da intendersi come «Babilonia»,[92] un concetto che oscilla tra la pretesa di potenza di un'azione imperiale di dominio e la concezione di un legame di dipendenza con il mondo. La sua osservazione secondo cui la Chiesa stessa deve decidere se, in occasione di tale scontro, qualcosa della sua libertà sia andato veramente perduto, ed essa sa meglio di chiunque che cosa le procuri dolore, è un'espressione che – diversamente da quanto riteneva Grundmann – deve essere considerata come una formula retorica; e cioè, in questo preciso contesto, come un'espressione sarcastica. Il passo parallelo nella *Interpretazione dei canestri di fichi* va valutato in modo analogo,[93] quando Gioacchino, usando le parole del profeta Isaia (34,16) sollecita a cercare nel libro del Signore (cioè nella sacra Scrittura) e a chiedere ai signori cardinali se davvero ritengano che la libertà della Chiesa di fronte ai «principi del mondo» fosse messa al sicuro nelle mani della curia romana. Infatti la questione rivolta ai cardinali – se non ci sia il rischio che la curia sia andata o possa andare troppo oltre con le concessioni al potere mondano – va posta allo stesso modo in cui nella *Concordia* ci si rivolge alla Chiesa nel suo complesso:[94] ci si deve chiedere di quale libertà si tratti e se siano in gioco beni spirituali o puramente mondani.

Le costellazioni storiche considerate sia nella *Concordia* sia nella *Interpretazione dei canestri di fichi* in riferimento alla parabola dei due canestri sono del tutto identiche perfino nella scelta dell'immagine e delle parole. Le conclusioni che occorre trarne per coloro che hanno a che fare con il piano politico vengono però accentuate in modo molto diverso nei due scritti. Nella *Concordia* Gioacchino raccomanda di attendere, fino a che, guardando il percorso a partire dalla sua conclusione, si potrà giudicare se nella situazione data sarebbe stata preferibile la resistenza o la resa.[95] Nella *Interpretazione dei canestri di fichi* risulta invece sicuro del proprio giudizio: occorre cedere a chi comanda in quel momento.[96]

Herbert Grundmann ne trasse la conclusione che il passo della *Concordia* precedesse quello della *Interpretazione dei canestri di fichi,* in quanto ciò che nel primo poteva valere come una situazione ancora aperta, di cui non si sapeva ancora il seguito, nell'altro caso era divenuto ormai chiaro e rendeva possibile una decisione netta. Egli riteneva che questa situazione si fosse data intorno all'anno 1190/1191, quando per il re tedesco Enrico VI si pose la questione ereditaria riguardo alla Sicilia e si delineò per la curia lo spettro terribile di un accerchiamento territoriale, nella forma di una «unione del regno all'Impero». Si tratta di un'interpretazione errata. Infatti per quanto le prospettive politiche potessero davvero suscitare preoccupazione per la curia, non risulta assolutamente nulla riguardo a una minaccia aperta di Enrico VI in questa fase. Anzi, al contrario, tra la fine del 1190 e gli inizi del 1191 il re si trovava sulla strada per Roma, per ricevervi la corona imperiale;[97] doveva essergli pertanto riuscito un qualche accordo con il papa, certo non si era nel mezzo di uno scontro aperto. E ciò vale ancor più per la curia, che dopo la morte di Urbano III (20 ottobre 1187) aveva trovato in Gregorio VIII un successore al quale la storiografia a lui contemporanea riconobbe quel comportamento propenso alla pace che proprio Gioacchino nella *Interpretazione dei canestri di fichi* richiedeva ai vertici ecclesiastici.[98] Questo papa regnò solo per due mesi, ma pure il successore Clemente III fu sicuramente impegnato nella ricerca di un accordo. Per quanto il successore Celestino III sia stato scelto il giorno stesso della sua morte, il 29 marzo 1191, mentre il re tedesco era davanti alle porte di Roma, e contemporaneamente si siano verificate tensioni tra i partiti cardinalizi, tutto ciò non può essere considerato segnale di una situazione politica, di una politica di violenza (nel senso preconizzato da

Geremia e temuto da Gioacchino) da parte di colui che doveva essere incoronato imperatore.[99] Il rapporto con la curia romana da parte di Enrico, incoronato imperatore il 15 aprile 1191,[100] rimase certo teso per tutta la sua vita; ma durante il tempo del suo Impero non si riprodusse mai il clima conflittuale che c'era stato nel 1186. Lo stesso si può dire ponendosi dal punto di vista di Gioacchino. Per lui già al momento della conquista di Gerusalemme da parte di Saladino, avvenuta nell'ottobre 1187, l'Impero svevo non rappresentava più il maggior pericolo per la Chiesa:[101] da allora lo furono per lui i Saraceni. Anche dalla biografia di Gioacchino sappiamo che per i propri disegni di ordine politico egli cercò presto un'intesa con Enrico VI, che dovette andare a trovare nel suo accampamento davanti a Napoli nell'estate 1189, nella fase finale dell'infruttosa spedizione del re verso la Sicilia.[102] Per tale fase sarebbe pertanto difficile attribuirgli una valutazione ancor più drammatica (come lascia invece intendere Grundmann)[103] della situazione politico-ecclesiastica rispetto a quella espressa nella *Concordia* riguardo ai pontificati di Lucio III e soprattutto di Urbano III. Non si può d'altronde trascurare che la *Concordia* fu conclusa solo tra il 1195 e il 1196.[104] Sappiamo con certezza che Gioacchino lavorò all'opera per più di un decennio: di conseguenza non si può escludere che abbia redatto il passo che trattava della parabola dei due canestri di fichi già prima del 1190/1191, data che Grundmann fissa come termine finale per la composizione della *Interpretazione dei canestri di fichi*.[105] Risulta però più semplice ipotizzare un rapporto genetico cronologicamente rovesciato.[106] Ciò permette di riconsiderare anche l'evidente incongruenza nella valutazione della condizione della Chiesa: da una parte la *Concordia* descriverebbe la condizione della Chiesa degli anni 1184-1187, così disperata da far ritenere adeguata ad essa, in quel momento, l'applicazione della parabola di *Geremia* 24; dall'altra però offre solo considerazioni generali, che esulano dalla situazione specifica. Di fatto dopo l'ottobre 1187 il modello di situazione politica ricavabile da *Geremia* 24 rimane puramente teorico dal punto di vista di Gioacchino. È documentato che nel 1186 egli si trattenne in curia,[107] dove poté percepire a fior di pelle la guerra di posizione fra i due partiti in cui era diviso il collegio cardinalizio - quello più orientato ad un accomodamento con l'imperatore e quello deciso alla resistenza a oltranza per la «libertà della Chiesa»; se si tiene conto di questa circostanza, si dovranno allora considerare gli anni 1186/1187 come periodo di stesura della *Interpretazione dei canestri di fichi*, in quanto le divergenze tra curia e imperatore raggiunsero il loro culmine proprio allora.[108]

2.3. *Occasione e destinatario*

La *Interpretazione dei canestri di fichi* fornisce all'inizio e alla fine informazioni sulla ragione dello scritto e sul suo destinatario. L'autore si rivolge al destinatario chiamandolo all'inizio «vostra paternità» e alla fine «abate Goffredo» (*abbas Gafride*).[109] Herbert Grundmann ritenne che questo abate Goffredo fosse identificabile con il biografo di Bernardo di Clairvaux, Goffredo di Auxerre.[110] Teniamo ferma questa identificazione contro i dubbi espressi da

Ferruccio Gastaldelli, che raccomandò di guardare nella direzione di un altro «abate Goffredo».[111]

In effetti, il tentativo da lui prospettato è stato compiuto. Già Grundmann aveva considerato la possibilità che potesse trattarsi dell'abate Roffredo di Montecassino, eletto abate di quella abbazia nel 1188 e promosso cardinale nel medesimo anno. Nella fase iniziale della successione ereditaria al trono di Sicilia egli si mise dalla parte di Tancredi, ma poi fino alla morte, avvenuta nel 1210, fu fedele a Enrico VI.[112] Poiché nella *Hierarchia catholica* di C. Eubel viene indicato come Goffredus de Insula,[113] parve che si potesse identificare costui con l'abate Goffredo cui si rivolge Gioacchino. Grundmann scartò però l'ipotesi, in quanto il modo in cui Eubel ne trascrive il nome non è ricavabile dalle fonti e dipende quindi evidentemente da una trascrizione errata. Per una datazione anteriore al 1188 non si darebbe peraltro alcuna possibilità, in quanto allora non era ancora abate. Risulta però decisiva la constatazione che non si dà il ben che minimo indizio che vi sia stata una qualche relazione tra l'abate Roffredo e Gioacchino, ovvero che possa esservi stato un contatto in ragione della carica abbaziale ricoperta da entrambi. D'altra parte, sia il prologo sia l'epilogo del testo si riferiscono alla medesima persona, e non c'è alcun bisogno di prendere in considerazione altri Goffredo, tenuto conto che il criterio indicato che vi sia stato un rapporto personale tra il destinatario e Gioacchino può valere per una sola persona di nome Goffredo, e questi è Goffredo di Auxerre.

Occorre partire da un sermone di Goffredo di cui si è conservato un frammento.[114] L'autore vi si esprime in termini duri contro un Gioacchino, ebreo di origine, come egli pretende di aver appreso da fonte sicura, che non ha «vomitato» pienamente il suo giudaismo,[115] che è entrato nell'Ordine cistercense e vi è divenuto abate,[116] «ma già da molti anni...» – e qui il testo si interrompe. Costui viene apostrofato come un «quarto Catone» caduto dal cielo, con riferimento a Giovenale (*Sat.* II, 40: *tertius e caelo cecidit Cato*: «è caduto dal cielo un terzo Catone»), che come «terzo Catone» aveva denigrato un pederasta che si atteggiava a moralista. Goffredo aveva lanciato questa formula velenosa già contro Gilberto de la Porrée, per marchiarlo come eretico;[117] ora biasima in questo Gioacchino il suo nuovo modo di profetare, che si fonda non su illuminazione certa, ma sulla pienezza della conoscenza e sulla comprensione delle sacre Scritture.[118]

La ricerca ha unanimemente identificato questo Gioacchino con Gioacchino da Fiore. Se infatti si prescinde dall'osservazione secondo cui Gioacchino proverrebbe da una famiglia di ebrei convertiti,[119] non solo la sua appartenenza – per quanto espressa in forma dubitativa[120] – all'Ordine cistercense, ma soprattutto il suo approccio ermeneutico alla previsione del futuro appaiono pienamente centrati dal punto di vista polemico.

Non c'è alcun dubbio che tra Goffredo di Auxerre e Gioacchino da Fiore vi sia stata una relazione, così come non c'è dubbio che questa relazione fosse di natura polemica. Si può inoltre stabilire un preciso legame tra la predica di Goffredo e lo scritto di Gioacchino. Infatti nei passaggi iniziali il sermone di Goffredo allude ai due canestri di fichi di *Geremia* 24, attribuendo peraltro al concetto di «migrazione», centrale per entrambi gli autori, un significato molto diverso: per Goffredo in direzione marcatamente allegorica, a differenza dell'interpretazione storico-tipologica di Gioacchino.[121] Sarebbe perciò ben strano se la critica di Goffredo a Gioacchino e il suo utilizzo della parabola dei due cesti di fichi non avessero nulla a che fare con lo scritto sulla *Interpretazione dei canestri di fichi* rivolto da Gioacchino a un abate Goffredo.[122] Tanto più che altri elementi si accordano perfettamente. Se assumiamo che l'*Interpretazione dei canestri di fichi* va riportata agli anni 1186/1187, ciò significa che siamo nel periodo in cui Goffredo era ancora abate di Hautecombe,[123] e in tale ruolo, nel quadro del sistema di filiazione cistercense, si trovava a un livello superiore rispetto a Gioacchino; infatti allora Gioacchino era ancora abate di Corazzo; Corazzo, già «figlia» della Sambucina, era divenuta da poco «figlia» di Fossanova, e Fossanova a sua volta era «figlia» di Hautecombe.[124] La formula «vostra paternità» non è quindi una semplice formula di cortesia, bensì il titolo che Gioacchino deve riconoscere a Goffredo.

Anche il passaggio conclusivo dell'opera, là dove si afferma da parte di Gioacchino la disponibilità alla correzione e alla punizione, si riferisce al comportamento di sottomissione di un figlio nei confronti del padre; come tale esprime il riconoscimento dell'obbedienza dovuta a un superiore nell'Ordine, obbedienza che include il potere di punizione da parte di quest'ultimo.[125] Occorre peraltro leggere tra le righe. Se il titolo di «abate Goffredo» è nell'epilogo espressione di cortesia, l'apostrofarlo come «maestro in Israele» significa schernirlo, come già era stato colto da Grundmann.[126] Infatti nella semantica teologica tale magistero è, senza possibilità di equivoco, quello dell'odiato fariseo. Già le parole iniziali dello scritto possono essere lette come schiaffi per il destinatario, dal momento che lo assimilano a quei gentili da poco convertiti (*cum gentes essetis*) ai quali l'apostolo Paolo dovette prestare aiuto riguardo ai doni dello Spirito. Sarebbe un enorme fraintendimento voler cercare nelle parole di Gioacchino autentica umiltà.[127] Sono sarcasmo puro, racchiuso in formule di devozione.

A partire da qui si risale senza fatica alla critica di Goffredo. Infatti, come mostrò Gastaldelli contro Grundmann e altri, il sermone di Goffredo nella forma in cui ci è giunto va datato un po' più tardi del 1186/1187,[128] e va in ogni caso collocato dopo la *Interpretazione dei canestri di fichi*.[129] L'abate di Hautecombe deve aver ricevuto quest'ultimo scritto come una provocazione, che lo spinse a replicare con il proprio sermone: non può essere avvenuto il contrario, e cioè che il sermone di Goffredo abbia dato spunto a Gioacchino per la composizione del proprio testo. Gioacchino esprime il motivo di questo scritto in maniera molto chiara nel prologo e nell'epilogo: gli sono stati richiesti chiarimenti su certe sue esternazioni scritte, in cui si sarebbe espresso riguardo ai due canestri di fichi.[130] Tali esternazioni devono aver suscitato critiche, in una misura tale che egli si è visto esposto al sospetto di aver espresso qualcosa di altamente fuorviante e indecente.[131] Intende perciò difendersi da tali accuse: innanzi tutto esclude che, prima della stesura della *Interpretazione dei canestri di fichi*, vi sia mai stata una qualche esternazione scritta da parte sua al riguardo, nessuna che possa essere stata diffusa con il suo permesso; e in ogni caso vuole chiarire al destinatario quale sia effettivamente la propria interpretazione della parabola di Geremia.

Dalle parole di Gioacchino si deduce che certamente egli si era espresso riguardo a *Geremia* 24, ma che le sue esternazioni avevano avuto il carattere di una discussione; erano state espresse in forma presumibilmente orale, altrimenti le sue opinioni non avrebbero potuto raggiungere una cerchia di più destinatari, che avrebbero potuto testimoniare contro di lui («hanno testimoniato che ho sostenuto non so che cosa di assurdo e di indecente»). D'altra parte, un qualche riferimento doveva esserci stato, altrimenti non avrebbe fatto cenno a un permesso per una pubblicazione di qualcosa di simile («né credo di avere trasmesso alcunché a nessuno fino ad oggi»). Si potrebbe pensare alla manifestazione, durante una predica, di posizioni e decisioni da assumere in ambito politico-ecclesiastico; oppure anche a una semplice manifestazione del suo pensiero nel quadro di una discussione, entro una cerchia più o meno grande. Si può invece escludere l'ipotesi che si trattasse di passaggi relativamente brevi della *Concordia*, ammettendo l'esistenza di qualche sua parte in una qualche forma, quasi che avesse letto pubblicamente da quest'opera, o avesse fatto girare un fascicolo con la sezione corrispondente perché fosse letta in una qualche riunione; infatti egli nega esplicitamente di aver fissato i suoi pensieri in un'opera scritta già conclusa e destinata alla diffusione, e non c'è alcun motivo di dubitare delle sue parole.

In ogni caso, anche riguardo al luogo in cui Gioacchino avrebbe manifestato le sue opinioni si possono avanzare solo ipotesi: potrebbe avere parlato in una cerchia di confratelli cistercensi, così come in curia, quando vi si trattenne a Verona nel 1186 e fu testimone dell'escalation del conflitto tra l'imperatore e il papa.[132] Le sue opinioni devono in ogni caso aver avuto una certa dimensione pubblica, e questo spiega perché Gioacchino si sia sentito costretto a produrre uno scritto di autogiustificazione e perché lo abbia diretto a Goffredo. Probabilmente Goffredo, nel suo ruolo di superiore nell'Ordine, potrebbe avergli rivolto, direttamente o indirettamente, una richiesta di chiarimenti,[133] dopo che erano state portate alla sua conoscenza lamentele circolanti sulle posizioni sostenute da Gioacchino. La risposta di Gioacchino fa ritenere che i toni della richiesta non dovessero essere privi di asprezza; la sua stessa dichiarazione di sottomissione ammanta solamente l'accento polemico nei confronti del destinatario, che annovera fra quanti gli erano ostili e malevoli. Di fatto più tardi Goffredo, come sappiamo, gli si mostrò fieramente avverso.

Le formule appena velatamente velenose presenti sia nel prologo sia nell'epilogo della *Interpretazione dei canestri di fichi* non spiegano l'inimicizia nei confronti di Goffredo. Gastaldelli ne mise in luce una componente importante:[134] egli individuò una ragione di conflitto nelle rispettive ermeneutiche della sacra Scrittura, inconciliabilmente divergenti. Goffredo era un incallito tradizionalista, che considerava l'ermeneutica allegorica da lui praticata non tanto come una delle numerose possibilità di esegesi della Scrittura, ma come l'unica consentita. Egli riteneva fondamentalmente falso l'approccio storico-tipologico di Gioacchino. La sua predica contro Gioacchino offre una testimonianza esplicita della polemica sul piano ermeneutico; soprattutto, il trattamento allegorico da lui compiuto della parabola dei due canestri di fichi va letto in contrapposizione all'interpretazione storico-tipologica offerta da Gioacchino nel suo scritto.

La concezione ermeneutica fondamentalmente storico-tipologica, orientata in senso etico-morale in forza della contrapposizione tra umiltà e superbia, rappresentava per Gioacchino la discriminante da cui far dipendere, in una determinata situazione politico-ecclesiastica, una decisione favorevole piuttosto che contraria. Per Goffredo certamente non lo era. Gastaldelli ha osservato in modo probabilmente giusto che alla sua comprensione della Chiesa erano estranei sul piano delle opzioni di politica ecclesiastica sia la differenziazione tra vera e falsa libertà, sia il pensiero di una servitù da sopportare in umiltà.[135]

Anche Goffredo si espresse negativamente riguardo all'opportunità che la gerarchia ricorresse all'appello alle armi, come era avvenuto al tempo di Leone IX e di Innocenzo II in difesa della libertà della Chiesa (come la intendevano loro).[136] Di un uomo strettamente legato a Goffredo come Enrico di Marcy, cardinale vescovo di Albano, sappiamo però che in quanto legato papale in Linguadoca nel 1181 non solo aveva per la prima volta inaugurato l'impiego della forza militare contro gli eretici, ma aveva anche personalmente ordinato che fosse espugnata Lavaur, fortezza degli eretici.[137] Si dovrà dunque annoverare quanto meno lui entro la cerchia degli uomini di curia che non si ritraevano dall'utilizzo del potere delle armi in nome della Chiesa. Enrico era cistercense, come Gioacchino e come Goffredo, superiore a loro nella gerarchia dell'Ordine: l'appello rivolto da Gioacchino perché fosse revocato un comando, forse già dato, di prendere le armi[138] potrebbe in ultima analisi essere stato rivolto all'indirizzo di quest'uomo e di coloro che nel collegio cardinalizio condividevano tale orientamento.

2.4. *Paternità, genere letterario dell'opera, criteri di edizione*

A questo punto la questione della paternità dell'opera assume un significato puramente formale. Infatti per tematica, ermeneutica, stile e legami con le opere principali di Gioacchino, in particolare con la *Concordia*, nonché per la sua tradizione attestata dal codice 322 della Biblioteca Antoniana, che contiene solamente scritti autentici di Gioacchino, non vi è alcun dubbio che la *Interpretazione dei canestri di fichi* sia opera sua. Solo Francesco Russo, nelle diverse edizioni della sua *Bibliografia gioachimita*, poté inserire lo scritto tra le «opere dubbie».[139] Egli non offre peraltro alcuna ragione specifica al riguardo, né se ne potrebbe trovare alcuna: nessuno che abbia letto lo scritto ha mai trovato un argomento valido in tal senso.

Il genere letterario della *Interpretazione dei canestri di fichi* è quello di un trattato epistolare,[140] al modo del *De consideratione* di Bernardo. Il corpo principale dello scritto – formalmente concluso dalla parola «explicit»[141] – corrisponde al genere del trattato. Le sezioni che inquadrano il testo ne manifestano il carattere di lettera. Si tratta del prologo e dell'epilogo, ovvero, per usare la terminologia dell'epistolografia: di protocollo ed escatocollo, che dedicano a un ricevente la parte di trattato che di per sé sta da sola. Grundmann ritenne mancasse una formula iniziale di saluto e pensò perciò a una perdita iniziale di testo.[142] Lo conferma il fatto che la formula di saluto del prologo, a differenza dell'epilogo, non riporta il nome del ricevente. Manca inoltre il titolo. Questa è peraltro una mancanza comune a numerosi altri scritti riportati nel codice 322 della Biblioteca Antoniana di Padova.

La *Interpretazione dei canestri di fichi* è tramandata dal solo manoscritto antoniano. Questo codice, allestito nel primo quarto del secolo XIII in Calabria, verosimilmente nella stessa S. Giovanni in Fiore, contiene numerose opere di Gioacchino riprodotte in forma calligrafica. Non si tratta dunque di un autografo.[143]

3. *Questione su Maria Maddalena e su Maria sorella di Lazzaro e Marta*

Gioacchino intende fare chiarezza sulla questione della possibilità di identificare nella stessa persona Maria Maddalena e Maria di Betania, sorella di Marta e di Lazzaro. Il testo è un piccolo pezzo di bravura. Dal punto di vista formale si segnala per l'eleganza della lingua e per il rigore stringente del procedimento argomentativo; quanto al contenuto, si distingue per la singolarità e in un certo senso per la stessa scelta poco usuale del tema da trattare e della tesi da dimostrare. Infatti, lungo il corso dell'intero medioevo non vi fu praticamente nessuno che abbia trovato degna di attenzione la questione che Gioacchino ritenne meritevole di una propria ricerca,[144] tanto pareva scontato che le due donne di nome Maria fossero una persona sola; e quando Jacques Lefèvre d'Étaples, avanguardia degli umanisti parigini, pubblicò nel 1517 uno scritto in cui mise in dubbio tale convinzione, si levò una tale indignazione, che l'autore fu sospettato di eresia e lo scritto fu poi messo all'Indice.[145] Se lo scritto di Gioacchino fosse stato conosciuto al tempo della sua stesura, si può senz'altro ritenere che avrebbe prodotto un certo scalpore.

Rimasto privo di qualsiasi importanza nell'antichità e nell'alto medioevo, dalla metà dell'XI secolo il culto della Maddalena aveva ricevuto enorme impulso, innanzi tutto a partire dalla abbazia benedettina borgognona di Vézelay;[146] la figura della penitente peccatrice, che aveva voltato le spalle al mondo nella sequela di Cristo, trovò risonanza in special modo presso le correnti eremitiche del monachesimo.[147] Vi è tuttavia da chiedersi: che significato simbolico poteva avere la figura della peccatrice convertita rispetto alla protagonista di un modo di vivere monastico contemplativo, incarnato da Maria di Betania (una vergine, secondo la tradizione),[148] che aveva ascoltato le parole di Gesù ai suoi piedi, mentre la sorella Marta si era piuttosto presa cura della condizione corporea di Gesù, diventando per questo modello della vita attiva?[149] Questi i termini del problema affrontato da Gioacchino.

3.1. *Posizione del problema e struttura dello scritto*

L'identità delle due donne di nome Maria ha rappresentato un problema per la Chiesa e per la teologia latine d'Occidente; la Chiesa greca invece non ha unificato mai, neppure una volta, le figure delle due donne.[150] In Occidente, al contrario, si trattò di una questione aperta: mentre Agostino si espresse a favore della loro identità, Ambrogio e Girolamo affermarono che si trattava di due donne ben distinte.[151] Solo la presa di posizione di Gregorio Magno a favore dell'unicità delle due persone fissò una decisione divenuta poi determinante per la tradizione.[152] Da allora nella Chiesa latina le due donne di nome Maria furono considerate una sola e medesima persona.[153] Durante l'intero Medioevo i dubbi al riguardo furono estremamente rari[154] e solo Gioacchino sviluppa una posizione esplicitamente opposta.

Il problema si trova posto nei Vangeli. Luca narra che agli inizi della evangelizzazione di Gesù in Galilea, più propriamente nella città di Naim, come si supponeva secondo la tradizione, in seguito a un invito di Gesù nella casa di Simone il fariseo, una peccatrice nota in città – una prostituta dunque – cadde ai piedi di Gesù, li bagnò con le proprie lacrime, li asciugò con i propri capelli, li coprì di baci e li unse con l'olio.[155] Il suo nome non è indicato. Una seconda unzione avviene nel contesto degli eventi della Passione. Stando agli evangelisti Matteo, Marco e Giovanni, essa avviene a Betania, secondo Matteo e Marco nella casa di Simone il lebbroso, mentre Giovanni non indica il luogo in modo più preciso.[156] Secondo Giovanni l'azione è compiuta da Maria, la sorella di Marta e di Lazzaro, mentre Matteo e Marco parlano solamente in modo indeterminato di una donna. Il materiale usato per l'unzione è, secondo Marco e Giovanni, il preziosissimo olio di nardo, mentre Matteo parla solamente in termini generali di un olio prezioso. Secondo Matteo e Marco l'unzione riguarda il capo di Gesù, secondo Giovanni i suoi piedi. Maria Maddalena entra in gioco quando Luca, dando seguito al racconto dell'unzione avvenuta in casa di Simone il fariseo, narra che Gesù nel corso della sua successiva evangelizzazione in Galilea era accompagnato dai dodici apostoli e da diverse donne, tra cui una Maria Maddalena che egli aveva liberato da sette demoni.[157] La Maria Maddalena caratterizzata in tal modo fa parte, secondo Marco (16, 9), di quelle donne che erano a fianco di Gesù durante la Passione; e si tratta, secondo il coincidente racconto di tutti gli evangelisti, proprio di quella Maria Maddalena che con le altre donne o assolutamente per prima (secondo Marco e Giovanni) poté vedere Cristo risorto.[158]

Si potrebbe dunque concludere che vi sono almeno tre differenti donne, ma la tradizione esegetica latina le ha ridotte a una sola. Per quanto sappiamo dalle ricerche fondamentali sul culto della Maddalena compiute da Victor Saxer[159] – completate da Giles Constable[160] per quanto riguarda il piano propriamente esegetico – dopo Gregorio Magno e prima di Gioacchino tale convinzione è stata messa in discussione solo quattro volte. Innanzi tutto dallo sconosciuto autore di un indice che dovrebbe aiutare a distinguere nomi biblici che suonano in modo uguale, opera intitolata *De inventione nominum*, tramandata a partire da manoscritti dell'VIII/IX secolo.[161] In secondo luogo da Pascasio Radberto († 860 ca.).[162] Successivamente da Bernardo di Clairvaux († 1153).[163] Infine da Nicola di Montiéramey/Clairvaux (†1175/1178).[164] Tra queste prese di posizione, quella scettica di Bernardo di Clairvaux fu della massima rilevanza per la formazione del giudizio di Gioacchino. Egli era infatti cistercense, quanto meno lo fu per un certo tempo, ed ebbe sempre la massima considerazione per Bernardo.

Come fonda Gioacchino la propria soluzione? Innanzi tutto si richiama ai Vangeli.[165] Ciò può sembrare ovvio, ma non lo è.[166] Infatti ai tempi di Gioacchino intorno alla figura della Maddalena si stava ormai affermando una mescolanza di leggende, che aveva trovato accoglimento anche nell'officio della sua festa (22 luglio). Era ad esempio molto corrente come materia di lettura un sermone attribuito all'abate Odone di Cluny († 942), in cui la peccatrice era trasformata in una santa nobile («proveniente da una stirpe illustrissima»), che avrebbe condotto una vita moralmente dissoluta; in tal modo era destinata a rappresentare un modello per un'élite aristocratica che intendesse scegliere la via della penitenza e della salvezza dell'anima.[167] E questo era avvenuto già dal IX secolo, quando, nel trasferimento a Maria Maddalena di motivi presi dalla vita di Maria Egiziaca, le erano stati attribuiti tratti eremitici. In particolare si sosteneva che dopo gli avvenimenti narrati dai Vangeli avrebbe trascorso i suoi ultimi giorni come eremita nell'isolamento del deserto; per questo motivo a partire dal XII secolo una grotta nel massiccio roccioso di Sainte-Baume in Provenza fu trasformata in un santuario, esistente ancor oggi.[168] Si trovarono peraltro ulteriori vie per armonizzare fantasiosamente i racconti evangelici. Onorio Augustodunensis, ad esempio affermò che Maria Maddalena era di Betania ma si sposò a Magdala (e questo chiarisce il suo nome). Lì però non si trattenne a lungo, scappò via dal marito, si dette alla prostituzione a Gerusalemme, e fu la sorella Marta a riportarla sulla retta via, e quindi la ritroviamo protagonista dell'unzione dei piedi di Gesù.[169] Onorio unifica così l'avvenimento dell'unzione e lo trasferisce a Betania, precludendo in tal modo ogni percorso esegetico che intendesse attribuire ancora a questa Maria la condizione verginale.[170] Per lui l'identificazione composita delle due figure valeva dunque solo come modello, il modello della peccatrice che diventa penitente.

Sono tali proliferazioni arbitrarie e le conseguenti e rilevanti implicazioni per l'interpretazione del contenuto simbolico-spirituale di esse a spingere Gioacchino a caratterizzare lo stato della discussione come altamente contraddittorio,[171] giudizio cui avranno certamente contribuito anche le prese di posizione niente affatto unanimi delle autorità patristiche. Su questo sfondo occorre vedere l'impianto della sua soluzione, strettamente concentrato sul nucleo delle fonti evangeliche. Gioacchino non trasgredisce affatto tale confine, anche quando nel testo si richiama espressamente per un'unica volta, facendone il nome, ad una autorità patristica. Si tratta di Ambrogio, uno dei pochi che egli avrebbe potuto chiamare come garante affidabile e di rilievo a sostegno della propria posizione.[172] In verità Ambrogio rappresenta per lui un solido sostegno in relazione alla verginità di Maria di Betania, soprattutto perché tale convinzione era sostenuta solo dalla tradizione, mancando al riguardo qualsiasi esplicita testimonianza biblica. Tale condizione sarebbe peraltro sostanzialmente irrilevante per la questione dell'identità delle due donne di nome Maria; per Gioacchino rappresenta tuttavia il segno centrale di distinzione in rapporto al contenuto simbolico-spirituale che ciascuna delle due figure a suo modo incarna.

Il procedimento attraverso cui Gioacchino costruisce la sua argomentazione risulta chiaramente scandito attraverso cinque passaggi ben definiti.

Innanzi tutto illustra il fondamento della ricerca (dibattito aperto riguardo alla identicità di Maria Maddalena e di Maria di Betania), il fine del suo argomentare (le due non sono un'unica e identica persona) e quindi formula la sua tesi: due province (Galilea e Giudea), due luoghi (Naim e Betania), due donne del tutto diverse quanto alle loro qualità morali (qui una peccatrice, là una vergine): si tratta dunque di cose diverse.[173]

Successivamente presenta le fonti che costituiscono il tessuto narrativo dei due racconti dell'unzione, nel contesto storico dell'attività evangelizzatrice di Gesù, che ha inizio in Galilea e termina in Giudea, nell'evento culminante della Passione. Il riferimento fondamentale è costituito dal Vangelo di Luca, ma l'espressività tradisce un modo di procedere sinottico; la sua conclusione è che gli atti di unzione sono avvenuti a grande distanza locale e temporale l'uno dall'altro, cosicché anche le due donne devono essere diverse l'una dall'altra.[174]

Quindi si pone la questione se Maria Maddalena coincida con Maria di Betania e, in caso di risposta negativa, se queste due donne dallo stesso nome prendano parte a entrambi gli atti di unzione.[175] Alla prima parte della domanda dà una risposta negativa: infatti è facilmente attestabile a partire dai Vangeli che Maria Maddalena proveniva da Magdala, un luogo presso il lago di Genezareth in Galilea; e che Maria, la sorella di Lazzaro e di Marta, era originaria di Betania, non lontano da Gerusalemme.[176] Più difficile è stabilire se Maria Maddalena coincida con la peccatrice di cui non si conosce il nome di Lc. 7, 36-50, e se Maria di Betania coincida con la donna che compie l'atto dell'unzione precisamente in quel luogo.[177] Infatti i Vangeli non offrono alcun elemento stringente a sostegno della identificazione della peccatrice di Lc. 7, 36-50 con Maria Maddalena. Si deve conseguentemente ricorrere alla costruzione di un'ipotesi (*presumitur*!); allo stesso modo si sarebbe regolata anche la tradizione esegetica (*doctores sancti*),[178] al cui giudizio Gioacchino cerca di aderire.[179] In effetti l'evangelista Luca, subito dopo aver raccontato l'unzione di Gesù da parte della peccatrice anonima, narra che tra i seguaci di Gesù vi era una certa Maria Maddalena, che precedentemente era stata posseduta da sette demoni; il riferimento farebbe supporre che le due persone siano una sola.[180]

In verità ciò non risulta di immediata comprensione per il lettore moderno, ma l'argomentazione si chiarisce grazie all'introduzione di un ulteriore elemento. Alla peccatrice di Lc. 7, 36-50 Gesù aveva rimesso i peccati in quanto la donna «aveva molto amato» (*quoniam dilexit multum*). Nel solco della tradizione esegetica, Gioacchino assimila l'elemento dell'amore alla figura di Maria Maddalena in occasione della resurrezione di Gesù: stando alle parole dell'evangelista Giovanni (20, 1-18), fu infatti l'unica a restare in lacrime presso il sepolcro; a differenza degli stessi apostoli Pietro e Giovanni non volle credere che il suo corpo fosse stato portato via; e come ricompensa per la sua fede fu la prima a vedere il Risorto.[181] Il motivo dell'amore consente dunque a Gioacchino di istituire un rapporto plausibile tra la peccatrice e la figura di Maria Maddalena che segue Gesù, confermando così la connessione suggerita da Luca a proposito di Maria Maddalena, evocata dall'evangelista immediatamente dopo l'episodio dell'unzione. Richiede minore difficoltà il comprovare l'identità tra la donna che compì l'unzione a Betania – anonima nel racconto di Matteo, come pure in quello di Marco – e Maria, sorella di Lazzaro e di Marta, oggetto del racconto dell'evangelista Giovanni; infatti qui luogo e tempo coincidono perfettamente nei racconti evangelici.[182]

Il successivo e ultimo passaggio dell'argomentazione riguarda la questione dell'oggetto dell'unzione.[183] Si registra infatti una singolare differenza nel racconto degli evangelisti, per cui secondo Matteo e Marco la donna che praticò l'unzione a Betania nella casa di Simone il lebbroso unse il capo di Gesù, secondo il racconto di Giovanni invece unse i suoi piedi; precisamente come fece, nel racconto di Luca, la anonima peccatrice nella casa del fariseo Simone nella città di Naim. Gioacchino sfugge alla possibile obiezione secondo cui l'identico nome Simone dei rispettivi ospiti potrebbe aver condotto a identificare gli eventi; argomenta infatti che nomi identici non significano identità di persone e che per di più l'uno viene indicato come lebbroso, l'altro come fariseo. Si tratta dunque di due persone differenti.[184] La differenza per quanto riguarda l'oggetto dell'unzione avvenuta nella casa di Simone il lebbroso a Betania resta invece un problema: capo o piedi di Gesù?[185]

La via normalmente percorsa dalla tradizione esegetica è la seguente: poiché la parola degli evangelisti è degna di fede, si deve essere d'accordo con entrambi, e dunque ritenere che l'unzione sia avvenuta in due fasi distinte: prima l'unzione dei piedi, poi del capo.[186] Altrimenti occorre pensare che la differenza nei racconti intenda alludere a un mistero più profondo.[187] Gioacchino si risolve a favore di questa seconda soluzione.[188] Giunge così a una conclusione sorprendente:[189] l'antifona che ha per oggetto la lavanda dei piedi di Cristo il giovedì santo e che, a partire dalla riforma liturgica di Bernardo di Clairvaux, era inclusa nell'officio cistercense di Maria Maddalena, andrebbe modificata per quanto riguarda il contenuto del testo, in quanto là dove si riferisce all'unzione compiuta dalla peccatrice nella casa di Simone il lebbroso, il nome dell'ospite dovrebbe essere modificato in «Simone il fariseo»; e l'inno *Magnum salutis gaudium*, facente parte del medesimo officio, in cui si fa riferimento all'olio di nardo usato da Maria di Betania, dovrebbe essere riferito a lei, non a Maria Maddalena. Di conseguenza il fine della ricerca si manifesta come liturgico-pratico, non come teologico-fondamentale. Gioacchino, dopo avere ricordato di essere stato spinto ad approfondire il tema delle due donne di nome Maria dall'esigenza di mettere ordine nella confusione delle molteplici interpretazioni, conclude con la preghiera, come sua consuetudine umilmente espressa, che le due donne di nome Maria possano ricordarsi di colui che avrebbe posto il loro ricordo nella giusta luce.[190]

L'argomentazione conclusiva a sostegno dell'esistenza di due donne diverse si fonda su due elementi costanti del pensiero di Gioacchino: il concetto della gratuità della grazia e il valore dell'umiltà.

Infatti l'assimilare Maria Maddalena a un amore particolare offre a Gioacchino l'opportunità di segnalare il paradosso per cui Maria Maddalena avrebbe amato Gesù più di Maria di Betania, mentre per Gesù sarebbe avvenuto il contrario; ma questo corrisponde esattamente al rapporto di Gesù nei confronti degli apostoli Pietro e Giovanni.[191] Gioacchino non fa qui riferimento esplicitamente al mistero celato in questo squilibrio; ma da affermazioni parallele[192] sappiamo però che egli da una parte pensa alla pienezza della grazia divina che non può essere determinata da alcuna iniziativa da parte dell'uomo, dall'altra all'azione mondana dell'uomo, sporcato dal peccato – di cui sono esempio la peccatrice Maria Maddalena e Pietro guida della Chiesa – cui si contrappone la visione spirituale e puramente contemplativa, rappresentata da Maria di Betania e dall'evangelista Giovanni.

«Se sei invitato a nozze occupa l'ultimo posto» (Lc. 14, 8); «Quanto più sei grande, tanto più fatti umile» (Eccli. 3, 18): è questa la linea di riflessione che permette a Gioacchino di spiegare come mai la medesima unzione avvenuta a Betania sia stata raccontata in modo diverso dai due evangelisti, sicché l'uno parla dell'unzione dei piedi, l'altro dell'unzione del capo. L'unzione dei piedi ad opera della peccatrice di Naim è immediatamente comprensibile perché si rapporta direttamente all'atteggiamento del peccatore pentito che si umilia. Maria di Betania non è però una peccatrice, anzi – in quanto vergine[193] – è priva di macchia. Per questo spetta a lei l'unzione del capo di Gesù, ovvero della parte più nobile del suo corpo. Quando però l'evangelista Giovanni narra che ella stessa unge i piedi, come spetterebbe a una peccatrice, proprio in questo atto non propriamente consono alla sua dignità egli rende esplicita la vera perfezione di Maria, che si manifesta nella sua umiltà volontaria.

Gioacchino spiega dunque la differenza nei racconti evangelici facendo leva sul motivo di cui si avvale sempre di nuovo, e cioè che solo colui che si abbassa viene innalzato, che la superbia del giusto è peggiore dell'umiltà pronta alla penitenza del peccatore, che di per sé il vero eletto non è mai troppo buono nell'amore per Dio o del servizio per il prossimo.[194]

3.2. *Autore e tradizione, titolo, forma letteraria, destinatario, ricezione*

Dopo quanto si è detto non si può certo dubitare che Gioacchino sia l'autore del breve scritto. La sua paternità non è stata peraltro mai messa in discussione.[195] Infatti accanto alla stretta connessione con concezioni centrali nella sua produzione dottrinale, vi è un'ulteriore ragione esterna da sottolineare: il testo è tramandato da un unico manoscritto, il codice 322 della Biblioteca Antoniana di Padova. Si tratta del manoscritto che, accanto all'*exemplar* del *Salterio a dieci corde* e ai *Trattati sui Vangeli*, rimasti incompiuti, contiene quasi l'intera produzione degli scritti minori di Gioacchino; e ogni altro testo contenuto in esso risulta essere un'opera autentica di Gioacchino.[196] Il nostro scritto vi si trova ai fogli 139vb-$140a^{rb}$, subito dopo la *Intelligentia super calathis* (*Interpretazione dei canestri*), che sta ai fogli 136va-139vb;[197] entrambi i testi risultano trascritti dalla medesima mano, al termine di un fascicolo. La scrittura di questo copista risulta più minuta rispetto a quelle presenti nel resto del codice; lo specchio di scrittura risulta un po' più ampio, e con un numero di righe maggiore rispetto al testo che lo precede.[198] Un correttore riportò poi su di una scheda a parte, grande la metà di un foglio, un'ampia parte che in origine era stata tralasciata, come pure la conclusione.[199]

Antonio Maria Iosa nella sua descrizione del codice padovano contrassegnò il testo con il titolo di *Quaestio de distinctione Mariae Magdalenae a Maria Lazari et Marthae sorore*.[200] Questo titolo è un prodotto artificiale. Il manoscritto non presenta alcuna rubrica. Se ve ne fosse stata una, il titolo non avrebbe potuto essere molto diverso, infatti esso ne restituisce precisamente il contenuto. Il termine «quaestio» potrebbe dare adito a malintesi. Esso fa riferimento alle parole introduttive del testo, in cui Gioacchino afferma di voler risolvere la questione tante volte discussa riguardo a Maria Maddalena e a Maria sorella di Lazzaro e di Marta. La formula «risolvere una questione» nel senso di dare soluzione a un problema dà espressione ad un modo di esprimersi colloquiale, cui va ricondotto l'uso del termine «questione». Il termine non può essere considerato come termine tecnico, nel senso di una questione come la si intendeva nella prima Scolastica. In effetti la parola non esprime qui la forma letterariamente determinata di una questione scolastica, in quanto si tratta di una libera discussione di un problema determinato, mirante ad un chiaro fine dimostrativo.[201] Alla luce di quanto detto mi pare perciò pienamente giustificato il titolo di «Questione su Maria Maddalena e su Maria sorella di Lazzaro e di Marta».

Quanto alla sua forma, che mira a un arricchimento conoscitivo, lo scritto non ha alcun destinatario determinato. Esso è rivolto a chiunque sia interessato a tale argomento.[202] A quanto pare, i lettori non devono essere stati molti. Prescindendo dagli studiosi moderni, al di fuori del copista e del suo correttore, nessuno, sembra, ha preso visione dello scritto. La sua presenza nel codice Antoniano, 322 è dovuta semplicemente al dato di fatto che questo codice è parte di una specie di edizione degli *opera omnia* di Gioacchino. Al di fuori di esso non si trova la ben che minima traccia di un suo utilizzo fino all'epoca moderna.

3.3. *Datazione*

Il testo non offre alcun elemento concreto per quanto riguarda la data della sua composizione. Potrebbe quindi essere stato composto in un qualsiasi momento dell'attività letteraria finora conosciuta di Gioacchino, e cioè tra il 1176 (data di composizione della prima sezione della *Genealogia degli antichi santi padri*)[203] e il 1202, anno della morte. Sono peraltro individuabili elementi che consentono una datazione più circoscritta.

Occorre innanzi tutto tenere presente che la posizione di Gioacchino riguardo alla differenziazione tra le due donne di nome Maria, al tempo della fioritura del culto di Maria Maddalena nei secoli XI e XII, si correla solamente a quelle di Bernardo di Clairvaux e di Nicola di Montiéramey/Clairvaux, il primo dei quali rappresentò il faro dell'Ordine cistercense, mentre il secondo fu, almeno per un certo periodo, membro del medesimo Ordine e della cerchia più stretta di Bernardo.[204] Ciò spinge a ritenere che la questione affrontata da Gioacchino presupponga una problematica specificamente cistercense. C. Waddell ha composto al riguardo uno studio istruttivo,[205] nato nell'ambito di una ricerca riguardante modi e genesi dei singoli elementi dell'officio della Maddalena, allestito da Bernardo negli anni compresi tra 1140 e 1147 come parte di una generale riforma della liturgia dell'Ordine cistercense. Il problema di un officio della Maddalena nasceva per i cistercensi dalla consapevolezza che il culto della Maddalena, per quanto avesse trovato risonanza fin dall'inizio anche nel loro Ordine,[206] era di origine recente, mentre i cistercensi della prima ora volevano orientarsi strettamente, anche in ambito liturgico, alle origini della Chiesa. Di conseguenza ancora al tempo dell'abate Stefano Harding essi avevano inviato emissari a Milano e a Metz, perché si riteneva che da una parte si potesse risalire all'origine degli inni ambrosiani, dall'altra alle antifone dell'ordine romano, irrinunciabili per la messa e per l'officio.[207] L'esito della ricerca si rivelò alla lunga – anche per quanto riguarda un officio della Maddalena – talmente insoddisfacente, che nel 1140 per disposizione di Bernardo una commissione per la liturgia interna all'Ordine cominciò a lavorare allo scopo di trovare forme di servizio liturgico adeguate al proprio intento: cercare quanto più possibile di restare fedeli al motto: ritorno alle origini.[208] In verità nell'Ordine cistercense più che altrove le forme della liturgia, sottoposte a un cambiamento radicato nella tradizione e come tale appena riconoscibile, furono piegate e rese disponibili per trasformazioni effettive e consapevoli. Le modifiche proposte dal testo di Gioacchino sulla questione della Maddalena avrebbero dunque dovuto avere conseguenze per l'innario e l'antifonario.

Non è pertanto affatto un caso che, dopo l'anonimo elenco *De inventione nominum* e dopo Pascasio Radberto, Bernardo stesso e, al suo seguito, Nicola di Montiéramey/Clairvaux siano stati gli unici, prima di Gioacchino, a sollevare dubbi sull'identificazione delle due donne di nome Maria. Questo si spiega con due ragioni. La prima è la semplice constatazione che nessun altro al di fuori di Bernardo stesso si assunse il compito di delineare un officio della Maddalena per il suo Ordine. E con ciò egli fu costretto, lo volesse o no, a confrontarsi con la problematica delle donne di nome Maria. Dal punto di vista liturgico, però, per il tipo della Maddalena – una donna che per di più era stata un tempo una peccatrice, non certo una vergine! – mancava nei testi più antichi qualsiasi modello: innanzi tutto perché il culto della Maddalena si era affermato fondamentalmente a partire dal secolo XI; in secondo luogo perché l'ordine romano prevedeva che nella «comunione dei santi» solo le vergini fossero sante.[209] Occorre cercare qui il punto di aggancio liturgico in ragione del quale – per Bernardo come per Gioacchino – la questione della verginità assume un ruolo così importante per la problematica di Maria Maddalena. La seconda ragione è l'acuta consapevolezza delle particolari qualità spirituali di una peccatrice penitente e di una vergine priva di macchie, delineate da Bernardo e in modo non diverso da Gioacchino.[210]

La prossimità concettuale di Gioacchino alla riforma liturgica cistercense guidata da Bernardo potrebbe autorizzare a collocare lo scritto, lungo il percorso di Gioacchino, nell'ambito del suo periodo cistercense. Ciò significa che la sua composizione dovrebbe essere successiva all'anno 1173, quando la sua abbazia di Corazzo fu incorporata nell'Ordine cistercense.[211] Risulta più difficile trovare un termine finale. L'ipotesi più plausibile spingerebbe a individuare la data di composizione nel momento in cui Gioacchino si separò dall'Ordine cistercense e avviò una propria congregazione; ciò lo costrinse infatti a stabilire nuovi usi liturgici e anche a riflettere nuovamente sulla questione,[212] prendendo apertamente le distanze dalla concezione favorevole all'unicità delle due donne di nome Maria affermatasi a Clairvaux nel tempo successivo a Bernardo.[213] Se si prende per buona questa ipotesi, allora bisognerebbe considerare il 1196 come termine invalicabile per la composizione del testo: si tratta infatti dell'anno in cui Gioacchino ottenne da parte della curia l'approvazione delle «costituzioni» per la sua nuova fondazione di S. Giovanni in Fiore e per gli altri monasteri ad essa sottoposti, ovvero per la comunità, i florensi, contrassegnata per la prima volta nell'anno 1200 come «Ordine».[214] In conclusione, il lasso di tempo compreso tra il 1173 e il 1196 e verosimilmente una data prossima al 1196 potrebbe essere il tempo in cui Gioacchino compose la questione sulla Maddalena.

3.4. *L'edizione*

Quando ci si trova davanti ad un codice unico trascritto da un copista e non davanti a un autografo le regole per la restituzione del testo sono chiare: il testo si attiene per quanto possibile, ma non ad ogni costo, alla tradizione manoscritta, anche per quanto riguarda l'ortografia. Questo modo di procedere è peraltro consono alle linee direttrici stabilite dalla commissione degli editori delle opere di Gioacchino.[215] Di fatto non è stato necessario alcun intervento rispetto alla forma del testo tramandato, trascritto in modo straordinariamente accurato. Ciò fa pensare che il copista fosse molto prossimo all'esemplare che doveva contenere la forma originaria del testo.

Il testo è stato già edito due volte: la prima nel 1988 da Pietro De Leo;[216] la seconda nel 1991 da Valeria De Fraja.[217] Non desterà perciò alcuna sorpresa che, trattandosi di un codice unico facilmente leggibile, il testo di questa edizione risulti assai prossimo a quello delle edizioni precedenti, salvo alcuni limitati interventi migliorativi.

Note

* Gian Luca Potestà è autore del paragrafo 1 e coautore del paragrafo 2; Alexander Patschovsky è autore del paragrafo 3 e coautore del paragrafo 2.

1. H. Grundmann, *Nuove ricerche su Gioacchino da Fiore*, pp. 12-13.

2. J. Bignami Odier, *Notes sur deux manuscrits*, p. 224, con trascrizione della *Genealogia* alle pp. 224-226.

3. L. Tondelli, *Il Libro delle Figure*, I, pp. 37-40, ove il testo è discusso in riferimento al *Liber figurarum*; l'edizione della *Genealogia* è alle pp. 41-43.

4. Cfr. M. Reeves, B. Hirsch-Reich, *The Figurae of Joachim of Fiore. Genuine and Spurious Collections*, in part. pp. 177-182; convinzione ribadita in Reeves, Hirsch-Reich, *The Figurae of Joachim of Fiore*, in part. pp. 106-110; Reeves, *The Influence of Prophecy*, in part. pp. 39-42.

5. S. E. Wessley, *A New Writing of Joachim of Fiore.*

6. Per l'edizione della *Prefatio* cfr. K.-V. Selge, *Eine Einführung Joachims von Fiore in die Johannesapokalypse*; trad. italiana: Gioacchino da Fiore, *Introduzione all'Apocalisse.*

7. Per tale tabella cfr. già G. L. Potestà, *Die Genealogia*, p. 62; Gioacchino da Fiore, *Scripta breviora*, p. 4.

8. Cfr. sotto, in part. p. 63, nota 31.

9. Per tale nozione cfr. V. De Fraja, *Percorso storico e significato del monachesimo*. Per la sua applicabilità ad altre opere di Gioacchino cfr. G. L. Potestà, *Il tempo dell'Apocalisse*, in part. pp. 12-13.

10. Per l'*Introduzione all'Apocalisse* come testo-contenitore entro cui si trovano accostati due *sermones* distinti, per il contenuto di essi e per la questione della genesi dell'opera in rapporto alla *Genealogia* cfr. già G. L. Potestà, *Il tempo dell'Apocalisse,* in part. pp. 287-297.

11. Vercelli, Archivio Capitolare, Rotoli figurati 7. Su di esso si veda ora M. Rainini, *I rotoli dei diagrammi di Vercelli* e M. Ferrari, *I* Rotoli figurati *di Vercelli,* entrambi in *Ordinare il mondo. Diagrammi e simboli nelle pergamene di Vercelli*, rispettivamente pp. 233-263 e 125-143.

12. V. sotto, pp. 52-59.

13. Cfr. J. F. A. Sawyer, *The Fifth Gospel.*

14. Già priore di Corazzo, Gioacchino ne divenne abate in una data compresa tra il 1171 e il 1177. Cfr. al riguardo G. L. Potestà, *Il tempo dell'Apocalisse*, pp. 24-25, sul fondamento delle precedenti ricerche di H. Grundmann, *Per la biografia*. Diversamente da quanto si riteneva fino a un recente passato, si deve ritenere che Corazzo abbia fatto parte dell'Ordine cistercense fin dal 1173, verosimilmente come filiazione della Sambucina; e che dopo una ventina d'anni, per ragioni economiche, abbia abbandonato tale abbazia madre e sia stata presa sotto la tutela di Fossanova. Tale tesi, che comporta importanti implicazioni per la biografia di Gioacchino e soprattutto per la corretta interpretazione di alcuni suoi scritti degli anni Ottanta, è stata convincentemente formulata da G. Cariboni, *Il* Tractatus in expositionem vite et regule beati Benedicti *di Gioacchino da Fiore*, in part. pp. 7-15.

15. Cfr. al riguardo M. Rainini, *Disegni dei tempi*; Id., *Gli alberi di Gioacchino da Fiore.*

16. V. sotto, pp. 58-61.

17. V. sotto, pp. 62-65.

18. V. sotto, pp. 64-65.

19. Per la partizione di Beda cfr. W. Kamlah, *Apokalypse und Geschichtstheologie*, pp. 21 e ss.; G. Bonner, *Saint Bede in the Tradition of Western Apocalyptic Commentary*. Nella successiva *Expositio in Apocalypsim* le partizioni prospettate da Gioacchino coincidono fino alla sesta parte con quelle enunciate nella *Genealogia.* La settima si differenzia in forza dell'abbandono nell'*Expositio* dello schema settenario a favore di uno ottonario. Ciò avviene a partire dalla sesta parte, la cui sezione finale assume la configurazione di parte a sé stante, la settima. La ex-settima parte diventa quindi l'ottava. La variazione comporta che alla sezione dell'Apocalisse relativa al millennio venga attribuito un rilievo autonomo. Il riordino strutturale dell'*Expositio* esprime la novi-

tà dottrinale maturata da Gioacchino nella seconda metà degli anni Ottanta: la scoperta che nella prima parte del ventesimo capitolo dell'Apocalisse «si tratta di quel grande sabato futuro alla fine del mondo, che parve opportuno chiamare terzo *status*, ovvero settima età del mondo» (*Expositio in Apocalypsim*, pars VII, fol. 210ra, trad. it. del curatore). Per l'evoluzione di Gioacchino su questo punto e sulle sue ragioni cfr. G. L. Potestà, *Il tempo dell'Apocalisse*, pp. 294-299.

20. Per tali modelli interpretativi cfr. G. L. Potestà, *Il tempo dell'Apocalisse*, rispettivamente capitoli 2-3 e 6.

21. Cfr. sotto, pp. 66-67.

22. Cfr. al riguardo G. L. Potestà, *Die Genealogia*, p. 97.

23. L'aggiornamento va pertanto riferito a Gioacchino stesso. Ulteriori discrepanze fra la prima sezione della *Genealogia* e il diagramma riportato nei manoscritti Paris, Bibliothèque Nationale, Lat. 3595 e Città del Vaticano, Biblioteca Apostolica Vaticana, Lat. 3822, sono individuate da M. Rainini, *Disegni dei tempi*, p. 41.

24. Testimone principe: Oxford, Corpus Christi College, ms. 255, f. 10[r]. Prime indicazioni in questo senso in G.L. Potestà, *Il tempo dell'Apocalisse*, in part. pp. 27-28; confronto approfondito e dettagliato in M. Rainini, *Disegni dei tempi*, pp. 41-43.

25. La si trova riprodotta in L. Tondelli, M. Reeves, B. Hirsch-Reich, *Il Libro delle Figure dell'abate Gioachino da Fiore*, II, Tavola II.

26. Manca infatti nella tavola del *Liber figurarum* la ben che minima traccia della serie degli imperatori, cui invece si riferisce la *Genealogia* (cfr. sotto, p. 58: «*numerus ... imperatorum*»).

27. S. E. Wessley, *A New Writing*, p. 47.

28. Per il nesso concettuale e didattico fra testo scritto e relativi diagrammi nella *Concordia*, con particolare attenzione alle figure di alberi, cfr. in particolare G. L. Potestà, *Geschichte als Ordnung in der Diagrammatik Joachims von Fiore*.

29. A.M. Iosa, *I codici manoscritti*, p. 118. Iosa trascrive il nome del destinatario dello scritto chiamandolo «Gaffridus». Successivamente, le imprecisioni nella resa del nome si sono moltiplicate, lo si è chiamato anche «Gaufridus» e «Goffridus». H. Grundmann, *Libertà della Chiesa*, pp. 206-207, prende sorridendo le distanze da questo aspetto. A ragione egli critica anche (pp. 206-207 e relativa nota 8) i dati forniti nell'indice dell'opera di Francesco Russo, che nelle diverse edizioni della sua *Bibliografia gioachimita* e di nuovo ancora nella monografia su *Gioacchino da Fiore e le fondazioni florensi in Calabria*, p. 24, fu capace, trascrivendo erroneamente la forma «calathis» come «cathatis», di storpiare il titolo fino a renderlo incomprensibile (1936: p. 103; 1950: p. 19; 1954: p. 27).

30. J.C. Huck, *Ubertin von Casale*, pp. 76-79.

31. J.C. Huck, *Joachim von Floris*, p. 167 s. L'errore principale risiede nella supposizione, del tutto infondata, che si tratti di uno scritto difensivo rivolto contro un saggio 'Super Calathis' a noi ignoto, opera di «un autore sconosciuto». Si veda al riguardo H. Grundmann, *Libertà della Chiesa*, p. 207.

32. H. Grundmann, *Libertà della Chiesa*.

33. Si vedano innanzitutto G.L. Potestà, *Ger 24*; Id., *Il tempo dell'Apocalisse*, pp. 202-214. Come pure A. Patschovsky, *Il diagramma*, pp. 12, 14, 19-21.

34. F. Gastaldelli, *Goffredo di Auxerre e Gioacchino da Fiore*.

35. P. De Leo, *Gioacchino da Fiore*, pp. 125-148.

36. «Perché conosciate la mia interpretazione del passo relativo ai *canestri pieni di fichi*», vedi sotto, p. 71.

37. V. sotto, pp. 91-95. *Dialoghi sulla prescienza divina e la predestinazione degli eletti*, III, in part. pp. 117-141; al riguardo G. L. Potestà, *Il tempo dell'Apocalisse*, pp. 48-50.

38. V. sotto, pp. 88 e ss.

39. «Una servitù umile è migliore di una libertà superba», v. sotto, p. 89.

40. V. sotto, p. 95.

41. V. sotto, pp. 87-89, 97.

42. V. sotto, pp. 105-107.

43. V. sotto, p. 71.

44. «Ho ritenuto conveniente presentare una breve sintesi a partire dal principio stesso delle concordie, così che, partendo da ciò che nel mondo è già avvenuto, possiamo arrivare a conoscere ciò che viene dopo». V. sotto, p. 71.

45. V. sotto, pp. 73-87.

46. V. sotto, pp. 73 e 77.

47. V. sotto, pp. 77 e 83.

48. V. sotto, pp. 79-85.

49. V. sotto, p. 87.

50. V. sotto, pp. 87-89.

51. Si consideri solo una tale espressione: «Avverrà, avverrà questo, e avverrà presto perché è il tempo della misericordia, perché viene il tempo!». V. sotto, p. 99.

52. J.C. Huck, *Ubertin von Casale*, p. 77.

53. H. Grundmann, *Libertà della Chiesa*, p. 213

54. La formulazione è secondo Ps. 110 (109), 4 e secondo Hebr. 5, 6.10; 6, 20; 7, 11.17. Riguardo alla questione si veda K. Pennington, *Pope Innocent III's Views*, p. 54 con nota 32 (a p. 64), 56 e s.; R. Lerner, *Joachim of Fiore as a Link*, p. 472 e s.

55. Bernardo di Clairvaux, *De consideratione,* II 8 § 15 (ed. Leclercq, Rochais, pp. 423 e 424): *Quis es? Sacerdos magnus, summus Pontifex. Tu princeps episcoporum, tu heres Apostolorum, tu primatu Abel, gubernatu Noe, patriarchatu Abraham, ordine Melchisedech, dignitate Aaron, auctoritate Moyses, iudicatu Samuel, potestate Petrus, unctione Christus. [...] Petrus [...] instar Domini gradiens super aquas unicum se Christi vicarium designavit, qui non uni populo, sed cunctis praeesse deberet* («Chi sei? Grande sacerdote, sommo pontefice. Tu principe dei vescovi, erede degli apostoli, tu Abele per il primato, Noè per il governo, Abramo per il patriarcato, Melchisedek per l'ordine, Aronne per la dignità, Mosè per l'autorità, Samuele per il giudizio, Pietro per il potere, Cristo per l'unzione. [...] Pietro [...] camminando sulle acque come il Signore (Mt. 14, 29), mostrò di essere l'unico vicario di Cristo, che doveva essere a capo di tutti i popoli, e non solo di uno»). Bernardo prende in considerazione la prerogativa di «vicario di Cristo» in riferimento al supremo episcopato del papa entro un contesto ben determinato, e cioè solamente per la sfera propriamente ecclesiastica. Egli non dice nulla di un suo potere sovrano per quanto riguarda l'ambito secolare, come giustamente sottolineato da K. Pennington e R. Lerner. Si veda inoltre M. Maccarrone, *Vicarius Christi*, pp. 95-98; Y. Congar, *L'ecclésiologie de s. Bernard*, pp. 159-165, 168-171, 188s.

56. Bernardo di Clairvaux, *De consideratione*, IV 3 § 7 (ed. Leclercq, Rochais, p. 454): *Alioquin [...] dicentibus Apostolis: «Ecce gladii duo hic» (Luc. 22, 38), non respondisset Dominus: «Satis est», sed: «Nimis est». Uterque ergo Ecclesiae, et spiritualis scilicet gladius et materialis, sed is quidem pro Ecclesia, ille vero ab Ecclesia exserendus: ille sacerdotis, is militis manu, sed sane ad nutum sacerdotis et iussum imperatoris* («Altrimenti [...] agli apostoli che dicevano: "Ecco qui due spade" (Lc. 22,38) il Signore non avrebbe risposto: "è abbastanza", bensì: "è troppo"; quindi entrambe le spade sono della Chiesa , quella spirituale e quella materiale, ma questa va usata per la Chiesa, quella va usata dalla Chiesa: quella è del sacerdote, questa del soldato, ma certo per quanto dispone il sacerdote e comanda l'imperatore»).

57. V. sotto, p. 81: «Giustamente possono essere detti re di Gerusalemme in spirito quei sovrani che, imitando Cristo re umile, rendono in tutto onore a Dio e venerano come Padre e Signore il vicario del Dio onnipotente».

58. «Al contrario, dovevano essere detti re d'Egitto e non di Gerusalemme coloro che non riconoscevano affatto di aver ricevuto la dignità imperiale da Cristo re e dal suo vicario – come si dice abbia fatto invece Costantino –, ma facevano di tutto per dimostrare di averla ricevuta da Giulio Cesare e da Ottaviano Augusto secondo la legge della carne e il diritto ereditario, anteponendo se stessi al pontefice romano e alla Chiesa di Cristo». V. sotto, p. 81.

59. V. sotto, p. 83.

60. Lo sfondo storicamente reale cui si riferisce la riflessione teorica di Gioacchino è segnato dal conferimento a Enrico VI del titolo di Cesare avvenuto il 27 gennaio 1186. Riguardo al significato simbolico di tale atto in vista di una concezione ereditaria dell'impero, si veda P. Csendes,

Heinrich VI, p. 61 e s. Si veda inoltre U. Schmidt, *Königswahl*, pp. 187, 196, 198-206, 212-224. Il legame simbolico con l'impero tardoantico verrà più tardi confermato ed espresso dalla coniazione da parte di Federico II della moneta nota come augustale. Riguardo all'idea imperiale degli Staufer nel suo complesso si veda ancora H.M. Schaller, *Die Kaiseridee Friedrichs II.*, in particolare pp. 121-123 [=Id., *Ausgewählte Aufsätze*, pp. 67-69].

61. Cfr. in questo senso J.C. Huck, *Ubertin von Casale*, p. 77.

62. Ancora fondamentale al riguardo M. Maccarrone, *Vicarius Christi*. Per Gioacchino si vedano in particolare p. 104 e nota 77.

63. R.E. Lerner, *Joachim of Fiore as a Link*, specialmente p. 473 e s., con una citazione dal passo al riguardo centrale di *Concordia*, IV, 1, c. 3 (ed. Patschovsky, vol. 2, pp. 364-368). V. sotto, p. 81, nota 39.

64. Cfr. K.-V. Selge, *L'origine*, pp. 105, 116 e s., 124; G.L. Potestà, *Il tempo dell'Apocalisse*, pp. 278-280, 284.

65. R.E. Lerner, *Joachim of Fiore as a Link*, p. 473.

66. V. sotto, p. 83.

67. V. sotto, p. 79.

68. La rappresentazione innocenziana del ruolo costitutivo del papa nella designazione imperiale trova la più espressiva formulazione nel suo intervento concistoriale del 1199/1200 nel contesto della cosiddetta disputa tedesca per il trono e nella *Deliberatio super tribus electis* del 1200/1201. Si veda *Regestum Innocentii III. papae super negotio Romani imperii*, ed. F. Kempf, pp. 45-52 Nr. 18 e pp. 74-91 Nr. 29.

69. Cfr. K. Pennington, *Pope Innocent III's Views*, p. 54, nota 32 (a p. 56) e p. 56 e s. Al riguardo il punto decisivo non sta tanto nel legame, che trova espressione nell'«ordine» di Melchisedek, tra potere sovrano del re e potere del prete come tale – qualcosa di simile si trova infatti già in Honorius Augustodunensis, *Summa Gloria*, cc. 15-17 (ed. I. Dieterich, p. 71 e s.) –, bensì, in modo particolare, nella derivazione del potere secolare da Dio, ovvero da Gesù Cristo, e non dall'imperatore Costantino o addirittura da Giulio Cesare e dall'imperatore Augusto.

70. X 4.17.13 (ed. E. Friedberg, *Corpus iuris canonici* 2, col. 714-716); si veda al riguardo anche K. Pennington, *Innocent III's Views*, p. 54-61.

71. «A quanto si dice, gli imperatori d'Occidente di quel tempo sicuramente furono cattolici, in quanto portavano il vessillo della santa Chiesa romana. Poiché però l'ordine ecclesiastico evita la giustizia capitale e non gli è consentito prendere le armi e combattere per difendere i confini dei cristiani dalla rabbia dei barbari [...] era necessario che un laico di valore ne prendesse il posto, che fosse dichiarato senz'altro re e si distinguesse sia nella protezione del popolo cristiano e nell'esercizio della giustizia, sia nello svolgere le proprie funzioni». V. sotto, p. 79.

72. V. sotto, p. 79.

73. «Se ne ricava chiaramente che la prima e suprema dignità del potere regio fu concessa in modo speciale al clero e secondariamente ai laici, a condizione però che i laici stessi vivessero in modo tale da imitare secondo le loro forze il clero», v. sotto, p. 79.

74. V. sotto, p. 79.

75. V. sotto, pp. 75, 81-85.

76. V. sotto, pp. 83-85.

77. V. sotto, pp. 89-91.

78. «[...] Questo fatto va nuovamente riferito ai sovrani romani, che, prendendo il posto dei caldei, succedettero ai galli; ora a causa loro la libertà della Chiesa è stata quasi annullata», v. sotto, p. 87.

79. «A che scopo dunque difendere per Babilonia la libertà dell'ufficio, che Babilonia minaccia, così che la Chiesa umiliata e confusa venga alfine innalzata, quasi quale signora?», v. sotto, p. 101.

80. V. sotto, p. 101. L'espressione fondamentale posta a sigillo dell'argomentazione suona così: «Fa' ciò che puoi, fino a che puoi, con armi spirituali! Se non puoi vincere con queste, fermati!».

81. V. sopra, p. 16 e note 55-56.

82. Cfr. J. Miethke, *Die «Konstantinische Schenkung»*, p. 57 e s.; J. Fried, *Donation of Constantine*, p. 20 s. Come rappresentante principale di questo teorema entrambi gli attori richiamano il 'pamphlet di curia' *Eger cui lenia*, prodotto nella cerchia di Innocenzo IV verso la metà del XIII secolo. Testimonianze più antiche sono estremamente rare. Si citano il decretista Damaso (fine del secolo XII), la *Summa* dei decreti di Uguccione di Pisa, prodotta tra il 1183-84, e la *Summa* dei decreti di un anonimo canonista francese, prodotta nello stesso periodo.

83. Si veda anche la citazione dalla *Concordia* V, 1, c. 7 (ed. Patschovsky, vol. 3, p. 536), v. sotto, p. 81, nota 42.

84. G.L. Potestà, *Ger 24*, pp. 83-87; Id., *Il tempo dell'Apocalisse*, pp. 209-212.

85. D. Groh, *Schöpfung im Widerspruch*, pp. 422-448, qui in particolare p. 442 e s., cerca di inquadrare il pensiero di Gioacchino in tale prospettiva.

86. V. sotto, p. 107: «Non credere, dunque, tu, simile a me chiunque tu sia, uomo peccatore, che ti sia stato consentito peccare [...]».

87. V. sotto, p. 89, dove Gioacchino indica con Ieconia deportato a Babilonia il tipo di «quegli uomini spregevoli che, nella fase della prima gioventù, nella fase cioè del loro essere carnali, si sottomettono senza combattere allo spirito di lussuria», mentre al contrario quelli che stanno intorno a Sedecia sono tipo di quelli, «che insuperbiscono per la loro vita casta e religiosa e a causa di ciò sono costretti a sopportare la loro propria rovina».

88. Gioacchino usa ripetutamente la parola «contingere» («toccare») in tale contesto. V. sotto, pp. 75, 89, 103.

89. Ps. 103 (102), 15; v. sotto, p. 85.

90. *Concordia*, IV, 1, c. 36/37 (ed. Patschovsky), vol. 2, pp. 450-452. Al riguardo anche H. Grundmann, *Libertà della Chiesa*, pp. 208-210; G.L. Potestà, *Il tempo dell'Apocalisse*, pp. 214-218): *Iechonias tricesimus nonus ratione suprascripta regnavit post patrem suum Ioachim in Ierusalem tribus mensibus, et ductus est cum magna parte populi in Babilonem. Sedechias vero patruus eius constitutus est a rege Babilonis, ut regnaret in Ierusalem, et undecim annis regnavit in ea. Facta autem divisione populi in diebus Iechonie pars una ducta est in Babilonem, et pars altera remansit in Ierusalem. In Ecclesia quoque generatione tricesima nona factum est magnum scisma in Ecclesia occasione Octaviani et pape Alexandri, aliis translatis ad partem imperatoris, aliis servantibus libertatem Ecclesie. Sane generatione quadragesima facta est pax inter imperatorem et papam Alexandrum, et annuit ei pacifice tenere papatum, rogans, ut eadem pax firma et inconcussa omni tempore permaneret. Perseveravit autem pax eadem reliquis diebus ipsius pape; que cepit iterum infringi in diebus pape Lucii maximeque Urbani, ita ut in diebus eius supra modum et supra vires angustaretur Ecclesia. Utrum autem huiuscemodi occasione amiserit aliquid Ecclesia de libertate sua apud filios Babilonis nove, videat ipsa, que novit melius quid patiatur. Nobis autem supersedendum est interim, donec plenius elucescat, utrum melius fuerit resistere an pati, donec ficus bone et ficus male de suo fine intelligantur, ne forte et hoc ipsum a nostris exigatur delictis, ut non liceat nobis impune agere quod melius esse scimus, sed tabescamus et erubescamus in iniquitatibus nostris. Plerumque enim et hoc accidit ex districto iudicio, ut illud, quod prelati bonum esse sciunt, non possint agere sine magno periculo subditorum, et quod malum esse non dubitant, multis proveniat ad salutem. Ubi, si venialis est culpa, toleranda est potius quam vitanda, etsi sine pena flagelli nequeat pertransiri, dicente quibusdam, quos sciebat esse invalidos ad pugnandum, Apostolo: «Revertimini in id ipsum, ne temptet vos Sathanas propter incontinentiam vestram! Hoc autem dico non secundum preceptum, sed secundum indulgentiam»* («Ieconia, trentanovesimo secondo l'ordine delineato sopra, regnò a Gerusalemme per tre mesi dopo suo padre Gioacchino e fu condotto con gran parte del popolo in Babilonia. Sedecia, suo zio, fu messo sul trono dal re di Babilonia, perché regnasse a Gerusalemme, dove regnò undici anni. Avvenuta dunque la divisione del popolo al tempo di Ieconia, una parte fu condotta a Babilonia e l'altra rimase a Gerusalemme. Anche nella Chiesa, al tempo della trentanovesima generazione, avvenne un grande scisma ecclesiastico a causa di Ottaviano [= Vittore IV, antipapa di nomina imperiale] e di papa Alessandro [= Alessandro III]; alcuni passarono dalla parte dell'imperatore, altri mantennero la libertà della Chiesa. Nella quarantesima generazione fu fatta pace tra papa Alessandro e l'imperatore, che consentì al papa di mantenere pacificamente il Papato, chiedendogli che quella pace restasse stabile e intatta

per sempre. Invece quella pace rimase in vigore per i giorni restanti di quel papa, ma cominciò ad essere nuovamente infranta al tempo di papa Lucio e soprattutto di Urbano, quando, al tempo di quest'ultimo, la Chiesa fu oppressa al di là di ogni misura e delle sue forze. Se poi in tale occasione la Chiesa abbia perso qualcosa della propria libertà presso i figli della nuova Babilonia, lo veda essa stessa che meglio sa che cosa sta soffrendo. A noi conviene nel frattempo soprassedere, fino a che risulti del tutto chiaro se sarebbe stato meglio resistere o subire, fino a quando finalmente non si riconoscano i fichi buoni e i fichi cattivi (cfr. Ier. 24). A meno che i nostri peccati non esigano pure a nostro danno che non ci sia consentito compiere ciò che sappiamo essere meglio, e dunque ci consumiamo e proviamo vergogna (Ez. 24, 23) nelle nostre iniquità. Nella maggior parte dei casi anche questo avviene a seguito di un giudizio stabilito, affinché i prelati non possano compiere ciò che ritengono bene senza grande pericolo per i sudditi, e affinché ciò che sono sicuri sia male giovi alla salvezza di molti. In tal caso, se la colpa è veniale, va tollerata piuttosto che evitata, anche se non si può evitare la pena della punizione, dal momento che l'Apostolo dice ad alcuni, che sapeva incapaci di combattere: "Ritornate insieme, affinché Satana non vi tenti per la vostra incontinenza! E dico questo non come un precetto, ma con indulgenza" (1 Cor. 7, 5)».

91. Fonte principale è Arnoldo di Lubecca, *Chronica Slavorum*, III, 17 (ed. I.M. Lappenberg, p. 102-104). Riguardo alla questione diritto di spoglie e di *regalia* cfr. E. Schrader, *Bemerkungen*, pp. 148-151.

92. Cfr. sotto, pp. 99-101: «Perché (quel popolo che si dice cristiano ma non lo è) dalla terra d'Israele si volse verso l'Egitto e dall'Egitto verso Babilonia, sicché non vi è quasi nulla di sano. A che scopo dunque difendere per Babilonia la libertà dell'ufficio, che Babilonia minaccia?».

93. V. sotto, p. 97: «Cercate con cura nel libro del Signore [Is. 34,16] e chiedete ai signori cardinali se per caso non ritengano che sia stato concesso qualcosa ai principi del mondo ovvero debba essere concesso dalla sede romana contro la libertà della Chiesa!».

94. *Concordia*, IV, 1, c. 36/37 (ed. Patschovsky, vol. 2, p. 451): «Se poi in tale occasione la Chiesa abbia perso qualcosa della propria libertà presso i figli della nuova Babilonia, lo veda essa stessa, che meglio sa che cosa sta soffrendo», v. sopra, nota 90.

95. V. sopra, nota 90.

96. «Fa' ciò che puoi, fino a che puoi, con armi spirituali! Se non puoi vincere con queste, fermati!». V. sotto, p. 101.

97. Cfr. Csendes, *Heinrich VI.*, p. 86.

98. *Annales Romani*, ed. G.H. Pertz, p. 479 (=*Liber Pontificalis*, ed. L. Duchesne, 2, p. 349): *Successus est [scil. Urbano III.] a Gregorio octavo papa, qui fuit [...] vir summe religionis et magne castitatis. Hic, postquam ad pontificalem ascendit dignitatem, statim ad restaurandam Romanam Ecclesiam et ab obprobriis liberandam animum intendit. In primis itaque omnia, que Romani imperii iure essent, eidem regi Heinrico* (om. Duchesne) *concedere spopondit, affirmans non esse tutum pape et cardinalibus arma capere, bellum committere, set tantum in elemosinis et in Ecclesia laudes domino nostro Iesu Christo die noctuque reddendas.* («Gli succedette (sottinteso: a Urbano III) papa Gregorio VIII, che fu uomo di somma devozione e di grande castità. Costui, dopo essere asceso alla dignità papale, volse subito ogni sforzo alla restaurazione della Chiesa romana, per liberarla da ciò che non andava bene. Pertanto stabilì in primo luogo che tutto ciò che spettava di diritto all'Impero romano fosse concesso al re Enrico, affermando che non era cosa prudente per il papa e per i cardinali prendere le armi e fare la guerra; al contrario era solamente necessario distribuire elemosine e rendere lode al Signore nostro Gesù Cristo giorno e notte in chiesa») V. anche H. Grundmann, *Libertà della Chiesa*, p. 221 e nota 43; G.L. Potestà, *Il tempo dell'Apocalisse*, p. 214.

99. Così interpreta H. Grundmann, *Libertà della Chiesa*, p. 223.

100. Riguardo alla datazione esatta dell'incoronazione, avvenuta il lunedì di Pasqua del 1191, si veda Böhmer, Baaken, *Regesta Imperii* 4/3 Nr. 145a; inoltre anche P. Csendes, *Heinrich VI.*, p. 93 e nota 1.

101. Cfr. G.L. Potestà, *Apocalittica e politica in Gioacchino da Fiore*.

102. H. Grundmann, *Per la biografia*, pp. 147-148; Id., *Libertà della Chiesa*, pp. 224-225. G.L. Potestà, *Il tempo dell'Apocalisse*, pp. 244-247.

103. H. Grundmann, *Libertà della Chiesa*, pp. 210, 221-223.

104. Cfr. K.-V. Selge, *L'origine*, p. 107 s., 116 s., 124.

105. La convinzione è affermata già nel titolo: *Libertà della Chiesa e potere imperiale intorno al 1190*. Qui Grundmann parla di «primi mesi del 1191» (*Libertà della Chiesa*, p. 210).

106. Così già G. L. Potestà, *Il tempo dell'Apocalisse*, p. 214 e s.

107. Lo testimonia Roberto di Auxerre, *Chronicon*, ad a. 1186 (ed. O. Holder-Egger, p. 248 s.). Cfr. H. Grundmann, *Per la biografia*, p. 142 e nota 84; G.L. Potestà, *Il tempo dell'Apocalisse*, p. 92 e relativa nota 83. La curia si era allora spostata a Verona.

108. Cfr. in questo senso già G.L. Potestà, *Il tempo dell'Apocalisse*, p. 206; A. Patschovsky, *Diagramma*, p. 20 e s.

109. V. sotto, pp. 71 e 113.

110. H. Grundmann, *Libertà della Chiesa*, p. 227.

111. F. Gastaldelli, *Goffredo di Auxerre*, p. 413.

112. H. Grundmann, *Libertà della Chiesa*, p. 226.

113. C. Eubel, *Hierarchia catholica*, I, p. 3 nota 1, Nr. 17; al riguardo cfr. W. Maleczek, *Kardinalskolleg*, p. 68 e nota 6.

114. Il sermone fu scoperto da Jean Leclercq, che però ne pubblicò solo un estratto (*Geoffroy d'Auxerre et la vie cistercienne*, p. 200 s.). Il medesimo estratto si trova anche riprodotto da F. Gastaldelli nella sua *Introduzione* a Goffredo di Auxerre, *Expositio in Cantica Canticorum*, p. CXXII. Il testo intero fu pubblicato per la prima volta da H. Grundmann, *Per la biografia*, pp. 198-199. L'edizione critica definitiva nel quadro dei sermoni di Goffredo è ancora attesa.

115. *Ex Iudeis orta persona est, in iudaismo, quem necdum satis evomuisse videtur, annis pluribus educata, que sicut per eos, qui certius cognoverunt, tandem nobis innotuit* («È persona che discende dagli ebrei, è stata educata per moltissimi anni nel giudaismo e sembra non averlo vomitato a sufficienza; questo ci è stato reso noto infine da coloro che lo sanno con maggiore certezza»), H. Grundmann, *Per la biografia*, p. 198.

116. *Multorum etiam habitus noster ei conciliat animos et quod cisterciensis ordinis, cum voluerit, monachum sese exhibet et abbatem* («Anche il nostro abito rende molti ben disposti verso di lui, perché si presenta, quando vuole, monaco e abate dell'Ordine cistercense»), H. Grundmann, *Per la biografia*, p. 199 e p. 172.

117. Cfr. H. Grundmann, *Per la biografia*, p. 173.

118. *Ecce enim quartus e celo cecidit Cato, novo genere prophetandi sine certa vel propheticis aliis simili revelatione, ex habundanti scientia vel intelligentia scripturarum* («Ecco infatti è caduto dal cielo un quarto Catone, che profetizza in maniera nuova, senza una rivelazione certa o simile ad altre profezie, ma ripieno soltanto di conoscenza e comprensione delle Scritture»), H. Grundmann, *Per la biografia*, p. 198 e pp. 171-172.

119. A partire da H. Grundmann, *Per la biografia*, p. 173, riguardo a tale questione si deve dire: «Adhuc sub iudice lis est», ovvero: «La controversia è ancora da giudicare». La maggior parte degli studiosi considera l'indicazione di Goffredo come ciò che mostra di essere: un pettegolezzo maligno; si esprime chiaramente in tal senso anche F. Gastaldelli, *Goffredo di Auxerre*, pp. 401-403. Vi sono peraltro importanti prese di posizione in senso contrario, come quella di R. E. Lerner, *La festa di sant'Abramo*, pp. 36-41.

120. Con le parole «cum voluerit» Goffredo esprime la problematicità del legame di Gioacchino con il mondo cistercense.

121. Al riguardo F. Gastaldelli, *Goffredo di Auxerre*, p. 388 e s., 406-409.

122. Ivi, pp. 408-413, presenta le posizioni contrapposte di Gioacchino e di Goffredo sul piano dell'ermeneutica e dell'ecclesiologia in termini convincenti. La sua conclusione, però, secondo cui la predica di Goffredo e lo scritto di Gioacchino proprio per questo non avrebbero nessun rapporto fra loro, risulta assai meno convincente. Una conclusione opposta appare non solo possibile in linea di principio, ma anche la più logica e conseguente.

123. Come termine del suo abbaziato ad Hautecombe si può fissare una data intorno al 1188. Tale data non è certa. Cfr. V. De Fraja, *Oltre Cîteaux*, p. 47 e relativa nota 43, a correzione di F. Gastaldelli, *Goffredo di Auxerre*, p. 380 e nota 17. Per ulteriori dati biografici riguardo a Goffredo si veda F. Gastaldelli, *Precisazioni*; Id., *Spiritualità*. La questione della fine dell'abbaziato di Goffre-

do ad Hautecombe e del momento preciso del suo trasferimento a Clairvaux, dove trascorse come semplice monaco gli ultimi anni di vita, fino almeno al 1201, richiede ulteriori indagini.

124. La prima affiliazione di Corazzo all'Ordine cistercense va riportata al 1173, come documentato ora convincentemente da G. Cariboni, *Il* Tractatus in expositionem vite et regule beati Benedicti *di Gioacchino da Fiore*. In una prima fase l'abbazia fu «figlia» della Sambucina; a seguito di tensioni insorte con l'abbazia madre, passò poi sotto Fossanova. La nuova affiliazione dovette realizzarsi nel 1184 (cfr. in questo senso G. L. Potestà, *Il tempo dell'Apocalisse*, p. 67 e s., contro la precedente convinzione di H. Grundmann, *Per la biografia*, p.116, 118 e nota 66, secondo cui Corazzo sarebbe divenuta « figlia» di Fossanova nel 1188).

125. V. sotto, p. 113.

126. H. Grundmann, *Libertà della Chiesa*, p. 228. A quanto pare, F. Gastaldelli, *Goffredo di Auxerre*, p. 385, non ha preso in considerazione la proposta di Grundmann che si debba leggere in chiave ironica l'apostrofe rivolta da Gioacchino a Goffredo in quanto *magister in Israel* e la designazione di se stesso come *filius suus*. A sua volta V. De Fraja, *Oltre Cîteaux*, p. 67, interpreta la forma in cui Gioacchino si rivolge a Goffredo, nel prologo come nell'epilogo, come pura espressione di umiltà proveniente dal cuore. Una tale interpretazione sottovaluta l'ambivalenza semantica, o meglio: l'univocità dell'apostrofe «maestro in Israele» per qualsiasi lettore che abbia una qualche confidenza con il testo biblico.

127. Così F. Gastaldelli, *Goffredo di Auxerre*, p. 385, e V. De Fraja, *Oltre Cîteaux*, pp. 54, 66 e s.

128. F. Gastaldelli, *Goffredo di Auxerre*, pp. 378 e 406, si esprime a favore del 1195/1196 come data di allestimento del sermone di Goffredo nella forma pervenutaci. Ciò presuppone che la sua espressione finale, tramandata in forma frammentaria, si riferisse al lasso di tempo trascorso tra la formale uscita di Gioacchino dall'Ordine e la produzione del sermone da parte di Gioacchino. Vi sono peraltro ulteriori possibilità interpretative: cfr. G.L. Potestà, *Il tempo dell'Apocalisse*, pp. 222-227.

129. In *Libertà della Chiesa*, p. 228, Grundmann pone dal punto di vista temporale la predica di Goffredo in prossimità dello scritto di Gioacchino, ma si rifiuta espressamente di considerare uno scritto come replica rispetto all'altro. Gastaldelli, cit., p. 375, si richiama alla ricezione di Grundmann «soprattutto» da parte di «alcuni studiosi italiani», secondo i quali la *Interpretazione* di Gioacchino sarebbe una risposta all'attacco in forma di predica da parte di Goffredo. Non è chiaro a chi egli si riferisca. Infatti il saggio di K.-V. Selge, *L'origine*, pp. 120-124, indica come data per l'allestimento del sermone di Goffredo: «intorno al 1190» (p. 123), ma non si esprime in alcun modo riguardo a reciproci rapporti di dipendenza fra i due scritti, sicché non si differenzia per nulla dalla posizione di Grundmann. Per quanto ne sappiamo, una tale osservazione si trova solo nell'introduzione di P. De Leo alla sua edizione della *Intelligentia* (*Gioacchino da Fiore*, p. 126), ma anche lì mitigata da un «forse»; analogamente G.L. Potestà, *Ger* 24, p. 77, che inizialmente propose come seconda possibilità che l'*Intelligentia* potesse costituire una presa di posizione chiarificatrice riguardo al passaggio sui due canestri di fichi che si trova nel quarto libro della *Concordia*.

130. «Riguardo poi agli aspetti spirituali, ho ritenuto opportuno scrivere qualcosa rivolgendomi a voi padre, perché conosciate la mia interpretazione del passo relativo ai *canestri pieni di fichi*; infatti a quanto ho sentito, qualcuno ne ha parlato come se avessi già espresso la mia opinione in proposito». V. sotto, p. 71.

131. «Abate Goffredo, ho pensato di rivolgerti queste parole per via di coloro che hanno detto che ho discusso sui canestri pieni di fichi e hanno testimoniato che ho sostenuto non so che cosa di assurdo e di indecente, mentre non ne sono affatto a conoscenza, né credo di avere trasmesso alcunché a nessuno fino ad oggi». V. sotto, p. 113.

132. V. sopra, p. 42, nota 107.

133. La formula «ut audivi» («a quanto ho sentito»: cfr. sopra nota 130) fa pensare piuttosto ad una trasmissione in forma indiretta, puramente verbale. L'opinione che vi sia stato un motivo interno all'Ordine che giustifichi composizione e destinatario dello scritto non risolve la questione sollevata, senza peraltro alcun fondamento concreto, da H. Grundmann, *Libertà della Chiesa*, p. 219. Secondo lui, l'appello a chiedere ai signori cardinali se la curia abbia mai concesso ai «prin-

cipi del mondo» qualcosa della libertà della Chiesa, ovvero pensi di concederlo loro (v. sopra, p. 91 e il testo sotto p. 97) fu rivolto personalmente a Goffredo per muoverlo a intervenire in curia nel senso indicato da Gioacchino. Di fatto tale richiesta non avrebbe avuto senso, tenendo presente il limitato influsso di Goffredo nei confronti del collegio cardinalizio, come mostrato per l'anno 1191 da F. Gastaldelli, *Goffredo di Auxerre*, p. 411. Nel 1186/1187 le cose non dovevano stare molto diversamente; infatti per tale lasso di tempo non è documentabile molto di più che un suo legame con il cistercense Enrico di Marcy, cardinale vescovo di Albano, sulla cui figura si veda Y. Congar, *Henri de Marcy*. Lo stesso si può dire per l'appello, formulato in seconda persona singolare, a lasciar stare le armi e a confidare solamente nelle armi della Chiesa, appello per cui ugualmente ci si è chiesti se fosse Goffredo la persona da considerarne come l'effettivo destinatario (v. sotto, p. 101; al riguardo Grundmann, *Libertà della Chiesa*, p.219; G.L. Potestà, *Ger 24*, p. 83 e s., nota 57). Già Grundmann ipotizza che la formula potesse essere intesa in senso generale e riferirsi alla Chiesa nel suo complesso. In effetti, il contesto fa pensare all'*ordo ecclesiasticus* (v. sotto, p. 99) come destinatario dell'appello. Ciò significa: non la Chiesa intera, ma certo qualcosa di più di un singolo abate.

134. F. Gastaldelli, *Goffredo di Auxerre*, p. 384 e ss.

135. F. Gastaldelli, *Goffredo di Auxerre*, p. 411.

136. Si vedano al riguardo gli elementi forniti da Gastaldelli, *Goffredo di Auxerre*, p. 409 e s. Basti ricordare un passaggio di un sermone su Apc. 11, 4, che, nel trattare del potere degli apostoli e dei loro successori, mette in luce la centralità della questione: «poiché sappiamo che il loro potere fu nella parola piuttosto che nell'azione, e così deve restare anche nei loro successori, a ragione si dice (Apc. 11, 5): "se qualcuno vorrà far loro del male uscirà un fuoco dalle loro bocche", di modo che scomunichino con le parole piuttosto che combattano con le armi».

137. Cfr. Y. Congar, *Henri de Marcy*, p. 36. Ultimamente al riguardo B.M. Kienzle, *Henry of Clairvaux*, specialmente p. 84: «he crossed the line between persuasive speech and action in the spring of 1181, becoming the first papal legate to himself raise an army and lead an expedition into a Christian land».

138. «Se per caso, di fronte a un attacco, hai comandato di prendere la spada, non avere troppa paura, ma modifica subito l'ordine, seguendo il tuo Signore, che prima comanda e poi corregge ciò che egli stesso, come per dare un esempio, aveva ordinato per poi rettificarlo», v. sotto, p. 101.

139. F. Russo (v. sopra, p. 37, nota 29).

140. Per tale connotazione dello scritto si veda H. Grundmann, *Libertà della Chiesa*, p. 229.

141. V. sotto, p. 111.

142. H. Grundmann, *Libertà della Chiesa*, p. 229.

143. Per la descrizione del codice resta fondamentale V. De Fraja, *Un'antologia gioachimita*; sulla collocazione della *Intelligentia super calathis* nel manoscritto, p. 236 e s. Riguardo alle acquisizioni più recenti si vedano *Exhortatorium Iudeorum*, ed. A. Patschovsky, pp. 64-69; *Psalterium decem cordarum*, ed. K.-V. Selge, pp. XXXV-XL.

144. Lo si può ricavare dal materiale relativo alla questione di Maddalena raccolto nel lavoro fondamentale di V. Saxer, *Le culte de Marie Madeleine*, 1, p. 3 s., 12-29 (*Les Sources Magdaléniennes*). Per quanto riguarda i primi secoli le cose stanno diversamente. Origene affronta a fondo la questione delle differenti donne di nome Maria e dei loro procedimenti di unzione nel quadro del suo *Commento a Matteo*, 26, 6-13 (ed. cit., pp. 178-186), dove giunge alla conclusione che dovrebbe essersi trattato di tre donne e tre unzioni. Tale presa di posizione segnò la strada per la Chiesa greca. Si veda anche V. Saxer, *Les Saintes Marie Madeleine et Marie de Béthanie*, in particolare p. 1 s., 30-33. Per quanto riguarda l'alto medioevo, Pascasio Radberto può essere indicato (si veda sotto, p. 46, nota 162) come un autore che mette in evidenza e cita le autorità patristiche più significative per la questione di Gioacchino (Origene, Girolamo, Ambrogio, Agostino), per quanto non le sottoponga a un esame sistematico. Per il tempo di Gioacchino si potrebbe aggiungere ancora Gerardo di Nazareth, vescovo di Laodicea, che allestì un trattato in una direzione che per il contenuto risulta precisamente opposta a quella adottata da Gioacchino. Se ne sono però conservati solamente estratti in forma di parafrasi, contenuti nelle *Centurie di Magdeburgo* di Mattia Flaccio Illirico (si veda sotto, p. 45, nota 150).

145. J. Lefèvre d'Étaples (Iacobus Fabri Stapulensis), *De Maria Magdalena et triduo Christi disceptatio* (1517 ca., utilizzata qui nella edizione ampliata di una terza sezione – *et ex tribus una Maria* – pubblicata a Parigi 1518). Cfr. A. Hufstader, *Lefèvre d'Étaples*, p. 34 nota 4 riguardo alla datazione non del tutto certa della prima edizione intorno al 1517 (come indicato nel frontespizio) oppure al 1518 (qualora si ritenga che l'inizio dell'anno sia avvenuto a Pasqua). Si veda anche V. Saxer, *Le culte de Marie Madeleine*, 1, p. 4 s.; U. Holzmeister, *Die Magdalenenfrage*, p. 404 e nota 11.

146. Cfr. V. Saxer, *Le culte de Marie Madeleine*, 1, pp. 65-80, 89-152.

147. Ne sono testimonianza le differenti redazioni della *Vita eremitica beatae Mariae Magdalenae* (BHL 5453-5456). Al riguardo si veda sotto, p. 46 e s., nota 168.

148. Si veda sotto, p. 117, nota 3.

149. Cfr. G. Constable, *The Interpretation of Mary and Martha*. Constable è il primo a introdurre le affermazioni di Gioacchino riguardo alla coppia di sorelle nel contesto della problematica Maria /Marta e quindi anche Maria Maddalena. Cfr. ivi, pp. 7, 93-96.

150. Cfr. al riguardo V. Saxer, *Les Saintes Marie Madeleine et Marie de Béthanie*. Si veda anche U. Holzmeister, *Die Magdalenenfrage*, pp. 417-422. G. Constable, *The Interpretation of Mary and Martha,* p. 6 nota 14, richiama l'attenzione su una eccezione (Romanos, VI sec.). U. Holzmeister, *Die Magdalenenfrage*, p. 415 s., 578, ricorda pochi altri esempi. K.L. Jansen, *The Making of the Magdalen*, pp. 24-40, offre una buona panoramica sull'intera tradizione. Diversamente dai greci, i latini risultano pienamente consapevoli della differenza in una zona in cui le rispettive tradizioni si trovavano a stretto contatto, quale fu la Terrasanta, come mostra il trattato *De una Magdalena contra Graecos* di Gerardo di Nazareth, che scrive alla metà del XII secolo. Al riguardo si veda B. Z. Kedar, *Gerard of Nazareth*, in particolare pp. 63-65, 75 s.; A. Jotischky, *The Frankish Encounter*, in particolare pp. 103-110. V. De Fraja, *La «Quaestio de Magdalena»*, p. 68 s., rinvia giustamente alla circostanza per cui nel regno di Sicilia all'epoca di Gioacchino l'influsso della Chiesa greca era ancora molto forte, soprattutto nell'ambiente intorno a San Giovanni in Fiore. Già una superficiale conoscenza del calendario festivo greco pertanto avrebbe potuto mostrare a Gioacchino la differenza rispetto all'uso latino sulla questione delle due donne di nome Maria. Si veda anche sopra, p. 44, nota 144.

151. Si veda sotto p. 117, nota 3; p. 119, nota 5; p. 135, note 31 e 32. Le prese di posizione in ambito patristico, sia greco sia latino, sono presentate in maniera approfondita da U. Holzmeister, *Die Magdalenenfrage.*

152. Gregorio Magno formulò tale posizione soprattutto nella XXV e nella XXXIII delle *Omelie sui Vangeli*; cfr. U. Holzmeister, *Die Magdalenenfrage*, p. 407. Sul significato di essa nell'ambito dell'officio relativo a Maddalena si veda V. Saxer, *Le culte de Marie Madeleine*, 1, p. 173 s.; C. Waddell, *St Bernard's Mary Magdalene Office*, pp. 37-40. Si veda anche sotto, p. 117, nota 1. Holzmeister cita come ulteriori passi da porre a confronto *Homiliae in Hiezechihelem* I, *Hom. 8*, § 2 (ed. cit., p. 102); *Ep. VII*, 22 (ed. cit., p. 465); *In I. Reg.*, IV 64 (ed. cit., p. 327).

153. Si veda al riguardo la impressionante lista presentata da V. Saxer, *Le culte de Marie Madeleine*, p. 3 e nota 12.

154. Si veda sotto, p. 28 e s., con le note 160-164. Ai testi qui citati occorre ancora affiancare un curioso breve testo del secondo terzo del XIV secolo, che si trova nel manoscritto gioachimita Vat. Lat. 4860, f. 192v. Sotto il titolo *Differentiae de Maria Magdalena* l'autore, identificando Maria Maddalena con la Maria di Betania, intende distinguere la figura composita, che coincide in tal modo con la tradizione, dalla peccatrice di Lc 7, 36-50. Per la descrizione del manoscritto si veda l'introduzione al *Tractatus in expositionem vite et regule beati Benedicti* (ed. Patschovsky), pp. 106-112, in part. 111.

155. Lc. 7, 36-50.

156. Mt. 26, 6-13; Mc. 14, 3-9; Io. 11, 2 e 12, 1-8.

157. Lc. 8, 1-3.

158. Cfr. Mt. 28, 1-9; Mc. 16, 1-14; Lc. 23, 56 fino a 24, 11; Io. 20, 1-18.

159. V. Saxer, *Le culte de Marie Madeleine* 1, p. 3 s.

160. G. Constable, *The Interpretation of Mary and Martha*, p. 7.

161. *De inventione nominum* [Nr. 63] (ed. M. R. James, p. 234; ed. A. Amelli, p. 9 [=Migne, PL Suppl. 4 (1967) col. 914]): «Sex sunt Mariae [...]. III. Est Maria Magdalena de qua excluserat Dominus noster Iesus Christus septem demonia [Lc. 8, 2; Mc. 16, 9]. IV. Est soror Marthae et Lazari». Riguardo al testo si veda *Clavis Patrum Latinorum*, 1995[3], p. 382, Nr. 1155d. Il manoscritto più importante è il Cod. 133 di St. Gallen, che a parere di E. A. Lowe, CLA, 7 Nr. 911, risale ai secoli VIII/IX.

162. Pascasio Radberto, *Expositio in Matheo. XII*, riguardo a Mt. 26, 6-7 (ed. cit., p. 1268-1276). In Pascasio Radberto si trovano rappresentati entrambi i filoni della tradizione patristica. Riguardo alla posizione sua propria si può fare riferimento alla seguente espressione (ivi, p. 1272, ll. 181-183): *Unde per has differentias rerum seu sit una mulier quae hoc iterato gerit – quod non credo! – seu sint duae vel tres omnino fidelium differentia in his demonstratur* («Sicché queste differenze – che si tratti di una sola donna che compie ripetutamente tali atti (cosa che non credo) oppure siano due o tre – dimostrano del tutto la differenza dei fedeli»). Nel fondare la sua argomentazione si appoggia a Origene, *Commento a Matteo*, 26 (ed. cit., p. 182, l. 10 e s.).

163. Per Bernardo occorre riferirsi a quattro passi che risultano rilevanti nel nostro contesto. Essi offrono un'immagine niente affatto unitaria: (1) Nel *Sermone* 2, 4 per la Sesta domenica dopo Pentecoste, nei *Sermones per annum* (ed. J. Leclercq, H. Rochais, S. Bernardi *Opera* 5, p. 211): qui le figure dell'anonima peccatrice di Lc. 7,37, di Maria di Betania e di Maria Maddalena sono chiaramente unificate. (2) Nel *Sermone* 10 sul Cantico dei Cantici, § 6 (ed. cit., vol. 1, p. 51): qui, senza affermarlo espressamente, Bernardo assimila l'uno all'altro il racconto dell'unzione nella casa di Simone il fariseo a Naim e quello dell'unzione nella casa di Simone il lebbroso a Betania, identificando pertanto le due Marie nella stessa persona. (3) Nel *Sermone* 12 sul Cantico dei Cantici c. 4 § 6 (ed. cit., 1, p. 64): qui riguardo all'unzione di Naim e a quella di Betania vengono espressi chiaramente dubbi riguardo all'unicità del luogo e di chi compie l'azione. (4) Nel *Sermone* 2, § 8 dei *Sermoni sull'Assunzione della Beata Vergine Maria* (in *Sermones per annum*, ed. cit., p. 237): qui Bernardo, a proposito dell'interpretazione dell'episodio di Maria e Marta di Lc. 10, 38-42, si chiede perché nel racconto non sia menzionato anche Lazzaro. La risposta fa leva sulla differenza fra la condizione verginale attribuita a Maria di Betania e la condizione del fratello Lazzaro, che, in quanto penitente, era nella condizione di peccato. Essa ci spinge a escludere che il Bernardo autore di questo sermone possa aver identificato questa Maria con la peccatrice di Lc. 7, 37. Il passo indica peraltro la direzione in cui occorre cercare la ragione per cui Bernardo manifesta dubbi sull'identità delle due donne nel Sermone 12 dei *Sermoni sul Cantico dei Cantici*.

164. Nicola di Montiéramey/Clairvaux, *Sermone per la festa di Maria Maddalena*, PL 185, coll. 213-220, in part. col. 216B [= PL 144, coll. 660-666, qui col. 662A (tra le opere di Pier Damiani)]: Nicola unisce quanto Bernardo afferma nel *Sermone* 12 dei *Sermoni sul Cantico dei Cantici* e nel *Sermone* 2 dei *Sermoni sull'Assunzione della Beata Vergine Maria*.

165. Egli rileva ciò più volte. Si veda sotto, pp. 117, 118, 125, 127 e nota 19, 131. V. De Fraja, *La «Quaestio de Magdalena»*, p. 69, ha giustamente messo in luce questo punto.

166. Lo stesso Pascasio Radberto (si veda sopra, nota 162), l'unico autore medievale che prima di Gioacchino abbia ampliato lo spettro delle possibilità interpretative, si serve dal punto di vista metodologico del modo di annodare espressioni di autorità patristiche che è tipico dell'età carolingia.

167. BHL 5439 (= PL 133, coll. 713-721). Sull'importanza del sermone come materiale di lettura nella liturgia della festa della santa si veda V. Saxer, *Le culte de Marie Madeleine*, 1, pp. 171, 174-181. Una lunga lista della tradizione manoscritta si trova in H. Hansel, *Die Maria-Magdalenen-Legende*, pp. 100-104. La paternità odoniana del testo è stata recentemente posta in dubbio da D. Iogna-Prat, *La Madeleine*, che data il testo agli anni 860-1040 (ivi, p. 41).

168. Fonte è la *Vita eremitica beatae Mariae Magdalenae* (BHL 5453-5456). Cfr. V. Saxer, *Le culte de Marie Madeleine*, 1, pp. 126, 151. Una versione breve (XI sec.) fu pubblicata da J. Misrahi, *A «Vita sanctae Mariae Magdalenae» (B.H.L. 5456)*. Il testo completo fu pubblicato secondo tre differenti redazioni da J. E. Cross, *Mary Magdalen in the Old English Martyrology*, da manoscritti dei secoli XI e XII. Ampliamenti si trovano in una redazione pubblicata da G. Lobrichon, *Le dossier magdalénien*, pp. 177-180. La versione lunga della *Vita* deve risalire a non più tardi del IX secolo,

in quanto di essa si sono conservati frammenti anglosassoni risalenti a tale periodo. Ciò comporta conseguenze per l'osservazione che si incontra spesso (ad esempio nell'articolo *Maria Maddalena*, in *Bibliotheca Sanctorum* 8 [1967], col. 1092 [V. Saxer]), secondo cui questa *Vita* sarebbe di origine italiana. In verità, non è possibile addurre la ben che minima traccia a conferma di ciò. Si veda ad esempio V. Ortenberg, *Le culte*, p. 16 s., che è addirittura in grado di riportare elementi fondamentali che attestano che le aggiunte desunte dalla *Vita di Maria Egiziaca* furono prese direttamente sulle isole britanniche dalla loro versione originaria greca. L'ipotesi di una genesi italiana della *Vita eremitica* risulta altamente inverosimile, laddove si consideri per di più la lista dei luoghi di culto della Maddalena fissata (con carte geografiche) da V. Saxer, *Le culte de Marie Madeleine*, vol. 1, pp. 84, 135, 146: nel suo complesso, l'Italia non si era affatto abbandonata alla tendenza di moda di venerare questa santa, e i pochi centri di culto presenti precisamente in Italia meridionale sono palesemente da ricondurre a una importazione normanna e non hanno nulla a che fare con uno sviluppo autogeno.

169. Sermone *De sancta Maria Magdalena* (tema: Mt. 9, 13: *Non veni vocare iustos, sed peccatores,* («Non sono venuto a chiamare i giusti, ma i peccatori»), in: Honorius Augustodunensis, *Speculum Ecclesiae*, III (ed. cit., col. 980D): *Quae ad sororem gratulabunda revertitur, reliquum vitae castimoniae summo studio impenditur* («Ed ella [Maria Maddalena] ritorna piena di gratitudine dalla sorella [Marta] e con somma abnegazione dedica il resto della propria vita alla castità»).

170. Come si potessero armonizzare sul piano esegetico le contraddizioni fra i racconti degli evangelisti, lo mostra Agostino, *De consensu evangelistarum*, c. 79 (ed. cit., p. 262) in riferimento alla dissonanza per cui Matteo e Marco riferiscono al capo di Gesù l'unzione avvenuta a Betania, mentre Giovanni parla dei suoi piedi. Gioacchino si avvale di questo metodo (si veda sotto, pp. 133 e ss.) nel medesimo contesto.

171. Si veda sotto, pp. 117, 127.

172. Si veda sotto, p. 117 e nota 3, come pure sopra, pp. 27-28.

173. Cfr. qui sotto, pp. 117-119.

174. Cfr. qui sotto, pp. 119-123. Nella tradizione era stata ampiamente discussa anche la possibilità che entrambi gli atti di unzione fossero da unificare e che di conseguenza fosse Maria di Betania la peccatrice di cui parla Lc. 7, 36-50, e non Maria Maddalena. Riguardo a questa tradizione in ambito patristico si veda U. Holzmeister, *Die Magdalenenfrage*, pp. 411-415.

175. Cfr. qui sotto, pp. 123-130. Riguardo alla linea della tradizione patristica che nega l'identificazione tra i due atti di unzione e fra le due Marie si veda U. Holzmeister, *Die Magdalenenfrage,* pp. 411-415.

176. Cfr. sotto, p. 125.

177. Cfr. sotto, pp. 127-131.

178. Cfr. sotto, p. 127.

179. Per Gioacchino tale giudizio era e rimase da considerarsi con cautela. Lo si capisce dal fatto che nell'intera sua opera egli cita per nome Maria Maddalena solo nel contesto dell'episodio della resurrezione. Quando parla della peccatrice secondo Lc. 7,37 non utilizza mai alcun nome, neppure nelle sue opere più tarde. Si veda riguardo al commento su Maria Maddalena *Expositio in Apocalypsim*, 1, 10; 3, 14; 10, 1-3; 11, 1-2; 11, 3-6; 12, 1-2 (ed. Venezia, 1527, fol. 40va; 95ra;137va; 143rb-144va; 147rb; 154vb). Sulla peccatrice si veda invece *Interpretazione dei canestri,* 2 (in questo stesso volume, p. 103); *Concordia*, V, 3, c. 2 (ed. Patschovsky, vol. 3, p. 863); *Expositio in Apocalypsim*, 15, 1 (ed. Venezia 1527, fol. 180ra); *Trattati sui quattro Vangeli*, I, 3 (ed. cit., p. 22); III 14 (ed. cit., p. 200).

180. Cfr. sotto, II 2, pp. 127-129.

181. Cfr. sotto, II 2, p. 129.

182. Cfr. sotto, II 2, p. 131.

183. Cfr. sotto, II 3, pp. 131-137.

184. Cfr. sotto, II 3, p. 133.

185. Cfr. sotto, II 3, pp. 133-135.

186. V. sotto, p. 117, nota 4 e p. 135, nota 32.

187. Cfr. sotto, II 3, p. 135.

188. Cfr. sotto, II 3, pp. 135-137.
189. Cfr. sotto, II 4, p. 139.
190. Cfr. sotto, II 4, p. 139.
191. Cfr. sotto, II 2, p. 129.
192. Cfr. sotto, nota 194 (in questa pagina) e p. 137, nota 38.
193. Cfr. sopra, p. 29 e sotto, II 1, p. 117.
194. Non vi è praticamente alcuna opera di Gioacchino in cui tale dottrina non sia resa oggetto di considerazione nell'una o nell'altra forma. Tra i molti suoi scritti, cfr. *Dialoghi sulla prescienza divina*, I, pp. 41-47, 59-67; III, 117-123; *Interpretazione dei canestri*, c. 2 (sopra, pp. 89-95, 103-111), dove il tema viene ripensato in prospettiva ecclesiologica e il trattato *Sulla vita e sulla Regola di s. Benedetto*, II 2B e 3, pp. 83-113, dove vengono considerate le implicazioni dal punto di vista della politica dell'Ordine.
195. Ciò in verità non significa molto, dal momento che lo scritto non è stato oggetto di particolare attenzione. Grundmann lo cita addirittura una sola volta nel complesso della sua opera, e quell'unica volta nel contesto di una stringata descrizione dell'*Antoniano* 322 (in *Libertà della Chiesa*, p. 232, nota 1). P. De Leo, *Gioacchino da Fiore*, p. 150 e nota 5, rinvia ad un'unica espressione di dubbio riguardo alla paternità di Gioacchino: C. Spicq, *Esquisse d'une histoire de l'exégèse latine au Moyen Age*, p. 136. L'osservazione è lapidaria: «la *Quaestio* [...] est d'authenticité douteuse». Lo studioso peraltro non spiega che cosa abbia sollevato i suoi dubbi.
196. Resta fondamentale al riguardo la descrizione di V. De Fraja, *Un'Antologia gioachimita*, in particolare p. 237; si veda anche l'*Introduzione* di A. Patschovsky all'*Exhortatorium Iudeorum*, pp. 64-69, in part. p. 68.
197. In questo volume, pp. 13-27 (introduzione) e 69-113 (testo).
198. Si confronti: ca. mm. 290 x 180 (80/20/80) dei fol. 139[v] e 140[r] rispetto a mm. 310 x 220 (100/10/110) del fol. 140[v]. Numero di righe: 45 ai fol. 139[v] e 140[r], 47 al fol. 140[v].
199. Per quanto riguarda la parte tralasciata, si tratta del testo latino riprodotto qui sotto da p. 128 (ultima riga) a p. 130 (settima riga). Quanto alla conclusione, la parte tralasciata corrisponde al testo che inizia con il termine *describitur* (p. 136) sino al termine. Cfr. già P. De Leo, *Gioacchino da Fiore*, p. 150; V. De Fraja, *Un'Antologia gioachimita*, pp. 232 (mani F e L), 241 s. (con riproduzione 1). La tesi di Valeria De Fraja, che, sulla base delle particolarità della mano responsabile dell'aggiunta, ha sostenuto che il codice sarebbe stato scritto nel monastero florense di Sant'Angelo di Frigilo (Calabria), non è riuscita ad affermarsi.
200. A.M. Iosa, *I codici manoscritti*, p. 118. Rispetto ad esso i titoli successivamente attribuiti nelle edizioni di P. De Leo *(De Maria Magdalena et Maria sorore Lazari*) e di V. De Fraja (*Quaestio de Magdalena*) risultano meno precisi. In M. Reeves, *The Influence of Prophecy*, p. 517, il testo è indicato come sermone, senza attribuzione di titolo, e contrassegnato da un incipit sbagliato (si tratta delle parole introduttive del secondo capitolo, come già osservato da V. De Fraja, *La «Quaestio de Magdalena»*, p. 47, nota 1); nella lista delle opere di Gioacchino pubblicata da K.-V. Selge, in *Rep. font.* 6 (1990), pp. 261-266, il testo manca. F. Russo, *Bibliografia gioachimita*, assunse il titolo di Iosa, sebbene nelle edizioni del suo elenco delle opere il titolo vi sia poi riportato con differenti errori di stampa.
201. J.C. Huck, *Joachim von Floris*, p. 168, presenta la breve opera come un trattato, e così facendo si approssima molto alla questione. Il termine «sermone» utilizzato da M. Reeves (v. nota precedente), fatto proprio anche da P. De Leo, *Gioacchino da Fiore*, pp. 149, 153 e nota 7, non è esatto. De Leo non fornisce alcun fondamento, e non vi è un solo elemento che si possa addurre a sostegno della forma letteraria del sermone. V. De Fraja, *La «Quaestio de Magdalena»*, pp. 73-77, riferendosi alla definizione di H. Mottu, *La manifestazione dello Spirito*, p. 55, prende in considerazione l'ipotesi di dover attribuire all'opera la struttura letteraria di una *collatio* monastica. Questa consisteva in lezione, meditazione e orazione ovvero contemplazione. Mi pare che anche questa ipotesi non centri precisamente l'oggetto.
202. In questo senso anche V. De Fraja, *La «Quaestio de Magdalena»*, p. 62.
203. Cfr. *Genealogia*, testo qui alle pp. 52 e ss., per la datazione qui sopra, p. 11.
204. Nicola, agli inizi e alla fine della sua vita monaco dell'abbazia benedettina di Montiéramey, tra il 1145 e il 1151 monaco di Clairvaux e segretario di Bernardo, fu una figura problematica.

Dovette abbandonare con disonore Clairvaux, poiché Bernardo si ritenne gravemente danneggiato da lui. Il suo essere cistercense fu quindi un semplice episodio. Peraltro la sua attività letteraria, tra cui in primo luogo il sermone sulla Maddalena, tradisce evidenti riferimenti al suo soggiorno a Clairvaux sotto l'egida di Bernardo. Fondamentale su di lui è G. Constable, *The Letters of Peter the Venerable*, vol. 2, pp. 316-330.

205. C. Waddell, *St Bernard's Mary Magdalene Office*.

206. Ne è una prova il calendario delle origini dell'Ordine, nel quale la festa della Maddalena (22 luglio) era contrassegnata da dodici letture. Si trattava dunque di una festa importante, in quanto tale onore era tributato a ben pochi santi da parte dei cistercensi. Si veda al riguardo *Breviarium Cisterciense* (ed. C. Waddell, p. 95 e le relative osservazioni introduttive, pp. 60-64). Si veda inoltre V. Saxer, *Le culte de Marie Madeleine*, 1, p. 163.

207. Sui problemi maggiormente discussi si veda soprattutto C. Waddell, *Origin and Early Evolution*, specialmente pp. 193-207; Id., *Chant cistercien et liturgie*. Si veda pure, dello stesso, *St Bernard's Mary Magdalene Office*, pp. 31-33.

208. Bernardo stesso, nella lettera che annuncia la felice conclusione del lavoro della commissione, rende note le sue finalità (*Prologus in antiphonarium quod Cistercienses canunt Ecclesiae*, ed. cit., p. 515 s.). Sui principi che guidarono la commissione ci informa un piccolo trattato apposito, iniziante con le parole *Cantum quem Cisterciensis* (ed. cit., pp. 23-41). Cfr. C. Waddell, *Origin and Early Evolution*, in special modo pp. 207-209, 218-223; Id., *Chant cistercien et liturgie*, pp. 297-303.

209. C. Waddell, *St Bernard's Mary Magdalene Office*, pp. 34-36.

210. Si veda al riguardo in generale, in special modo in riferimento alla fulminea diffusione del culto della Maddalena a partire dal secolo XI e al ruolo speciale di Bernardo di Clairvaux, J. Leclercq, *Le mariage vu par les moines*, pp. 130-139. Si veda anche sopra, pp. 28-29 e relativa nota 163, nonché p. 31. Si deve peraltro riconoscere che Gioacchino alla fine della sua vita cambiò ancora. Si veda il passo citato sopra, p. 47, nota 179, dai *Trattati sui quattro Vangeli*, I, 3, p. 22, e cioè dall'ultima opera di Gioacchino, rimasta incompiuta: «Perché, sebbene sia stata peccatrice per le sue opere, tuttavia fu resa vergine dall'integrità della fede e per il proposito di castità scelto da parte sua» (*Quia etsi pro suis operibus «peccatrix» fuit, tamen integritate fidei et in parte sumpto proposito castitatis virgo effecta est*).

211. Lo si ricava da un elenco, venuto da poco tempo alla luce, delle abbazie cistercensi del periodo 1217/1218, al quale furono sistematicamente aggiunte le date di fondazione ovvero di incorporazione dei monasteri dell'ordine. Cfr. M. Tischler, *«Tabula abbatiarum»*, p. 81. Come ha rilevato G. Cariboni (*Il* Tractatus in expositionem vite et regule beati Benedicti *di Gioacchino da Fiore*), alla luce di esso occorre rivedere le varie ipotesi avanzate nel corso del tempo a proposito della affiliazione di Corazzo all'Ordine cistercense. Si dovrà ritenere che l'incorporazione di Corazzo nell'Ordine sia avvenuta nel 1173, l'affiliazione per tramite di Fossanova presumibilmente nel 1184 e sicuramente non nel 1188.

212. Questi si saranno sicuramente orientati nella direzione degli usi cistercensi, ma non si deve necessariamente pensare che ciò sia avvenuto nella forma di una semplice assunzione diretta. Una verifica non è possibile: infatti non si è conservato alcun manoscritto liturgico risalente alle origini dell'Ordine florense. Si veda al riguardo quel poco che A. M. Adorisio, *Codici latini calabresi*, specialmente pp. 46-50, ha potuto attribuire al lascito codicologico di San Giovanni in Fiore.

213. Ne è testimonianza la *Vita anonima di Maria Maddalena* (BHL 5508) pubblicata sotto il nome di Rabano Mauro, che V. Saxer, *La «Vie de Sainte Marie Madeleine»*, poté localizzare con argomenti convincenti a Clairvaux, adattandola alla seconda metà del secolo XII. Egli lasciò aperta la questione dell'autore, evocando tuttavia due nomi: Nicola di Montiéramey/Clairvaux, da noi qui citato più volte, e Goffredo di Auxerre, l'avversario di Gioacchino da Fiore. Gioca contro l'attribuzione a Nicola il suo troppo breve periodo di soggiorno a Clairvaux (1145-1151), ma soprattutto lo scetticismo espresso nel suo sermone nei confronti della possibilità di considerare le due Marie come un'unica persona, affermazione che contraddice palesemente il tenore della *Vita*. Le possibilità di un'attribuzione a Goffredo sono maggiori: da un lato parla a favore di ciò la prossimità della *Vita*, dal punto di vista codicologico, al *Commento al Cantico dei Cantici* di Goffredo conservato

nel manoscritto Troyes, 444; dall'altro, il legame di Goffredo con Clairvaux, dove per lungo tempo fu monaco e per un certo periodo abate (1162-1165) e dove si ritirò dopo la sua rinuncia all'abbaziato di Hautecombe, avvenuta dopo il 1188, sino alla morte, avvenuta dopo il 1201 (riguardo a tali date si veda l'*Introduzione* alla *Interpretazione dei canestri*, sopra, p. 42 e s. nota 123). Anche la tendenza a unificare le due donne di nome Maria collima. Nel suo *Commento al Cantico dei Cantici* (ed. cit., p. 14) Goffredo rileva a proposito dell'espressione «Oleum effusum» (Ct. 1, 2): *Ex unguenti effusione Mariae Magdalenae nomen innotuit, sicut Dominus ait: "Ubicumque hoc evangelium* («Dall'unzione di Maria Maddalena derivò il nome, come dice il Signore: "Ovunque questo vangelo"»). La parola del Signore si riferisce al racconto dell'unzione a Betania, Mt. 26, 13 e Mc. 14 ,9, passi in cui la donna che praticò l'unzione resta anonima. Occorre al riguardo aggiungere che V. Saxer stabilì evidenti coincidenze concettuali e letterali tra i *Sermoni 10, 11* e *12 sul Cantico dei Cantici* di Bernardo e la *Vita della Maddalena* dello Pseudo-Rabano, e che il *Commento al Cantico* di Goffredo è orientato in modo nettissimo verso i *Sermoni sul Cantico* di Bernardo.

214. Cfr. V. De Fraja, *Oltre Cîteaux*, p. 126 e ss., note 30 e 31 (p. 147 s.). I relativi testi vi si trovano alle pagine 209 e s. e 225 s. Nr. 10 e 25.

215. Si veda K.-V. Selge, in «Florensia», 10 (1996), pp. 217-219.

216. P. De Leo, *Gioacchino da Fiore*, pp. 149-163.

217. V. De Fraja, *Un'Antologia gioachimita*, pp. 251-258.

Genealogia sanctorum antiquorum patrum

Genealogia degli antichi santi padri

[1]

Genealogia sanctorum antiquorum patrum texitur ab Adam usque ad Iacob, et hec stipes arboris dicitur. A Iacob autem ramos incipit diffundere duodecim tribuum usque ad tempus Ozie regis, in quo decem tribus defecerunt. Ab Ozia usque ad Christum extenduntur duo rami, id est due tribus, Iude scilicet et Beniamin, que remanserunt. Hec arbor ficui assimilatur, cui Dominus *maledixit*, quia *fructum in ea non invenit.*[1] Sicut autem hec arbor ficus initium habuit et profectum et defectum, ita et alia arbor – *vitis* scilicet novi testamenti, vel Ecclesia – suum habet initium, profectum et defectum. Initium et quasi stipes huius *vitis* insertus est ficui, quia Ecclesia initium habuit a Sinagoga.

Stipes itaque iste ab Ozie temporibus, ut dicunt, incepit, quando Ysaias non quasi propheta, sed potius evangelista predicavit. Ibi enim incepit novum testamentum, ubi primo predicatum est evangelium; ibi ergo fuit quoddam medium, ubi Synagoga defecit et Ecclesia suum habuit initium. A Christo vero hec secunda et inserta arbor ramos fecit tot, quot principia, duodecim scilicet ecclesias, que habuerunt profectum suum et augmentum usque ad tempora barbarorum Arrianorum, qui universas fere destruxerunt ecclesias in Affrica et in Oriente et in

1. Cfr. Mt. 21, 18-22; Mc. 11, 12-14. 20-24.

[1]

La genealogia degli antichi santi padri si dispiega da Adamo fino a Giacobbe, e costituisce il tronco dell'albero. Da Giacobbe comincia poi a diffondere i rami delle dodici tribù fino al tempo del re Ozia, in cui vennero meno dieci tribù. Da Ozia fino a Cristo si estendono due rami, cioè le due tribù rimanenti, di Giuda e di Beniamino. Quest'albero è simile al fico che il Signore *maledisse*, perché *non vi trovò frutto*. Come quest'albero di fico ebbe un inizio, una crescita e un venir meno, così anche l'altro albero – *la vite* del Nuovo Testamento, ovvero la Chiesa[1] – ha un suo inizio, una crescita e un venir meno. L'inizio, come il tronco di questa vite, è innestato sul fico,[2] poiché la Chiesa ebbe inizio dalla Sinagoga.[3]

Pertanto questo tronco incomincia dai tempi di Ozia, come dicono,[4] quando Isaia predicò non come profeta ma come evangelista. Infatti il Nuovo Testamento iniziò quando l'evangelo fu predicato per la prima volta; lì vi fu quindi qualcosa di intermedio, quando la Sinagoga venne meno e la Chiesa ebbe il suo inizio.[5] In verità, a partire da Cristo questo secondo albero innestato fece tanti rami quanti furono i princìpi, ovvero le dodici Chiese, che crebbero e aumentarono fino ai tempi dei barbari ariani. Essi distrussero quasi tutte le chiese in Africa, in Oriente

1. Nel Vangelo di Giovanni (15, 1-11) la vite è Gesù. Il nesso fico-vite rinvia a Ct. 2, 13. Commentando tale versetto, Bernardo di Clairvaux, *Sermones super Cantica Canticorum*, 60 (ed. J. Leclercq, C. H. Talbot, H. M. Rochais, vol. 2, pp. 142-148) pone il fico e la vigna in rapporto rispettivamente con il popolo di Israele e con le generazioni del popolo cristiano. La formula «ovvero la Chiesa» precisa che la vite del Nuovo Testamento va intesa in senso storico-salvifico: non cioè come semplice Scrittura rivelata, bensì come nuova fase dell'unica storia della salvezza. Il tronco della vite neotestamentaria è pertanto rappresentato dalle generazioni del popolo cristiano, ovvero della Chiesa universale, il cui ramo destinato a permanere e a svettare è la Chiesa romana (cfr. infra, p. 55). In effetti, la nuova storia non coincide perfettamente con quella della Chiesa intesa come istituzione storicamente determinata, giacché l'innesto della vite avviene ben prima della venuta di Gesù Cristo, all'altezza del profeta Isaia, inteso come protoevangelista. Sul duplice albero come «sviluppo della storia della salvezza» cfr. anche M. Rainini, *Gli alberi di Gioacchino da Fiore*.

2. L'immagine della vite innestata sul fico rappresenta una variante di quella paolina dell'olivastro innestato sull'olivo (Rom. 11, 17-18), snodo centrale della visione vicissitudinaria della storia propria di Gioacchino. Si veda al riguardo in particolare il primo dei *Dialoghi sulla prescienza divina e la predestinazione degli eletti*, in part. p. 51.

3. Il rapporto che intercorre fra Chiesa e Sinagoga è dunque di continuità e discontinuità.

4. Il fusto della vite prende inizio dal tempo del re Ozia, in quanto questi visse al tempo del profeta Isaia, tradizionalmente considerato come protoevangelista. Cfr. al riguardo qui sopra, Introduzione, p. 10 e relativa nota 13.

5. L'idea di una fase intermedia, quasi fosse un ponte gettato fra le due grandi arcate della storia della salvezza, è la prima concreta manifestazione da parte di Gioacchino di una concezione della storia come processo segnato da fasi di transizione, in cui il vecchio si avvia al tramonto mentre il nuovo prende gradualmente forma. La si ritrova in numerosi scritti successivi, anche in riferimento alla transizione da una fase all'altra della storia della Chiesa e delle diverse forme di vita cristiana e monastica. Cfr. per tutti *Sulla Vita e sulla Regola di san Benedetto*, II 3, p. 99 e p. 103.

Grecia; in qua omnes, qui fidem Ecclesie Romane non habent, heretici reputantur. Et sic vix duo rami remanent. Ut artius dicatur: in veteri arbore sola tribus Iude remansit, ex qua nascitur Christus; in hac secunda remanet solus Ecclesie Romane ramus, in qua sine omni heresi creditur et honoratur Christus.

In prima arbore continentur a stipite usque ad Christum sexaginta tres generationes carnales; a stipite secunde arboris usque ad Christum iudicem sexaginta tres spirituales; verumtamen ille medie, que sunt finis prime et stipes secunde, partim carnales sunt, partim spirituales. Quadraginta due inferiores sunt tantum carnales, quadraginta due superiores tantum spirituales. Inferiores designantur nominibus patrum, superiores vero numeris terdenariorum. Putant enim quod totidem generationibus spiritualibus duret Ecclesia, quot carnalibus Sinagoga.

Cum ergo a nativitate Christi complete sint hoc tempore quadraginta generationes, id est M C LXX VI anni, non restant nisi due generationes complende, id est anni sexaginta – quasi duo terdenarii –, in quibus impleri oportet quicquid de Antichristo dicitur et de consummatione seculi. Conpletis vero his sexaginta annis, erit in Dei voluntate quando sit finis. Quod tempus a Daniele dicitur quadraginta quinque dierum. Sapientes interpretantur mensem pro die, alii annum, alii seculum, ut quadraginta quinque dies, qui leguntur in Daniele, quadraginta

e in Grecia;[6] e si ritiene che coloro che in quest'ultima non seguono la fede della Chiesa romana siano tutti eretici.[7] E così restano appena due rami. Per dirla in breve, nell'antico albero rimase la sola tribù di Giuda, da cui nasce Cristo; nella seconda rimane il solo ramo della Chiesa romana, nella quale si crede e si onora Cristo senza l'ombra di un'eresia.

Il primo albero contiene, dalla base del tronco fino a Cristo, sessantatré generazioni carnali;[8] dalla base del secondo albero fino a Cristo giudice questo ne contiene sessantatré spirituali; in verità quelle che stanno in mezzo, che sono la parte terminale del primo e la base del secondo, sono in parte carnali, in parte spirituali. Le quarantadue più basse sono solamente carnali, le quarantadue più alte sono solamente spirituali, le più basse sono indicate con i nomi dei padri, le più alte con il numero 30. Ritengono infatti[9] che la Chiesa duri un numero di generazioni spirituali pari al numero di generazioni carnali lungo cui dura la Sinagoga.

Dal momento che dalla nascita di Cristo si sono succedute fino ad oggi quaranta generazioni, cioè 1176 anni, restano da completare solo due generazioni, cioè sessant'anni – 2 per 30 –, in cui occorre che avvenga tutto quel che si dice riguardo all'Anticristo e al compiersi della storia del mondo.[10] Completati questi sessant'anni, sarà nel volere di Dio quando debba sopraggiungere la fine. E questo è il tempo dei quarantacinque giorni di cui parla Daniele.[11] I sapienti interpretano «giorno» per «mese», altri per «anno», altri per «secolo», di modo che i quarantacinque giorni di cui si legge in Daniele possono significare quaranta-

6. Nell'albero dei due avventi del *Liber figurarum* (per i suoi rapporti con la figura di albero descritta qui, cfr. sopra, Introduzione, pp. 10-11 e relativa nota 15) la didascalia attribuisce la funzione di distruttori delle chiese ai saraceni e non ai barbari ariani (cfr. al riguardo anche M. Rainini, *Disegni dei tempi*, p. 42 e relativa nota 44).

7. La classificazione dei cristiani d'Oriente non in comunione con la Chiesa romana come eretici, e non solamente come scismatici, è ripresa e articolata in *Concordia*, II, 1, c. 32, ed. Patschovsky, vol. 2, pp. 138-139.

8. Il computo è realizzato seguendo prima la linea dei patriarchi, fino ad Abramo, Isacco e Giacobbe, e poi la linea dei re della tribù di Giuda. Per le generazioni da Adamo a Noè cfr. Gn. 5, 1-32 e 1 Par. 1, 1-4; per le generazioni da Sem ad Abramo, Gn. 11, 10-31 e 1 Par. 1, 24-27, per un totale di 21 generazioni. Per le generazioni da Giacobbe a Gesù Cristo, Gioacchino si attiene alla cifra di 42 fornita in Mt. 1, 2-16. La cifra complessiva delle generazioni risulta di 63, in quanto il computo inizia da quella successiva ad Adamo e termina in Giuseppe, lo sposo di Maria.

9. Le fonti cui Gioacchino si riferisce non sono allo stato attuale precisamente identificabili. L'idea di istituire un'equivalenza numerica fra generazioni della Sinagoga e generazioni della Chiesa era stata espressamente esclusa da Agostino, che in *De civitate Dei*, XXII, 30, mentre conteggia le generazioni veterotestamentarie (nel solco di Mt. 1), esclude si possano avanzare ipotesi sul numero complessivo delle generazioni del tempo della Chiesa («nullo generationum numero metienda», ed. B. Dombart, A. Kalb, p. 865, l. 136), facendo leva su Act. 1, 7.

10. Per l'attesa del 1260 come anno fatale cfr. H. de Lubac, *Esegesi medievale*, Parte seconda, volume primo, pp. 710-751. Come scadenza della fine la data ritorna fra l'altro in due sermoni del cistercense Goffredo di Auxerre, uno dei quali sicuramente del 1188. Cfr. al riguardo F. Gastaldelli, *Introduzione*, in Goffredo di Auxerre, *Expositio in Cantica Canticorum*, vol. 1, pp. CXXIV-CXXVI.

11. In Dn. 12, 11-12 si legge a proposito del tempo finale: «Ora, dal tempo in cui sarà abolito il sacrificio quotidiano e sarà eretto l'abominio della desolazione, passeranno milleduecentonovanta giorni. Beato chi aspetterà con pazienza e giungerà a milletrecentotrentacinque giorni». Ippolito per

quinque menses vel annos significent vel secula vel annorum curricula maiora vel minora. Quibus temporibus dicunt apparere *signa*[2] et *terrores*, *ut*[3] ab omnibus *agatur penitentia et convertantur ad* unam fidem omnia, et ab omnibus exspectetur propinqua *dies iudicii*.[4]

Isti consideraverunt tribulationes, que acciderunt filiis Israel a Iacob usque ad Christum, et ea, que acciderunt mala Ecclesie a Christo usque ad presens tempus, illis conferentes. Quinque persecutiones transisse asserunt et sextam expectant, que infra quadraginta annos, ut dicunt, duplex futura est. Dicunt enim hec esse septem signacula, que vidit Iohannes in Apocalipsi,[5]

2. Cfr. Lc. 21, 11.
3. Cfr. Act. 26, 20.
4. Cfr. Mt. 10, 15; 11, 22.24 e altrove.
5. Cfr. Apc. 6, 1-17; 8, 1.

cinque mesi oppure anni oppure secoli, o periodi di anni maggiori o minori.[12] E dicono[13] che in quei tempi debbano apparire *segni*[14] e *cose terribili, di modo che* tutti *facciano penitenza* e tutto *si converta* all'unica fede e *il giorno del giudizio* sia atteso da tutti come imminente.

Questi considerarono le tribolazioni capitate ai figli di Israele da Giacobbe fino a Cristo e i mali che la Chiesa patì da Cristo fino al tempo presente, ponendoli a confronto con quelle. Affermano che cinque persecuzioni sono passate e attendono la sesta che, come dicono, si ripeterà due volte entro quarant'anni; dicono infatti che sono questi i sette sigilli, che Giovanni vide nell'Apocalisse,[15]

primo aveva richiamato l'attenzione su tale scarto di quarantacinque giorni, proponendo nel suo *Commento a Daniele* (54, 1-2) di interpretarli come un tempo supplementare concesso ai sopravvissuti all'attacco dell'Anticristo. Nella sua scia, Girolamo nel suo *Commento a Daniele*, XII, 12 (ed. F. Glorie, p. 944) interpreta la differenza tra 1335 e 1290 come i quarantacinque giorni dell'ultima prova, cui i santi devono sottoporsi dopo la fine dell'Anticristo e prima della fine del mondo (cfr. anche sotto, nota 13).

12. L'interpretazione di «giorni» nel senso di «anni» è di matrice ebraica e ha fondamento biblico (cfr. Ez. 4, 6, passo citato da Gioacchino nella *Concordia*, V, 2, c. 9, ed. Patschovsky, vol. 3, p. 711). In ambito ebraico i «giorni» di Dn. 12, 11-12, intesi in riferimento al computo della venuta del Messia, erano stati interpretati nel senso di «anni» da Rashi di Troyes (1040-1105) (cfr. D. Berger, *Three Typological Themes*, pp. 151-152 con nota 41) e da Abraham bar Ḥiyya (1065ca.-1136ca.) (cfr. L.K. Pick, *Conflict and Coexistence*, pp. 162-163, con ulteriori riferimenti bibliografici).

13. La tradizione dei quarantacinque giorni destinati a intercorrere tra l'uccisione dell'Anticristo e la fine del mondo, derivata da Ippolito e Girolamo (cfr. sopra, nota 11), ebbe grande diffusione nell'esegesi medievale a partire da Beda. Nel *De temporum ratione liber* (in Bedae Venerabilis *Opera, Pars VI, Opera didascalica 2*, ed. C.W. Jones, in part. c. 69), Beda, richiamandosi espressamente a Girolamo, li considera come tempo di prova della pazienza dei santi, mentre nell'*Expositio Apocalypseos*, c. 10 (ed. R. Gryson, pp. 330-331), li lega all'apertura del settimo sigillo e al silenzio di mezz'ora che questo comporta (cfr. Apc. 8, 1). Nel suo *Commento alla Prima Lettera ai Tessalonicesi*, Aimone di Auxerre rileva il carattere ambiguo del tempo destinato a intercorrere tra morte dell'Anticristo e giudizio finale, precisando che i quarantacinque giorni vanno intesi come un breve intervallo di pace, in cui gli eletti che avranno mostrato incertezze durante la precedente tribolazione possano fare penitenza, e così salvarsi; mentre i «ministri dell'Anticristo» ancora in circolazione dopo la sua scomparsa godranno con le loro donne, celebrando banchetti e dandosi a divertimenti di vario genere (Migne, PL 117, coll. 773D-774A). Gioacchino si dispone qui precisamente lungo la linea di Aimone e della sua «abile riformulazione» della dottrina dei quarantacinque giorni compiuta «all'insegna del conservatorismo escatologico» (R. E. Lerner, *Refrigerio dei santi*, p. 26).

14. Sono le parole con cui inizia la *Concordia*, Praefatio, ed. Patschovsky, vol. 2, p. 3. Lunghe digressioni a partire da esse sono introdotte in *Concordia*, V, 2, c. 2 e 4 (ed. Patschovsky, vol. 3, p. 611 e pp. 629-630) a proposito della distinzione fra prima e seconda «dies Domini»: questione ancora assente dall'orizzonte della *Genealogia* e tematizzata da Gioacchino solo a partire dal *Commento a una profezia ignota* (1184).

15. L'idea di un legame fra tribolazioni subite dal popolo di Israele e tribolazioni subite dalla Chiesa, in riferimento alla visione apocalittica dei sigilli e della loro apertura, fa capolino a partire da Vittorino di Petovio, *Explanatio in Apocalypsin*, in rif. ad Apc. 5 e 6 (ed. R. Gryson, pp. 173-175). Cfr. anche Bedae Venerabilis *Expositio Apocalypseos* 6, 1 (ed. R. Gryson, p. 295); Ruperto di Deutz, *De sancta Trinitate et operibus eius*, IV, 11 (ed. H. Haacke, p. 1952 e s.); Anselmo di Havelberg, *Dialogi*, I, 7-13 (ed. G. Salet, pp. 68-119), in riferimento alle epoche della sola storia della Chiesa. Berengaudo, *Expositio in Apocalipsin*, 6, 1 e 14, 6 (Migne, PL 17, rispettivamente coll. 812 e 893) riferisce invece l'apertura dei sigilli all'intera storia della salvezza, dagli inizi dell'Antico

qui sex tribulationes Synagoge conparant sex persecutionibus Ecclesie. In primo autem signaculo erit tempus quasi quietis et pacis; quam pacem comparant illi, que fuit in nativitate Christi.

In lateribus huius linee, que ab Adam usque ad Christum iudicem protenditur, quedam contemporanea ponuntur, ut priora posterioribus conparata secundum predictam rationem mundi instare finem minentur. Numero terdenali ab utroque latere linea protenditur, in quibus numerus apostolicorum, et ab alia parte imperatorum esse monstratur.

[2]

Quinque etates fuerunt ab Adam usque ad Christum; sexta a Christo ultra, quia sex diebus consummavit Deus opera sua. Septima non in opere est, sed in quiete animarum. Prima etas ab Adam usque ad Noe; secunda finitur in Abraam; tertia in David; quarta in transmigratione Babilonis; quinta in salvatore Christo; sexta in iudice.

loro che paragonano le sei tribolazioni della sinagoga alle sei persecuzioni della Chiesa nel primo sigillo. Vi sarà poi un tempo come di quiete e di pace, pace che paragonano a quella che ci fu al tempo della nascita di Cristo.[16]

Ai lati di questa linea, che si stende da Adamo fino a Cristo giudice, sono collocati alcuni avvenimenti contemporanei, di modo che le cose precedenti paragonate alle successive secondo tale spiegazione minacciano che la fine del mondo sia imminente. Dall'uno e dall'altro lato la linea si estende mantenendo il ritmo di trent'anni, e in essi è mostrato da una parte il numero dei papi, dall'altra quello degli imperatori.

[2]

Cinque furono le età da Adamo fino a Cristo; la sesta va da Cristo in poi, poiché Dio portò a compimento le sue opere in sei giorni.[17] Il settimo non trascorre nel lavoro, ma nella quiete delle anime.[18] La prima[19] età va da Adamo fino a Noè; la seconda termina in Abramo; la terza in Davide; la quarta nella trasmigrazione di Babilonia; la quinta in Cristo salvatore; la sesta in Cristo giudice.[20]

Testamento sino alla fine dei tempi, collegando i primi quattro all'Antico Testamento, gli altri tre al Nuovo. Sulla discussa identità dell'autore e sulla sua dottrina cfr. J.E. Wannenmacher, *Hermeneutik der Heilsgeschichte,* in part. p. 52 e s. Va peraltro precisato che allo stato attuale Gioacchino risulta il primo ad avere istituito una piena e perfetta corrispondenza tra i sette sigilli e le sette tribolazioni e, soprattutto, ad essersi servito di essi per duplicare la serie delle tribolazioni, contrassegnando la prima serie con i sigilli chiusi e la seconda con le rispettive aperture.

16. Beda, che propone per l'apertura dei sigilli una sequenza meno sistematica rispetto a Gioacchino, fa anch'egli corrispondere il primo con un periodo di pace. I sigilli dal secondo al quarto sono da lui riferiti ad un «triforme bellum» cui è chiamata la Chiesa, il quinto al trionfo di questa sui precedenti avversari, ben presto però interrotto dalla venuta dell'Anticristo nel sesto; in corrispondenza del settimo Beda annuncia la pace eterna alla fine della storia. Cfr. Bedae Venerabilis *Expositio Apocalypseos* 6, 1 e 11, 15 (ed. R. Gryson, pp. 295, 381-383, su cui richiama l'attenzione M. Rainini, *Disegni dei tempi*, pp. 87-88).

17. Passo parallelo in Gioacchino, *Introduzione all'Apocalisse*, I, p. 29. Per la fondazione da parte di Gioacchino del nesso fra sei età della storia e sei giorni della creazione cfr. più ampiamente *Concordia*, V, 1, cc. 2-18, ed. Patschovsky, vol. 3, pp. 514-596. L'istituzione di tale nesso risale ad Agostino: cfr. in particolare *De Genesi contra Manichaeos* I, XXIII, 35-41 (ed. D. Weber, pp. 104-111).

18. Passo parallelo in *Introduzione all'Apocalisse*, I, p. 29.

19. Passo parallelo in *Introduzione all'Apocalisse*, I, p. 30. La partizione senaria della storia segue il tradizionale schema agostiniano (cfr. *De civitate Dei*, XXII, 30), successivamente abbandonato da Gioacchino per ricavare spazio alla settima età come breve epoca sabatica terrena (cfr. al riguardo sopra, *Introduzione*, p. 36 e s., nota 19).

20. Nel riportare il passo successivo, la tradizione manoscritta si divide. Dei cinque testimoni sopravvissuti, quattro (Paris, Bibliothèque Nationale, Lat. 3595; Città del Vaticano, Biblioteca Apostolica Vaticana, Lat. 3822; Zwettl, Stiftsbibliothek, Cod. 326; Vercelli, Archivio Capitolare, Rotoli figurati 7) presentano il testo riprodotto qui sotto nella colonna di sinistra; uno (Paris, Bibliothèque Nationale, Lat. 11864) il testo riprodotto qui sotto nella colonna di destra.

Apocalipsis exponit cursum sexte etatis. A Iacob usque ad Christum sunt septem tempora, in quibus prelia designantur, que significant tribulationes presentis Ecclesie. Sexta etas in sex etatulis dividitur.

A Iacob exierunt duodecim tribus Israel, que pertulerunt sex tribulationes. Apocalipsis exponit cursum sexte etatis, in quo designantur tribulationes presentis Ecclesie. Sexta etas in sex etatulis dividitur. Duodecim tribus acceperunt hereditatem in terra promissionis, primo quidem quinque, postea septem, in quibus tribus Iuda principatum tenuit. Sexta etate fundate sunt quinque principales Ecclesie, scilicet Ierosolimitana, Antiochena, Romana – in quibus sedet beatus Petrus –; Alexandrina, quam fundavit beatus Petrus per Marcum evangelistam discipulum suum; Constantinopolitana, quam Romana Ecclesia constituit secundam post se.

Tribus Iuda, ex qua natus est Christus, Romanam significat Ecclesiam, cui Deus *regale* prestitit *sacerdotium.*[6]

Alie quatuor tribus Constantinopolitanam, Alexandrinam, Antiochenam et Ierosolimitanam.

Septem alie tribus septem Ecclesias Apocalipsis.[7] Ille quinque Ecclesie significantur per *quinque civitates in terra Egypti loquentes lingua Chanaan*

Postea fundate sunt septem Ecclesie in Asia, quas memorat Apocalipsis, scilicet Ephesi, Smirne, Pergami, Thiatire, Sardis, Philadelfie, Laodicie. Ille quinque Ecclesie significantur per *quinque civitates in terra Egypti loquentes lingua Chanaan. Civitas Solis vocabitur una.*[8]

6. Cfr. 1 Pe. 2, 9.
7. Cfr. Apc. 1, 9-3, 22.
8. Cfr. Is. 19, 18.

L'Apocalisse spiega il corso della sesta età. Da Giacobbe[21] fino a Cristo vi sono sette tempi, nei quali sono indicate le battaglie che significano le tribolazioni della Chiesa presente. La sesta[22] età è divisa in sei piccole età.

Da Giacobbe uscirono le dodici tribù d'Israele, che sopportarono sei tribolazioni.

L'Apocalisse espone il corso della sesta età, nella quale sono indicate le tribolazioni della Chiesa presente. La sesta età è divisa in sei età più brevi. Le dodici tribù ricevettero l'eredità nella terra promessa, prima cinque, poi sette, e fra esse ebbe il primato la tribù di Giuda. Nella sesta età furono fondate le cinque Chiese principali – e cioè le Chiese di Gerusalemme, di Antiochia, di Roma (nelle quali sta il beato Pietro), di Alessandria (che il beato Pietro fondò per tramite dell'evangelista Marco, suo discepolo), di Costantinopoli (che la Chiesa romana stabilì fosse seconda dopo di sé).[23]

La tribù di Giuda, da cui nacque Cristo, significa la Chiesa romana, cui Dio offrì il *sacerdozio regale*.[24]

Le altre[25] quattro tribù significano la Chiesa di Costantinopoli, la Chiesa di Alessandria, la Chiesa di Antiochia e la Chiesa di Gerusalemme. Le altre sette tribù significano le sette Chiese dell'Apocalisse. Quelle cinque Chiese sono indicate dalle *cinque città che nella terra d'Egitto parlano con la lingua di Canaan*.[26]

Successivamente furono fondate le sette Chiese in Asia ricordate dall'Apocalisse, ovvero le Chiese di Efeso, Smirne, Pergamo, Tiatira, Sardi, Filadelfia, Laodicea.

Quelle cinque Chiese sono indicate dalle *cinque città che nella terra d'Egitto parlano con la lingua di Canaan. Una sola sarà chiamata città del sole*.

21. Passo parallelo in Gioacchino da Fiore, *Introduzione all'Apocalisse,* I, p. 33.
22. Passo parallelo in Gioacchino da Fiore, *Introduzione all'Apocalisse*, I, p. 33.
23. Cfr. sotto, nota 25.
24. Passo parallelo in *Introduzione all'Apocalisse*, I, p. 37. Per questo concetto cfr. anche in questo stesso volume *Interpretazione dei canestri*, sotto, p. 83.

[3]

A Moyse usque ad Iohannem Baptistam septem tribulationes consummate fuerunt; unde illud: *Percutiam vos septies propter peccata vestra*.[9] In novo testamento sex, quia due ultime in veteri unam faciunt in novo, et *sexta* feria *colligitur* manna *duo gomor*.[10]

Primum certamen veteris testamenti fuit Egyptiorum; secundum Cananeorum; tertium Syrorum; quartum Assiriorum; quintum Caldeorum; sextum contra Babilonem Medorum et contra filios Israel recidivum; septimum Grecorum, Anthioco exterminante Ierusalem. Hec septem tribulationes septem erant signacula, id est signa occulta futurorum. Nesciebatur enim quid significarent, donec aperuit ea Christus.

Hec prelia fuerunt contra filios Israel. Contra Ecclesiam similiter fuit prelium Iudeorum, ubi primum sigillum apertum est. Secundum in persecutione paganorum. Syris conparantur Perse, Goti, Vandali, Longobardi, qui Ecclesiam infestaverunt. In quarto sigillo contra Ecclesiam insurrexerunt Sarraceni. Quinto novi Caldei et nova Babilon contra spiritualem Ierusalem. Sexto est destructio Babilonis, id est Rome. Septem tribulationes facte sunt, sicut supra dictum est, sed due

9. Lv. 26, 24.
10. Cfr. Ex. 16, 22.

[3]

Da[27] Mosè fino a Giovanni Battista si sono compiute sette tribolazioni; donde il detto: *Vi colpirò sette volte per i vostri peccati*. Nel[28] Nuovo Testamento sono sei, perché le ultime due nell'Antico sono una nel Nuovo, e il *sesto* giorno *sono raccolte due misure* di manna.[29]

Il primo[30] conflitto dell'Antico Testamento fu quello degli Egizi; il secondo dei Cananei; il terzo dei Siri; il quarto degli Assiri; il quinto dei Caldei; il sesto contro la Babilonia dei Medi e recidivamente[31] contro i figli di Israele; il settimo dei Greci, ad opera di Antioco che distrusse Gerusalemme.[32] Queste sette tribolazioni erano i sette sigilli,[33] in quanto segni nascosti delle cose future. Non si sapeva infatti che cosa significassero, fino a che non li aprì Cristo.

Queste battaglie furono contro i figli di Israele. In modo simile ci fu contro la Chiesa una battaglia dei Giudei, in cui fu aperto il primo sigillo.[34] La seconda

25. Passo parallelo in *Introduzione all'Apocalisse*, I, p. 35. Nella produzione successiva Gioacchino riprende lo schema delle cinque Chiese «principali» (talvolta definite con il termine tradizionale di pentarchia) per porle in relazione con le prime cinque abbazie madri cistercensi. Cfr. in questo senso *Concordia*, II, 2, c. 10 (ed. A. Patschovsky, vol. 2, p. 184-185) e V, 2, c. 7 (ed. A. Patschovsky, vol. 3, p. 669), nonché *Sulla Vita e sulla Regola di san Benedetto*, II, 2B, p. 89.

26. Passo parallelo in *Introduzione all'Apocalisse,* I, p. 37.

27. Passo parallelo in *Introduzione all'Apocalisse*, I, p. 39.

28. Passo parallelo in *Introduzione all'Apocalisse*, I, pp. 39-40.

29. Nella produzione successiva di Gioacchino il richiamo biblico è riferito all'epoca sabatica (il terzo stato terreno, ovvero la settima età della Chiesa), in cui cesserà ogni forma di «labor», in quanto nel periodo immediatamente precedente la misura raccolta è doppia. Cfr. in questo senso *Concordia*, III, 1, c. 11 (ed. A. Patschovsky, vol. 2, p. 302); *Sulla Vita e sulla Regola di san Benedetto*, III, 6 e 7, pp. 153-155 e 168-169; *Enchiridion super Apocalypsim* (ed. E. K. Burger, p. 30); *Expositio in Apocalypsim, Liber Introductorius*, c. 3 e 6 (Venetiis 1527, fol. 4[rb-va], 5[ra], 9rb).

30. Passo parallelo in *Introduzione all'Apocalisse*, I, pp. 41, 43. Mentre nella prima sezione il primo sigillo risulta associato a un'epoca di pace (cfr. sopra, p. 59 e relativa nota 16), in questa terza significa semplicemente la prima tribolazione. Per tale differenza strutturale cfr. già M. Rainini, *Disegni dei tempi*, p. 89. Cfr. anche Gioacchino da Fiore, *Commento a una profezia ignota*, p. 155, ove però come artefici della seconda tribolazione sono evocati i Madianiti al posto dei Cananei.

31. Qui la tradizione manoscritta si divide: fra le lezioni *recidivum* e *residuum*, entrambe possibili. Si tratta per noi di una spia a conferma della sovrapponibilità, anche dal punto di vista della tradizione manoscritta, fra alcune sezioni della *Genealogia* e il primo dei due brevi testi accorpati nella *Introduzione all'Apocalisse* (cfr. al riguardo *Introduzione*, sopra, pp. 9-10 e relativa nota 8). Pure nella tradizione della *Introduzione all'Apocalisse* si trovano infatti attestate entrambe le lezioni.

32. Antioco IV Epifane (sovrano seleucide, regnante dal 175 al 164 a.C.); cfr. 1 Mac. 1, 11-42.

33. Mentre nella prima sezione si parla di sei persecuzioni subite dalla Sinagoga, a cui se ne paragonano altrettante subite dalla Chiesa, qui le tribolazioni divengono sette per l'Antico Testamento; ad esse se ne devono far corrispondere sei patite dalla Chiesa, l'ultima delle quali però doppia – particolare, quest'ultimo, a cui si accennava già, sia pure di sfuggita, nella prima sezione. Per tale ulteriore differenza fra prima e terza sezione, cfr. già M. Rainini, *Disegni dei tempi*, p. 89.

34. Passo parallelo in *Introduzione all'Apocalisse*, I, p. 43.

ultime pro una accipiende sunt. Sub Anthioco facta tribulatio comparatur illi, que erit sub Antichristo. Sic aperta sunt signacula, id est: intelligitur quid fuit significatum per illa.

[4]

Prima pars Apocalipsis agit de *septem Ecclesiis*;[11] secunda de *septem signaculis*;[12] tertia de *septem angelis tubis canentibus*;[13] quarta de *muliere amicta sole* et de partu eius;[14] quinta de *angelis* de *templo* egressis cum *fialis iracundie Dei*;[15] sexta de ruina Babilonis et de prelio Christi et Helie et *pseudoprophetis*,[16] postremo de absolutione Diaboli;[17] septima de iudicio.[18]

Primum significat conflictum pastorum; secundum martyrum; tertium doctorum; quartum virginum; quintum spiritualium virorum; sextum contra scelera mundi conflictum; septimum contra Babilonem.

11. Apc. 1, 1-3, 22.
12. Apc. 4, 1-8, 1.
13. Apc. 8, 2 -11, 18.
14. Apc. 11, 19-14, 20.
15. Apc. 15, 1-16, 17.
16. Apc. 16, 18-19, 21.
17. Apc. 20, 7-8.
18. Apc. 20, 9-14.

battaglia[35] ebbe luogo nella persecuzione dei pagani. Persiani, Goti, Vandali, Longobardi, che aggredirono la Chiesa, sono paragonati ai Siri. Nel quarto sigillo insorsero i Saraceni contro la Chiesa. Nel quinto i nuovi Caldei e la nuova Babilonia contro la Gerusalemme in spirito. Nel sesto avviene la distruzione di Babilonia, cioè di Roma. Sono avvenute sette tribolazioni, come si è detto sopra,[36] ma le due ultime devono essere considerate come una sola. La tribolazione compiuta sotto Antioco è paragonata a quella che ci sarà sotto l'Anticristo.[37] Sono così stati aperti i sigilli, cioè si comprende che cosa sia stato significato attraverso di essi.

[4]

La prima[38] parte dell'Apocalisse tratta delle *sette Chiese*; la seconda dei sette sigilli; la terza dei sette angeli che suonano le trombe; la quarta della donna vestita di sole e del suo parto; la quinta degli angeli usciti dal tempio con le coppe dell'ira di Dio; la sesta della rovina di Babilonia e della battaglia di Cristo e di Elia[39] e degli pseudo profeti, e infine della liberazione del Diavolo;[40] la settima del giudizio.[41]

La prima battaglia significa il conflitto dei pastori; il secondo dei martiri; il terzo dei dottori; il quarto dei vergini e delle vergini; il quinto degli uomini spirituali; il sesto è il conflitto contro i crimini del mondo; il settimo contro Babilonia.

35. Passo parallelo in *Introduzione all'Apocalisse*, I, p. 43.

36. Vedi sopra p. 57.

37. L'attribuzione ad Antioco della funzione di tipo dell'Anticristo è comune nella tradizione teologica ed esegetica medievale e proviene da Girolamo (cfr. *Commentaria in Danielem*, ed. F. Glorie, CC 75A, in part. pp. 914-917). Secondo Girolamo, la profezia di Daniele si applica parzialmente ad Antioco e integralmente all'Anticristo.

38. Passo parallelo in *Introduzione all'Apocalisse*, II, p. 45. Cfr. al riguardo *Introduzione*, nota 18.

39. L'evidenza manoscritta impone qui la lezione «Helie». Ma non è da escludere una corruzione dell'antigrafo. Parrebbe più logico «bestie», cioè «della bestia».

40. Come già indicato nell'*Introduzione* (cfr. sopra, p. 36 e s., nota 19), in una fase successiva della sua produzione Gioacchino adottò una diversa partizione dell'Apocalisse, mirante a mettere maggiormente in evidenza la sezione del testo che egli riferisce all'imminente età sabatica. Nell'*Expositio in Apocalypsim* la trattazione di Apc. 20, 7-8 rientra già nella settima parte, riguardante Apc. 20, 1-10.

41. Nell'*Expositio in Apocalypsim* la trattazione di questi versetti rientra nella ottava parte, che considera il testo compreso tra Apc. 20, 11 e 22, 21.

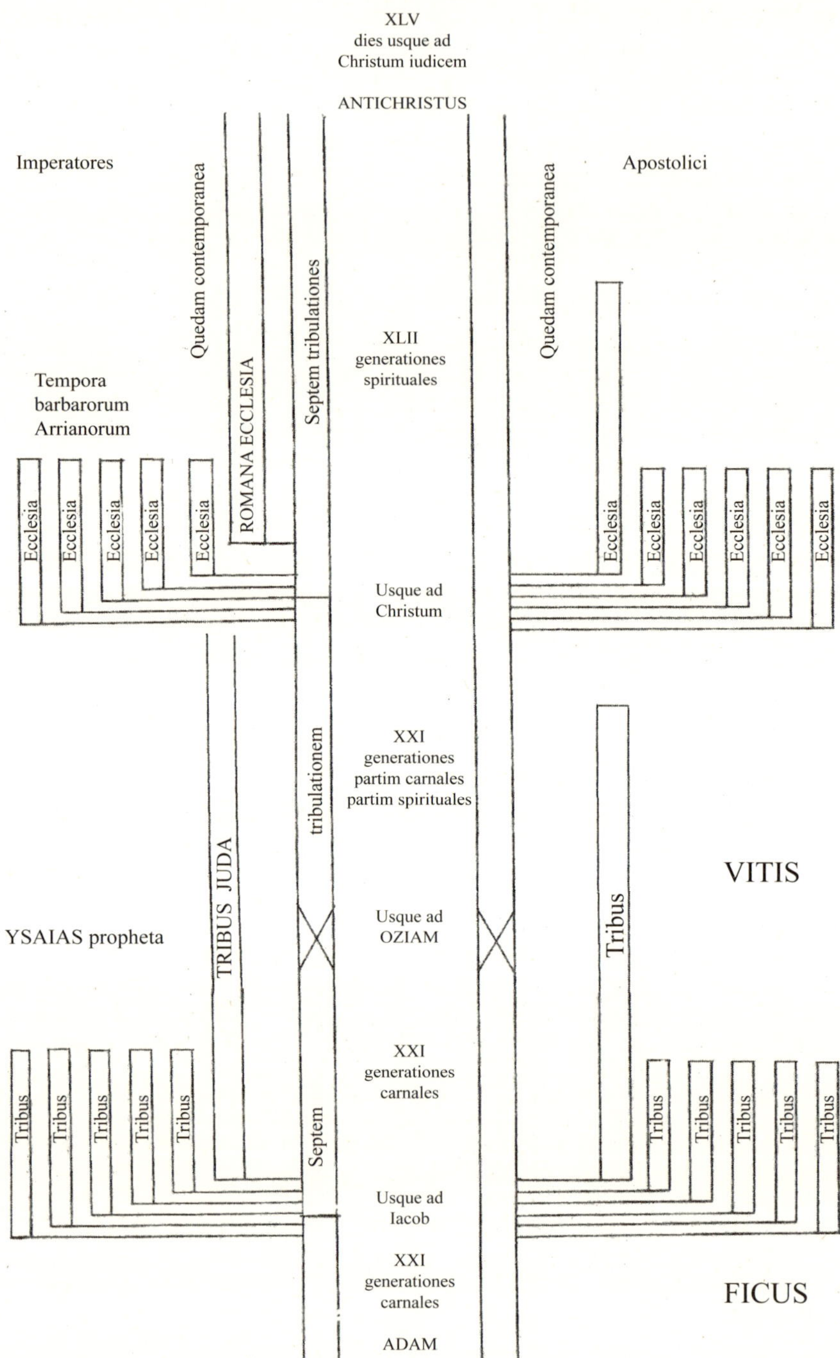
CHRISTUS IUDEX
XLV
dies usque ad
Christum iudicem
ANTICHRISTUS
Imperatores
Apostolici
Quedam contemporanea
Quedam contemporanea
ROMANA ECCLESIA
Septem tribulationes
XLII
generationes
spirituales
Tempora
barbarorum
Arrianorum
Ecclesia
Ecclesia
Ecclesia
Ecclesia
Ecclesia
Ecclesia
Ecclesia
Ecclesia
Ecclesia
Ecclesia
Ecclesia
Usque ad
Christum
XXI
generationes
partim carnales
partim spirituales
tribulationem
TRIBUS JUDA
VITIS
Usque ad
OZIAM
YSAIAS propheta
Tribus
XXI
generationes
carnales
Septem
Tribus
Tribus
Tribus
Tribus
Tribus
Tribus
Tribus
Tribus
Tribus
Tribus
Usque ad
Iacob
XXI
generationes
carnales
FICUS
ADAM

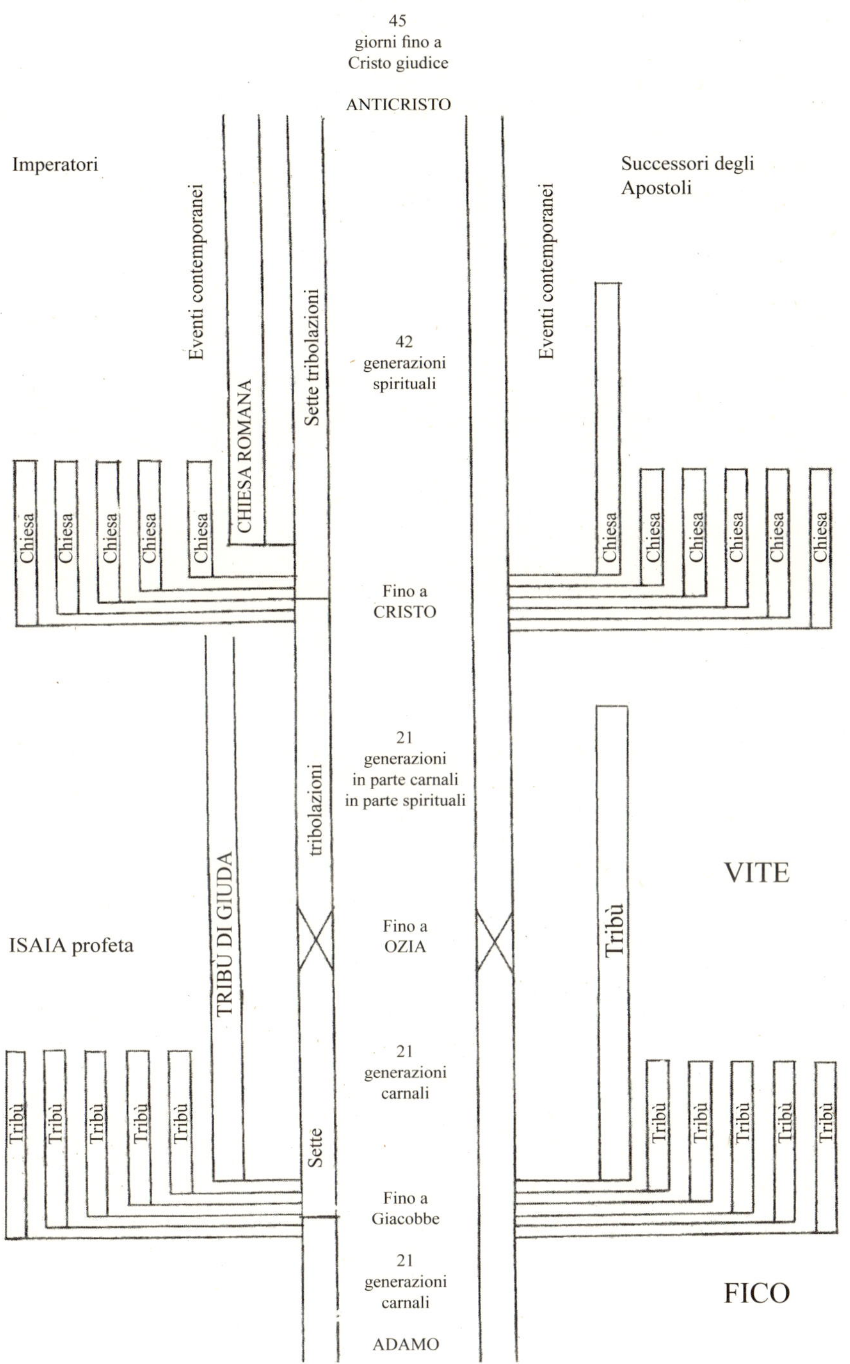
CRISTO GIUDICE
45
giorni fino a
Cristo giudice
ANTICRISTO
Imperatori
Successori degli
Apostoli
Eventi contemporanei
Eventi contemporanei
CHIESA ROMANA
Sette tribolazioni
42
generazioni
spirituali
Chiesa
Chiesa
Chiesa
Chiesa
Chiesa
Chiesa
Chiesa
Chiesa
Chiesa
Chiesa
Chiesa
Fino a
CRISTO
21
generazioni
in parte carnali
in parte spirituali
tribolazioni
TRIBÙ DI GIUDA
VITE
Fino a
OZIA
ISAIA profeta
Tribù
21
generazioni
carnali
Tribù
Tribù
Tribù
Tribù
Tribù
Sette
Tribù
Tribù
Tribù
Tribù
Tribù
Fino a
Giacobbe
21
generazioni
carnali
FICO
ADAMO

Intelligentia super calathis

Interpretazione dei canestri di fichi

[Prologus]

De spiritualibus autem visum est michi aliquid scribere paternitati vestre, ut sciatis intelligentiam meam super *calathis plenis ficubus*,[1] de quibus, ut audivi, tamquam si ego de eis aliquid scripserim, mentio ab aliquibus facta est. Quia vero intellectus eorum ex opere concordie pendet, dignum duxi perstringere aliqua ab ipso concordiarum principio, ut ex eis, que precesserunt in mundo, possimus ad sequentium notionem venire.

1. Cfr. Ier. 24, 1-2.

[Prologo]

Riguardo poi agli aspetti spirituali,[1] ho ritenuto opportuno scrivere qualcosa rivolgendomi a voi padre,[2] perché conosciate la mia interpretazione del passo relativo ai *canestri pieni di fichi*;[3] infatti a quanto ho sentito, qualcuno ne ha parlato come se avessi già espresso la mia opinione in proposito.[4] In verità, poiché l'interpretazione del passo dipende dall'opera della concordia,[5] ho ritenuto conveniente presentare una breve sintesi a partire dal principio stesso delle concordie,[6] così che, partendo da ciò che nel mondo è già avvenuto, possiamo arrivare a conoscere ciò che viene dopo.[7]

1. Si tratta dell'inizio del celebre capitolo sui carismi di 1 Cor. 12, 1: «Riguardo ai doni dello Spirito, fratelli, non voglio che voi restiate nell'ignoranza».

2. L'assenza del nome del destinatario fa pensare che il testo dovesse essere preceduto dalla formula di saluto consueta nelle lettere, con indicazione del mittente e del destinatario.

3. Riguardo all'interpretazione del confronto tra i due canestri di fichi sviluppata qui cfr. anche *Concordia Novi ac Veteris Testamenti,* IV, 1, c. 36/37 (ed. Patschovsky, vol. 2, pp. 450-452); si veda il passo qui sopra nell'*Introduzione*, p. 40 e s., nota 90. Per quanto riguarda il rapporto temporale tra l'interpretazione fornita nel presente testo e quella cui accenna la *Concordia* cfr. sopra, *Introduzione*, in part. p. 25. Il parallelismo riguardo alle concezioni nei due scritti non si limita però a questo episodio, ma riguarda l'intero contesto di *Concordia*, IV, 1, c.29 (ed. Patschovsky, vol. 2, p. 433-445), nei confronti del quale il presente scritto mostra una serie di riferimenti, in particolare per quanto riguarda la caratterizzazione del pontificato di Leone IX in relazione alla catastrofica sconfitta di Civitate (1053) contro i Normanni e alle sue conseguenze (cfr. *Concordia*, ed. Patschovsky, vol. 2, pp. 438-441). La decisione errata di Leone IX di avventurarsi in un'impresa militare contro i Normanni costituisce il modello cui Gioacchino si attiene per discutere qui la situazione politico-ecclesiastica presente.

4. A questa affermazione corrisponde nell'epilogo l'osservazione: «non ne sono affatto a conoscenza, né credo di avere trasmesso alcunché a nessuno fino ad oggi» (sotto, p. 113).

5. In questo passo i termini *opus concordie* non vanno riferiti tanto al libro della *Concordia*, bensì al principio ermeneutico di un confronto storico-tipologico che è a fondamento dell'opera. Si ritrova lo stesso significato ambivalente in *Concordia* II, 1, c. 10 (ed. Patschovsky, vol. 2, pp. 84-88), in un contesto in cui Gioacchino pensa di dover rendere ragione del perché proprio in un'opera di tal genere inserisca specifiche discussioni trinitarie. Nella *Prefazione* alla *Concordia* egli descrive il principio ermeneutico alla base dell'opera con le parole (cfr. ed. Patschovsky, vol. 2, pp. 9-10): «Abbiamo ritenuto che valesse la pena, prendendo dalle storie antiche e nuove, comporre quest'opera, in cui, avendo esaminato attentamente le ruote di Ezechiele [cfr. Ez. 1], abbiamo ampiamente mostrato quanto grande sia la concordia nelle une e nelle altre». Ha invece un significato riferito esclusivamente all'opera (e non al principio ermeneutico) l'indicazione riportata in *De ultimis tribulationibus*, 2 (cfr. *Scripta breviora*, pp. 297-298): «Trattando Daniele della guerra incessante di Cristo e del Diavolo sul modello del re dell'austro e del re dell'aquilone, così come abbiamo esposto più ampiamente nell'opera della *Concordia* [...]».

6. Lo schema di corrispondenze storiche delineato qui di seguito non comincia propriamente dall'inizio, altrimenti Gioacchino avrebbe dovuto prendere le mosse da Adamo. Il punto di partenza non è però scelto in modo arbitrario; infatti secondo Gioacchino prese inizio da Giacobbe la catena di quarantadue generazioni (cfr. *Concordia* II, 2, c. 9, ed. Patschovsky, vol. 2, pp. 175-181), che, tradotta in anni, avrebbe dovuto rappresentare il tempo della storia della Chiesa fino all'anno 1260.

7. Il medesimo fondamento ermeneutico si trova anche in *Concordia*, I, 3 (ed. Patschovsky, vol. 2, p. 28): «affinché, leggendo e riflettendo sulle cose capitate agli altri, consideriamo quelle

[1]

A Iacob patriarcha usque ad Salomonem generationes duodecim dinumerate sunt, et a Salomone usque ad Ezechiam generationes duodecim. In diebus Salomonis facta est amicitia inter regem Iude et regem Egypti,[2] et in diebus Ezechie similiter inter ipsum et regem Babilonis.[3] Post mortem Salomonis invaluit rex Egypti contra Ierusalem,[4] et post mortem Ezechie multo amplius invaluit rex Babilonis, prius etiam quam rex Egypti ab eius persecutione et oppressione desisteret.

Horum concordia talis est: a Christo usque ferme ad Iulianum augustum generationes spiritales duodecim. Exinde usque ad Carolum principem regni Francorum generationes duodecim.

2. Cfr. 1 Sam. 3, 1; 9,16.
3. Cfr. 2 Sam. 20, 12-13.
4. Cfr. 1 Reg. 14, 25-26.

[1]

Dal patriarca Giacobbe fino a Salomone si contano dodici generazioni, e dodici generazioni da Salomone fino ad Ezechia.[8] Al tempo di Salomone, il re di Giuda e il re d'Egitto strinsero amicizia fra loro,[9] e in modo simile Ezechia nel proprio tempo strinse amicizia con il re di Babilonia.[10] Dopo la morte di Salomone il re d'Egitto mosse contro Gerusalemme, e dopo la morte di Ezechia il re di Babilonia si affermò con potenza ben più grande, già prima che avessero fine la persecuzione e l'oppressione del re d'Egitto.[11]

Quanto a loro, la concordia è dunque: dodici generazioni spirituali da Cristo fino quasi all'imperatore Giuliano.[12] Successivamente, dodici generazioni fino a Carlo principe del regno dei Franchi.[13]

imminenti per noi, e grazie all'esempio di quelle che ci hanno preceduto, stiamo in guardia nei confronti di quelle future».

8. Cfr. *Concordia*, IV, 1, c. 25-27 (ed. Patschovsky, vol. 2, pp. 416-432). Gioacchino fonda il numero 12 come elemento strutturante la serie delle generazioni in *Concordia* IV, 1, c. 3 (ed. Patschovsky, vol. 2, pp. 357-364). Lì si trovano anche numerosi punti di contatto, dal punto di vista del contenuto, con il nostro testo.

9. *Concordia*, IV, 1, c. 29 (ed. Patschovsky, vol. 2, p. 435).

10. Cfr. sotto pp. 85-87. Cfr. anche *Concordia*, III, 2, c. 5; V, 1, c. 6 (ed. Patschovsky, rispettivamente vol. 2, p. 330 e vol. 3, p. 528).

11. La pressione di Babilonia condusse infine al crollo di Giuda in quanto regno e alla prigionia babilonese del popolo giudaico; tra le altre testimonianze bibliche cfr. 2 Reg. 24; 2 Par. 36, 5-21. Riguardo alla contemporanea oppressione di Giuda da parte dell'Egitto cfr. 2 Reg. 23, 29-35; 2 Par. 35, 20-25; 36, 3-4.

12. Giuliano l'Apostata (361-363).

13. Se si calcola la durata di ogni generazione in trent'anni e si assume Giuliano l'Apostata come punto di partenza, si arriva all'incirca all'anno 720. Il «principe del regno dei Franchi» di nome Carlo dovrebbe conseguentemente essere Carlo Martello (m. 741), riconosciuto a partire dal 718-719 come maggiordomo di tutti i Franchi. Si risolse in questo senso la storiografia a partire da H. Grundmann, *Libertà della Chiesa*, pp. 210-212 e nota 14, nella cui scia si situano M. Kaup, in Gioacchino da Fiore, *Commento a una profezia ignota*, pp. 24-27; A. Patschovsky, *Il diagramma*, p. 12 e nota 11; M. Di Cesare, *Gioacchino orientalista*, in particolare pp. 15-25. Tale convinzione va modificata. In *Concordia*, III, 2, c. 5 (ed. Patschovsky, vol. 2, pp. 330-331) il pendant di Ezechia nello schema temporale è papa Zaccaria (10 dicembre 741-22 marzo 752); e la sua generazione, quanto al significato storico, sta per la *translatio imperii* dai Greci ai Franchi. Così pure *Concordia*, III, 2, c. 4 (ed. Patschovsky, vol. 2, p. 322). Carlo Martello con la missione di Bonifacio e l'unione a Roma legata ad essa creò le premesse, ma non fu mai la figura-simbolo di ciò. Si tratta nel complesso di un processo disteso nel tempo, che Gioacchino fissa in una figura dal valore tipologico: questo Carlo porta i tratti sia di Carlo Martello sia di Carlo Magno riguardo al principio ermeneutico dell'estensione temporale, che può comprendere fino a tre generazioni (cioè novant'anni): cfr. *Concordia*, II, 1, c. 6 (ed. Patschovsky, vol. 2, pp. 73-74). Risulta evidente che si tratta del medesimo Carlo citato cui viene attribuita la dignità di «patrizio dei romani». L'unico Carlo che ricevette ufficialmente tale titolo, con cui lo indicano i cronisti carolingi (ad esempio nella *Cronaca di St.-Denis*) e al quale i papi si rivolsero designandolo regolarmente così, fu Carlo Magno. Carlo Martello viene sì detto «patrizio» (senza la precisazione: «dei Romani»), ma le testimonianze a riguardo sono talmente scarse, che non se ne può ricavare il carattere di una designazione o attribuzione di un ufficio, tanto meno che al tempo di Gioacchino vi fosse consapevolezza di ciò. L'attribuzione della funzione di «patrizio» agli occhi di Gioacchino rinvia piuttosto al tratto storicamente

Erat autem in illo spatio temporis, quod fuit inter Iacob et Salomonem, civitas illa que dicta est tandem Ierusalem, sed nondum sublimata erat in regnum, sed proficiebat in filiis de die in diem secundum propositum gratie Dei, quousque generatione undecima et duodecima, in diebus scilicet David et Salomonis, sublimaretur in regnum. Similiter contigit et Ecclesie, que nova Ierusalem dicta est. Sic enim occultabatur et despiciebatur a carnali populo usque ad tempora Constantini, acsi nullius esset auctoritatis et gratie. Fuit autem Constantinus prostratus Ecclesie in diebus Silvestri pape, dans honorem Deo et conferens se in urbem bizanzeam, que quasi Egyptus altera facta est, trahens tamen secum originem ab urbe Roma, que est in spiritu caput Ierusalem, Egypti pariter et Babilonis, secundum quod in temporibus suis signis erumpentibus elucidatum est.

Dunque, nel periodo di tempo intercorso tra Giacobbe e Salomone esisteva quella città che fu chiamata in seguito Gerusalemme; allora non era ancora stata elevata a regno, ma progrediva nei suoi figli di giorno in giorno secondo il volere della grazia di Dio, sino a che fu innalzata a regno nell'undicesima e nella dodicesima generazione, cioè nei giorni di David e di Salomone.[14] Così toccò anche alla Chiesa, detta la nuova Gerusalemme,[15] che infatti fu tenuta tanto nascosta e disprezzata dal popolo carnale fino ai tempi di Costantino,[16] come se non avesse alcuna autorità né grazia. In seguito, al tempo di papa Silvestro,[17] Costantino si prostrò davanti alla Chiesa, rendendo onore a Dio e recandosi nella città di Bisanzio, che divenne come un altro Egitto;[18] si portò con sé tuttavia il fondamento della sovranità dalla città di Roma,[19] che in spirito è a capo di Gerusalemme, dell'Egitto e insieme di Babilonia,[20] come dimostrarono allora segni evidenti.[21]

costitutivo della generazione del nostro Carlo – e ciò dovrebbe dunque propriamente significare: per la generazione di Carlo Magno. Cfr. al riguardo I. Heidrich, *Titulatur*, pp. 92-98, 234; J. Déer, *Zum Patricius Romanus-Titel*; H. Wolfram, *Intitulatio* I, pp. 225-236; P. Classen, *Karl der Grosse*, pp. 18-22; U. Nonn, *Das Bild Karl Martells*, in part. pp. 106-121.

14. Gerusalemme viene menzionata nella Bibbia la prima volta (Ios. 10, 1) come città degli Amorrei; in Idc. 1, 21 come città dei Gebusei («i figli di Beniamino non scacciarono i Gebusei»). La menzione successiva è già quella riguardante la conquista della città da parte di David, 2 Sam. 5,5-15.

15. L'attribuzione alla Chiesa del titolo di «nuova Gerusalemme» è un topos, che risale ad Apc. 3, 12 e 21, 2. In Gioacchino lo si incontra spesso. Cfr. ad es. *Concordia*, III, 2, c. 2 e V, 2, c. 10 (ed. Patschovsky, rispettivamente vol. 2, pp. 310-311, e vol. 3, p. 729). Nell'*Expositio in Apocalypsim* si veda *Liber Introductorius*, c. 16 e soprattutto 3, 12 (ed. Venezia 1527, fol. 16ra e 90vb-92rb), nonché il trattato *Sulla Vita e sulla Regola di san Benedetto*, III, 4 e 6 (ed. cit., pp. 132-133 e 164-165).

16. Costantino il Grande (306-337). Di fatto a partire da lui iniziò l'ascesa della Chiesa alla condizione di potenza mondiale. Nella propria opera Gioacchino sottolinea spesso questa cesura. Cfr. ad es. *Concordia*, III, 2, c. 2 (nota precedente) e soprattutto IV, 1, c. 3 (ed. Patschovsky, vol. 2, pp. 355-356), per cui v. sotto p. 81, nota 39.

17. Silvestro I (314-335). Direttamente o indirettamente, fonte di Gioacchino è il falso *Constitutum Constantini*, precisamente nel suo dispositivo, cioè la Donazione (ed. H. Fuhrmann, pp. 156-300, in particolare 271-276).

18. Gioacchino spiega in *Concordia*, II, 1, c. 2 (ed. Patschovsky, vol. 2, p. 68) come intenda ciò nel contesto della propria concezione dei rapporti tipologici di corrispondenza.

19. L'imperatore bizantino, anche dopo il trasferimento della sua residenza a Costantinopoli, derivava la sua sovranità da Roma. Ciò viene espresso anche ufficialmente nella designazione «basileus Romaion», che a partire dal settimo secolo comincia a essere introdotta come titolo ufficiale dell'imperatore. Cfr. Rösch, *ΟΝΟΜΑ ΒΑΣΙΛΕΙΑΣ*, pp. 111-116.

20. «Roma in spirito» è a capo della Chiesa (= Gerusalemme) - in questo senso si tratta dunque della Chiesa romana - e contemporaneamente è a capo sia dell'Impero greco romano d'Oriente (= Egitto) sia dell'Impero romano-germanico d'Occidente (= Babilonia). Questa sarebbe l'interpretazione storico-tipologica. L'interpretazione allegorica viene sviluppata ulteriormente sotto, e allora Roma in quanto capo della cristianità rappresenta o la Chiesa spirituale ideale (= Gerusalemme) oppure una Chiesa carnalmente corrotta (= Egitto) oppure qualcosa di ancora peggiore (= Babilonia). Cfr. al riguardo in contesto analogo *Concordia*, IV, 1, c. 29 (ed. Patschovsky, vol. 2, p. 435).

21. Per il significato di questa allusione alquanto criptica si veda la nota precedente e inoltre sotto pp. 81-87.

Facta est ergo illo in tempore amicitia inter regem Egypti et regem Ierusalem: hoc est inter principem rei publice et romanum pontificem, et civitas ipsa Constantinopolitana facta est inter ceteras quasi uxor Romani pontificis et dotata est privilegiis et gloria. Verumtamen in diebus Salomonis rebellavit adversus eum Ieroboam et contulit se ad regem Egypti;[5] et in duodecima generatione Ecclesie rebellavit contra Romanum pontificem pars quedam orientalium episcoporum, inter quos quasi primatum gerebat Eusebius Nicomedensis episcopus, defensor arriane hereseos et auctor scismatis, et contulit se ad Constantium augustum, qui et valde infestus fuit viris catholicis et his, qui cum latina Ecclesia adversus hereticos sentiebant.

Tertiadecima vero generatione, hoc est sub Roboam, *ascendit*[6] *Sesach rex Egipti* contra *Ierusalem* et humiliavit eam; et tertiadecima generatione Ecclesie exsurrexit contra fidem Romanam et contra libertatem Ecclesie Valens imperator hereticus, qui et – quantum permissus est – latinam impugnavit Ecclesiam, principatum vero orientalis Ecclesie firmavit et auxit.

5. Cfr. 1 Reg. 11, 40; 2 Par. 10, 2.
6. Cfr. 1 Reg. 14, 25.

In quel tempo dunque fu stretta amicizia fra il re d'Egitto e il re di Gerusalemme,[22] cioè tra il sovrano e il pontefice romano; la città stessa di Costantinopoli fu considerata, tra le altre, quasi consorte del pontefice romano[23] e ad essa furono attribuiti privilegi e gloria;[24] in verità, però, al tempo di Salomone, Geroboamo si ribellò contro di lui e si rifugiò presso il re d'Egitto. Nella dodicesima generazione della Chiesa una parte dei vescovi d'Oriente si ribellò contro il pontefice romano; tra di loro aveva il primato Eusebio, vescovo di Nicomedia, difensore dell'eresia ariana e responsabile dello scisma,[25] che si rifugiò presso l'imperatore Costanzo,[26] del tutto contrario ai cattolici e a quanti insieme alla Chiesa latina si opponevano agli eretici.

Nella tredicesima generazione,[27] cioè sotto Roboamo, *Sisak re d'Egitto mosse* contro *Gerusalemme* e la umiliò. E nella tredicesima generazione della Chiesa insorse contro la fede romana e contro la libertà della Chiesa l'imperatore eretico Valente, che – per quanto gli fu permesso – aggredì la Chiesa latina, confermò e anzi incrementò il primato della Chiesa d'Oriente.[28]

22. Confronta sopra p. 73 e relativa nota 9.

23. Il *Liber Introductorius* all'Apocalisse, cap. 19 (ed. Venezia 1527, fol. 17vb) risulta utile per comprendere che cosa Gioacchino intenda qui. Ne forniamo direttamente la traduzione italiana: «In verità, poiché una parte dei Romani era seguace dell'imperatore [Costantino] e da essa si era propagato un nuovo popolo presso Costantinopoli, già anticamente la nuova Roma fu detta figlia di Roma e consorte dell'Impero; così ai prelati delle Chiese parve, come stabilito anche dai concili, che la Chiesa di Costantinopoli dovesse essere innalzata tra le Chiese principali e considerata seconda a partire dalla Chiesa romana, prima tra le quattro restanti [Costantinopoli, Alessandria, Antiochia, Gerusalemme] come consorte e partecipe della santa Chiesa romana».

24. L'utilizzo della metafora matrimoniale deriva dal presupposto tipologico (v. nota precedente e sopra, p. 73, nota 9). Riguardo agli onori riconosciuti a Costantinopoli, Gioacchino potrebbe aver tenuto presenti le disposizioni imperiali che, a partire da Costantino, fecero della città una seconda Roma. Dal punto di vista ecclesiastico ciò sfociò nel suo innalzamento al rango patriarcale, avvenuto nel primo concilio Costantinopolitano (381), un atto che in *Concordia*, IV, 1, c. 8 (ed. Patschovsky, vol. 2, pp. 380-382) viene connotato in senso negativo, pienamente secondo la tradizione romana. Cfr. al riguardo G. Dagron, *Naissance*, pp. 365-487.

25. Eusebio di Nicomedia (m. 341/342). Su di lui si veda l'articolo, assai documentato dal punto di vista delle fonti, di M. Spanneut in DHGE 15 (1963), coll. 1466-1471; inoltre M. Amerise, *Il battesimo di Costantino*, in particolare pp. 37 e s., 55-60; M. Simonetti, *La crisi ariana*; per quanto riguarda la sua posizione dogmatica, si veda in special modo C. Luibheid, *Arianism*. Fonte di Gioacchino potrebbe essere la *Historia tripartita* di Cassiodoro/Epifanio, nei cui primi quattro libri si incontra continuamente Eusebio in quanto rappresentante di punta dell'arianesimo.

26. Costanzo II (337-361). Su di lui cfr. *Concordia*, IV, 1, c. 29 (ed. Patschovsky, vol. 2, pp. 435-436).

27. Cfr. *Concordia*, IV, 1, c. 29 (ed. Patschovsky, vol. 2, p. 436).

28. Flavio Valente (364-378). Il passo di *Concordia*, IV, 1, c. 29, cui abbiamo fatto riferimento alla nota precedente, si riferisce a lui; confronta al riguardo *Concordia*, IV, 1, c. 18 (ed. Patschovsky, vol. 2, p. 401): «Dal tempo di Valente, che fu ariano». Il giudizio di Gioacchino dipende da Rufino, *Historia ecclesiastica*, XI, 2 e 13. In questo senso già Beda, *Chronica majora*, ad a. 4328 (ed. Mommsen, p. 298, § 443). Si veda anche Cassiodoro/Epifanio, *Historia tripartita*, VII, 13 e VIII, 15. Sulla politica religiosa dell'imperatore resta fondamentale H.C. Brennecke, *Homöer*, pp. 181-242.

Sane imperatores occidentales catholici tunc temporis fuisse traduntur tamquam hii, qui deferebant vexillum sancte Romanorum Ecclesie. Pro eo namque, quod ecclesiasticus ordo cruenta iudicia vitat et ad tuendos a barbarorum rabie Christianorum fines eidem arma sumere et pugnare non licet, etsi pontifex romanus regni summam susceperit utpote qui vero regi et vero pontifici successisse in patribus videbatur, oportebat tamen personam laicam vicem eius supplere, que rex nichilominus diceretur et tam in tuendo christiano populo et faciendo iudicio quam in misteriis quoque adimplendis claritatem haberet. Hac in re diligenter pensandum quod summa cura erat regi David et filiis eius servare templum Dei et sacerdotalem dignitatem, ut quasi quedam ulmus ad portandam vitem eidem sacerdotali tribui subiuncti esse viderentur. Unde et expugnata Ebron *suburbana* quidem ipsius *Caleph* et semini eius data esse commemorantur, *civitas* vero ipsa Levitis.[7] Ex qua re manifeste colligitur, quod prima et summa dignitas potestatis regie clero specialiter data est, secundarie laicis, si tamen laici ipsi sic vivant, ut clerum pro viribus imitentur.

Et hec quidem circa Iudam et circa urbem sanctam Ierusalem, que latinam per concordiam intuetur Ecclesiam.

7. Cfr. 1 Par. 6, 55-56.

Di certo, a quanto si dice, gli imperatori d'Occidente di quel tempo furono cattolici, in quanto portavano il vessillo della santa Chiesa romana.[29] Poiché però l'ordine ecclesiastico evita la giustizia capitale[30] e non gli è consentito prendere le armi e combattere per difendere i confini dei cristiani dalla rabbia dei barbari, era necessario – per quanto il pontefice romano abbia ricevuto la pienezza del regno, essendo succeduto attraverso i patriarchi[31] al vero re e al vero pontefice[32] – che un laico di valore prendesse il suo posto,[33] che fosse dichiarato senz'altro re e si distinguesse sia nella protezione del popolo cristiano e nell'esercizio della giustizia, sia nello svolgere le proprie funzioni.[34] Al riguardo occorre considerare con attenzione che il re David e i suoi figli avevano molto a cuore la conservazione del tempio di Dio e della dignità sacerdotale ed erano così visibilmente uniti sotto la medesima tribù sacerdotale, da sembrare un olmo che deve sostenere la vite.[35] Si fa poi notare che dopo la presa di Ebron *le* sue *terre d'intorno* furono date *a Caleb* e alla sua discendenza, mentre *la città* stessa fu data ai leviti. Se ne ricava chiaramente che la prima e suprema dignità del potere regio fu concessa in modo speciale al clero e secondariamente ai laici, a condizione però che i laici stessi vivessero in modo tale da imitare secondo le loro forze il clero.

E ciò riguarda Giuda e riguarda la città santa di Gerusalemme, che per concordia sta di fronte alla Chiesa latina.

29. Il «vessillo della santa Chiesa romana» è il vessillo di Pietro. Cfr. *Concordia*, III, 2, c. 2 (ed. Patschovsky, vol. 2, p. 311). Che Gioacchino ne collochi l'esistenza nella tarda antichità, al tempo dell'imperatore Costantino il Grande, è un errore storico; infatti la comparsa del vessillo di Pietro è legata all'epoca della lotta per le investiture.

30. Secondo la linea «Ecclesia non sitit sanguinem». Cfr. al riguardo l'articolo di A. Erler, HRG 1 (1967), coll. 795-798.

31. La serie in successione dei patriarchi è presentata qui come analoga alla serie in successione dei papi.

32. Allusione alla figura di Melchisedek, che unisce in sé la massima potenza terrena di pontefice e di re. Cfr. *Concordia* IV, 1, c. 3 (ed. Patschovsky, vol. 2, p. 365); a partire da Innocenzo III il papa in quanto «vicario di Cristo» la rivendica a sé. Si veda l'*Introduzione*, sopra, pp. 17-18, come pure Gioacchino da Fiore, *Gli articoli di fede*, 4 (trad. cit., p. 72).

33. Si tratta della dottrina delle due spade di papa Gelasio, secondo il modello fissato da Bernardo di Clairvaux in *De consideratione*, IV, 3 (ed. J. Leclercq, H. M. Rochais, p. 454).

34. Qui il codice 322 della Biblioteca Antoniana di Padova riporta la lezione *misteriis*, recepita come tale nella edizione critica del testo latino (*Scripta breviora*, pp. 191-192). È possibile che il termine originario fosse *ministeriis*, corrotto in *misteriis* per la caduta di un trattino di abbreviazione. Non è tuttavia da escludere che il termine fosse effettivamente *misteriis*, da intendersi in tal caso, secondo un'accezione già presente nell'antichità, come «ministero», nella sfera sacrale. Si veda: TLL 8 (1936-1966), col. 1758 e F. Blatt, *Novum Glossarium Mediae Latinitatis M-N*, col. 1037; inoltre: Id., *Ministerium-Mysterium*, pp. 80-81. La frase successiva del testo mostra che Gioacchino aveva presente questa accezione. Si veda inoltre la sua *Epistola ad abbatem A. Veldonensis monasterii* (ed. Patschovsky, p. 331 e nota 30), così come *Concordia* V, 4, c. 5 (ed. Patschovsky, vol. 3, p. 916).

35. L'olmo come sostegno della vite: il legame quasi simbiotico delle due piante corrisponde alla pratica agricola mediterranea, assunta da Cesario di Arles, *Sermo 27* (ed. Morin, pp. 118-122) addirittura come fondamento allegorico per spiegare il rapporto dei ricchi con i poveri (*Sulla somiglianza dell'olmo e della vite*).

De rege autem Israel, qui postea rex Samarie dictus est, quid dicemus, qui ab ipso quoque exordio promotionis sue confugiit ad Sesach regem Egypti et factus est domesticus eius, ut eius interim defensus munimine perveniret ad regnum?[8] Quem Ieroboam illi magis similem dare possimus quam episcopum Bizanzeum, qui et Constantinopolitanus dictus est, qui auxilio secularis principis adiutus ad dignitatem patriarchatus Domino tamen boni aliquid providente conscendit? At si aliquis Romanorum principum rex Ierusalem secundum aliquid dici potuit: quid interesse poterat, ut imperator Constantinopolitanus rex Egipti potius quam Ierusalem in spiritu diceretur?

Sed notandum quod illi principes reges Ierusalem merito in spiritu dici possunt, qui imitantes regem humilem Christum dant per omnia honorem Deo et vicarium omnipotentis Dei loco patris et domini venerantur, nichil contra eorum votum circa doctrinam ecclesiasticam disponentes. Quocontra reges Egypti et non Ierusalem erant dicendi, qui nequaquam dignitatem imperialem a rege Christo et eius vicario, sicut Constantinus fecisse legitur, humiliter cognoscebant, sed magis a Iulio Cesare et Octaviano augusto vendicare sibi lege carnis et iure hereditario nitebantur, preferentes se Romano pontifici et Ecclesie Christi, imitantes regem illum Egypti, qui *ascendit*[9] et subiecit sibi urbem Ierusalem,

8. Cfr. 1 Reg. 11, 40 e 12, 20.
9. Cfr. 1 Reg. 14, 25-26.

Che dire poi del re d'Israele, successivamente chiamato re di Samaria, che subito dopo la sua designazione fuggì presso Sisak, re d'Egitto, e ne divenne servitore, e ottenne così il regno, avendo nel frattempo goduto della sua difesa e protezione?[36] Chi più simile a quel Geroboamo, se non il vescovo di Bisanzio, detto anche vescovo di Costantinopoli, che, sostenuto dall'aiuto del principe secolare, ascese alla dignità patriarcale, secondo una disposizione del Signore, la quale doveva comunque portare a qualcosa di buono?[37] E se qualche sovrano romano poté essere chiamato per qualche ragione re di Gerusalemme, che cosa poteva impedire che l'imperatore di Costantinopoli fosse detto dal punto di vista spirituale re d'Egitto piuttosto che di Gerusalemme?[38]

Occorre però notare[39] che giustamente possono essere detti re di Gerusalemme in spirito quei sovrani che, imitando Cristo re umile, rendono in tutto onore a Dio e venerano come Padre e Signore il vicario del Dio onnipotente,[40] senza disporre nulla in materia di dottrina ecclesiastica contro la loro intenzione.[41] Al contrario, dovevano essere detti re d'Egitto e non di Gerusalemme coloro che non riconoscevano affatto di aver ricevuto la dignità imperiale da Cristo re e dal suo vicario – come si dice abbia fatto invece Costantino[42] –, ma facevano di tutto per dimostrare di averla ricevuta da Giulio Cesare e da Ottaviano Augusto secondo la legge della carne e il diritto ereditario,[43] anteponendo se stessi al pontefice romano e alla Chiesa di Cristo; e così facendo, imitarono quel re d'Egitto, che *mosse* contro Gerusalemme

36. Sulla varietà di significati del termine «Egitto», sviluppata nelle righe seguenti, cfr. *Concordia* IV, 1, c. 29 (ed. Patschovsky, vol. 2, pp. 433-445).

37. Cfr. sopra, p. 77, note 24 e 27.

38. Cfr. sopra, p. 75 e nota 20.

39. Riguardo alla concezione, abbozzata nelle righe seguenti, relativa al fondamento di legittimazione del potere imperiale nel quadro di una Chiesa centralisticamente dominata dal papa, si veda l'*Introduzione*, sopra, p. 17. Il passo più importante che si possa porre a confronto con questo nell'opera di Gioacchino è in *Concordia*, IV, 1, c. 3 (ed. Patschovsky, vol. 2, pp. 364-365), riguardo al quale si veda R. E. Lerner, *Joachim of Fiore as a Link*.

40. La formula «Padre e Signore», che si riferisce a Dio Padre, si trova anche nell'*Expositio in Apocalypsim* 19, 4 (ed. Venezia 1527, f. 204ra).

41. Il punto di riferimento di Gioacchino non è qui tanto il suo tempo presente (infatti gli imperatori romano-germanici non rivendicarono alcun influsso sulle decisioni dogmatiche della Chiesa), quanto piuttosto un'allusione alla situazione politico-ecclesiastica dell'era dopo Costantino il Grande, quando, con Costanzo II e l'imperatore Valente, ebbero il trono sovrani che sostennero con tutta la loro forza l'arianesimo. Ciò condusse già Ilario di Poitiers nel *Contra Auxentium*, 3 (col. 610 e s.) alla dottrina ecclesiologica di una rigorosa separazione tra potere secolare e potere spirituale; Rufino dette poi un'impronta vincolante per il futuro al principio della non intromissione dell'imperatore in questioni dogmatiche, nella misura in cui pose tale formulazione in bocca allo stesso Costantino il Grande (*Storia ecclesiastica*, X, 2, p. 961). Cfr. M. Amerise, *Il battesimo di Costantino il Grande*, p. 72 e s., 81.

42. Risulta in questo senso pregnante l'espressione della *Concordia* V, 1, c. 7 (ed. Patschovsky, p. 356): «Nel tempo in cui l'imperatore romano piegò la testa sotto il giogo di Cristo e consegnò alla Chiesa romana la corona della dignità imperiale, perché essa fosse signora e regina di tutti».

43. Dal punto di vista storico lo spunto per tale osservazione di Gioacchino deve essergli stato fornito dal conferimento a Enrico VI del titolo di Cesare, nel quadro del suo matrimonio con Costanza, avvenuto a Milano il 27 gennaio 1186.

asportatis inde *thesauris domus Dei* et *clippeis* aureis, quos *fecerat Salomon*, et omnibus pretiosis rebus, que inveniri potuerunt in Ierusalem. Hec igitur causa est cur imperatores catholici, qui Romane subiecti erant Ecclesie, cum piis regibus Iuda similitudinem habent; qui autem contra ipsam venerunt et legi carnis innisi sunt, cum regibus et tirannis Egypti. Sed et illi imperatores, qui Constantinopolim residebant quique sic habebant in voto subesse et honorare Ecclesiam, ut tamen nollent orientalem occidentali subicere, cum regibus Samarie reputati sunt, qui sic se de manu Dei accepisse regnum confitebantur, ut tamen nollent ire ad templum Dei, quod erat in Iuda et Ierusalem. Quod quam fuit contrarium voluntati divine, satis ex ipso Regum volumine, si quis in eo provide perscrutetur, advertitur.[10]

Fuit itaque regnum Christi, quod est Ecclesia, liberum a rege Egypti, quamdiu mansit privatum et occultum, usque scilicet ad Constantinum augustum. Cum autem in manifestum venit, mox excitatus est Sathan et emulus contra illud, illo utique exigente iudicio, quo dictum est:[11] *Quod altum est hominibus, abhominatio est apud Deum.* Neque enim Salomon ita caderet, si preceptum legis Moysi servaret dicentis:[12] *Cum constitutus fuerit* rex, *non multiplicabit sibi equos nec reducet populum in Egyptum equitatus numero sublevatus, presertim cum Dominus preceperit vobis, ut nequaquam amplius per eandem viam revertamini.* Sed ne *regale sacerdotium* sinistri aliquod pateretur, si non gloria sibi data abuteretur in superbiam et *non reduceret* christianum *populum* ad *Egyptum*, hoc est ad fallacem gloriam et vanas huius mundi delicias! Haud dubium quod exemplo superbie et vite delicate ac lubrice, cui usque ad temporis huius instantiam ex magna sibi parte subiacere noscuntur! Sic sic per augmentum glorie eviscerata est claritas civitatis Christi, etsi propter infideles populos ita oportebat ad horam etiam temporaliter honorari Ecclesiam.

10. Cfr. 1 Reg. 12, 26-33, e cap. 13.
11. Lc. 16,15.
12. Cfr. Dt. 17,16.

e la sottomise a sé, dopo aver portato via *i tesori della casa di Dio* e *gli scudi* d'oro *fatti da Salomone* e tutte le cose preziose che si poterono trovare a Gerusalemme.[44] Per questo motivo dunque gli imperatori cattolici sottomessi alla Chiesa romana risultano simili ai re devoti di Giuda. Coloro invece che andarono contro di essa e rimasero attaccati alla legge della carne sono simili ai re e ai tiranni d'Egitto.[45] Ma quegli imperatori che risiedevano a Costantinopoli e si erano votati a sottostare alla Chiesa e a onorarla, senza però anteporre alla Chiesa d'Oriente quella d'Occidente, furono pure considerati alla stregua dei re di Samaria, che ritenevano di aver ricevuto il regno dalla mano di Dio, ma poi non si recavano nemmeno al tempio di Dio, che era a Giuda e a Gerusalemme. E, ad una lettura attenta, lo stesso Libro dei Re ci fa capire quanto questo comportamento sia stato contrario alla volontà divina.

Il regno di Cristo, che è la Chiesa, fu dunque libero dal re d'Egitto fino a che rimase appartato e nascosto, ovvero fino all'imperatore Costantino. Quando poi venne allo scoperto, Satana, l'avversario, si sollevò immediatamente come antagonista contro di esso, come senz'altro esigeva quella sentenza che dice: *Ciò che fra gli uomini viene esaltato, è cosa abominevole davanti a Dio*. E infatti Salomone non sarebbe caduto in tal modo, se avesse conservato il precetto della legge di Mosè, che afferma: *Quando sarà costituito* un re*, egli non dovrà procurarsi un gran numero di cavalli né, incoraggiato dalla cavalleria accresciuta di numero, far tornare il popolo in Egitto, soprattutto perché il Signore vi ha comandato di non ritornare mai più per la stessa via*. E dunque auguriamoci che il *sacerdozio regale*[46] non patisca allo stesso modo qualcosa di sinistro, e che almeno la gloria concessa non si trasformi impropriamente in superbia e *non riconduca il popolo* cristiano all'*Egitto,* perché questo ha a che fare con la gloria fallace e con le delizie vane del mondo! Non c'è dubbio che tali cristiani si possano riconoscere dall'esempio di comportamento superbo e di vita raffinata e molle, a cui finora sembra essersi sottomessa la maggior parte di loro![47] E così, proprio perché la gloria è cresciuta a dismisura, la luce della città di Cristo è stata privata di energia, anche se a causa dei popoli infedeli occorreva che la Chiesa per un certo periodo fosse onorata anche dal punto di vista temporale.[48]

44. Il Faraone è Sisak (circa 945-924 a.C.).

45. Per Gioacchino il significato fondamentale di «Egitto» dal punto di vista semantico-tipologico indica l'essere prigionieri del mondo. Cfr. in questo senso *Concordia* V, 2, c. 9 (ed. Patschovsky, vol. 3, p. 706): «Sono detti egiziani i figli di questo mondo, cioè coloro che desiderano restare nell'esilio piuttosto che passare alla patria, servire gli uomini in questo mondo piuttosto che regnare in cielo [...]. Perciò gli uomini mondani sono detti egiziani, coloro invece che desiderano le cose del cielo israeliti».

46. L'espressione risale a 1 Pe. 2, 9. La comprensione della questione da parte di Gioacchino si rivela nel modo più chiaro nel passo della *Concordia*, IV, 1, c. 3 cui abbiamo rinviato sopra (nota 39).

47. Soggetto sono i cristiani. La mancata corrispondenza, dal punto di vista del numero, tra soggetto e predicato verbale non è rara in Gioacchino. Si veda ad esempio *Sulla Vita e sulla Regola di san Benedetto*, IV, 5, 2 (ed. cit., pp. 187-189).

48. Da questo passo si ricava una giustificazione dell'uso delle armi per ragioni di fede. Infatti solo l'utilizzo del potere delle armi presuppone la necessità di disporre di risorse materiali nel

Ceterum, quod in occulto preminet et inter *regni filios* clarum est, tempus libertatis Ecclesie a tempore Christi usque ad Constantinum magis viguit; exinde autem regi Egypti, hoc est mundi huius principibus, potestas in Ecclesia data est. Fuit itaque tempus Ierusalem a Christo usque ad Iulianum, tempus regis Egypti usque ad Carolum principem Gallie et patricium Romanorum. At si dicis non habuisse regem Israelem usque ad Saulem filium Cis, vide quod tunc magis regem verum habere desiit populus ille, cum sibi regem hominem postulavit, dicente ipso rege Deo, quem regnare super se nesciebat, ad Samuelem prophetam:[13] *Non te abiecerunt, sed me, ne regnem super eos.* Sed et ipse Samuel arguens eos dicit eos graviter offendisse postulantes regem, eo quod ipse Dominus regnaret in eis.[14] Ecce, quam aperte liquet quod diximus! Et tunc magis rex verus Ierusalem regnavit super eos, cum regem hominem nesciebant; tunc elongati sunt atque alienati ab illo, cum regem hominem habuerunt. Quod in Ecclesia accidisse cognoscitur.

Tempus itaque spiritalis Israel a Christo usque ad Iulianum; tempus Egyptiorum a Iuliano usque ad Carolum, cuius generatio vicesima quarta respicit Ezechiam; tempus Babilonensium et Chaldeorum ex eodem tempore usque ad presens. Sed hoc quare? Quia *homo sicut fenum dies eius, tamquam flos agri sic efflorebit.*[15]

Fuit in primo cursu Ecclesie christianus populus Israel, in secundo factus est Egyptus, in tertio – quod deterius – factus est Babilon. *Rex* itaque *Babilonis*, qui *misit munera ad Ezechiam*,[16] illos devotos principes respicit, qui satis benigne et humane Romanam tractaverunt Ecclesiam. Fecerunt quippe hoc reges Francorum, quibus datum est Romanum Imperium, eo scilicet tempore, quo verti

13. 1 Sam. 8, 7.
14. Cfr. 1 Sam. 8, 10-18.
15. Ps. 103 (102), 15.
16. Cfr. 2 Reg. 20, 12.

Per il resto – e ciò riluce nelle tenebre ed è chiaro tra *i figli del regno*[49] – il tempo della libertà della Chiesa si affermò maggiormente dal tempo di Cristo fino a Costantino; da quel momento in poi il potere sulla Chiesa fu consegnato al re d'Egitto, cioè ai principi di questo mondo. Il tempo di Gerusalemme[50] trascorse dunque da Cristo fino a Giuliano, il tempo del re d'Egitto fino a Carlo principe della Gallia e patrizio dei Romani.[51] Ma se dici che Israele non ebbe re fino a Saul figlio di Chis, renditi conto allora di quanto quel popolo avvertisse la mancanza di un vero re, quando richiese per sé un re uomo, mentre lo stesso Dio re, che regnava su quel popolo che lo ignorava, diceva al profeta Samuele: «Non respinsero te, ma me, perché io non regni su di loro». E dunque Samuele li rimprovera aspramente, perché era una grave offesa chiedere un re, mentre il Signore stesso regnava su di loro. Ecco dunque che risulta chiaro ciò che abbiamo detto! Infatti il vero re di Gerusalemme regnò su di loro, proprio quando non conoscevano un re uomo; furono allontanati e separati da lui proprio quando ebbero un re uomo, e la stessa cosa, come si sa, è avvenuta nella Chiesa.

Pertanto il tempo di Israele spirituale va da Cristo fino a Giuliano;[52] il tempo degli Egiziani da Giuliano fino a Carlo, la cui ventiquattresima generazione corrisponde a quella di Ezechia; il tempo dei Babilonesi e dei Caldei da allora fino ad oggi.[53] Ma questo perché? Perché *così è l'uomo: come l'erba sono i suoi giorni, come un fiore di campo egli fiorisce*.[54]

Nel primo tratto del percorso della Chiesa il popolo cristiano fu Israele, nel secondo divenne Egitto, nel terzo – il che è peggio – divenne Babilonia. *Il re di Babilonia*, dunque, che *mandò doni a Ezechia*, corrisponde a quei sovrani devoti che trattarono la Chiesa romana in modo abbastanza benevolo e umano. Agirono senz'altro così i re dei Franchi, ai quali fu affidato l'Impero romano quando già si

confronto con i pagani. In questo senso B. Kedar (*Crusade and Mission*, pp. 112-116) ha messo in luce, sul fondamento del *Commento all'Apocalisse*, il sostegno da parte di Gioacchino all'idea di crociata.

49. L'espressione allude a Mt. 8, 12 ovvero 13, 38.

50. «Gerusalemme» significa la Chiesa nella sua condizione ideale, come già accennato sopra, p. 81. Tale concezione è rappresentata in forma d'immagine nel diagramma Gerusalemme/Babilonia e Chiesa/Roma del *Liber figurarum* (ed. L. Tondelli/M. Reeeves/B. Hirsch-Reich, Tavole XVI-XVII).

51. Riguardo all'identità di questo Carlo si veda sopra, nota 13 alle pp. 73-75.

52. Prima della svolta costantiniana il cristianesimo non era in alcun modo coinvolto in questioni mondane e può perciò essere indicato come «Israele spirituale»; successivamente si sviluppò nell'area orientale, sotto gli imperatori romani d'Oriente si trasformò in «Egitto»; un po' più tardi nell'ambito della Chiesa latina, sotto gli imperatori franco-tedeschi, in «Babilonia».

53. Riguardo al problema della differenza del computo delle generazioni fra queste tre epoche (12/12, 12/12, 4/15) cfr. H. Grundmann, *Libertà della Chiesa*, pp. 211-212.

54. Si tratta di un motivo che, riguardo al trascorrere del tempo, va nel senso di un modello di decadenza. Infatti il versetto successivo del salmo afferma: «Se un vento lo investe, più non esiste; e il suo posto non lo riconoscerà più». Si veda nell'*Introduzione*, p. 20, come ciò vada inteso in tale contesto.

iam ceperat in Babilonem; unde et reges Babilonis in spiritu dicti sunt. Quod autem sub vicesima quarta generatione Israel satis se devotum et humilem exhibuit rex Babilonis regi Iude, humilitatem principum Francorum prenotat, qua, licet data sibi esset potestas in Urbe, devotos se tamen a principio exhibuerunt circa sanctam Ecclesiam, etsi iam, ut dixi, christianus populus, qui aliquando erat Israel, in confusionem Babilonensium deveniret; propter quod et reges ipsi ultimi principes Babilonis dicendi erant, non mutatione loci, sed conversionis distantia. Quod autem post *regem* illum *Babilonis*, qui *misit litteras et munera ad Ezechiam* regem Iuda, surrexerunt tandem alii circa finem regni Iuda, qui coegerunt reges Iuda transmigrare in Babilonem,[17] illos prorsus designat Romanos principes, qui vice Chaldeorum successerunt Gallis, per quos libertas Ecclesie iam pene ad nichilum redacta est, etsi legatur Ieconias *in transmigratione* regnasse, nec tamen in terra Iuda, sed in civitatibus Babilonis.

Et Dominus transmigrationem primam commendat, dampnat et vituperat ultimam. *Non omnes capiunt verbum istud, sed quibus datum est*:[18] *Dole, inquit, et satage filia Syon, quasi parturiens, quia nunc egredieris de civitate et habitabis in regione, et venies usque ad Babilonem; ibi liberaberis, ibi redimet te Dominus de manu inimicorum tuorum.*[19] Quid sibi volunt verba tam dissona? Ergone propterea lugendum est, quia liberatur quis in Babilone? Minime! Sed quia sic sua culpa

17. Cfr. 2 Reg. 24-25, 2 Par. 36, 10-21.
18. Cfr. Mt. 19, 11.
19. Mich. 4, 10.

stava trasformando in Babilonia;[55] e per tale ragione furono anche detti re di Babilonia in spirito. Il re di Babilonia, poi, che durante la ventiquattresima generazione d'Israele si era mostrato abbastanza devoto e umile nei confronti del re di Giuda, preannuncia l'umiltà dei sovrani franchi, che permise loro,[56] nonostante avessero ottenuto il potere su Roma,[57] di mostrarsi devoti nei confronti della santa Chiesa, almeno all'inizio; tuttavia, come ho già detto, poiché il popolo cristiano, che un tempo era Israele, appariva già avviato verso la confusione babilonese,[58] quegli stessi ultimi re dovevano essere detti sovrani di Babilonia, non per un mutamento di sede, ma per la distanza dalla conversione. Dopo quel *re di Babilonia*, che *mandò lettere e doni a Ezechia* re di Giuda, si succedettero altri re, che verso la fine del regno di Giuda costrinsero i re di Giuda a trasferirsi a Babilonia: ecco, questo fatto va nuovamente riferito ai sovrani romani, che, prendendo il posto dei Caldei, succedettero ai Galli; ora a causa loro la libertà della Chiesa è stata quasi annullata,[59] per quanto si legga che Ieconia abbia regnato *durante la trasmigrazione*, anche se non nella terra di Giuda, ma nelle città di Babilonia.[60]

E il Signore loda la prima trasmigrazione, condanna e depreca l'ultima.[61] *Non tutti capiscono questa parola, ma solo coloro ai quali è stato concesso.* Disse: «Spasima e gemi, figlia di Sion, come una partoriente, perché presto uscirai dalla città e dimorerai per la campagna e andrai fino a Babilonia; là sarai liberata, là il Signore ti riscatterà dalla mano dei tuoi nemici». Che cosa vogliono dire parole tanto strane? Occorre dunque piangere perché qualcuno viene liberato in Babilonia? Al contrario, giacché per propria colpa questi è ca-

55. In senso stretto, ciò avvenne con l'incoronazione imperiale di Carlo Magno avvenuta nell'800. Questo significherebbe: al passaggio tra la ventiseiesima e la ventisettesima generazione, e non – come indica la storia parallela del popolo d'Israele – durante la ventiquattresima generazione. Per una spiegazione dell'apparente contraddizione, cfr. sopra, nota 13 alle pp. 73-75.

56. Cioè dell'umiltà.

57. La legittimazione all'esercizio del dominio su Roma deriva primariamente per Gioacchino dal conferimento dell'ufficio di patrizio. Questo risulta chiaro già dal passo precedente (v. sopra, p. 85). Ma si veda innanzi tutto *Concordia*, III, 2, c. 4 (ed. Patschovsky, vol. 2, p. 322).

58. Notoriamente a partire da Girolamo il termine ebraico che significa «confusione» viene derivato dal nome Babilonia. Cfr. M. Thiel, *Grundlage und Gestalt*, p. 225. Nella sua opera Gioacchino si riferisce spesso a tale significato. Si veda ad esempio *Concordia*, V, 6, c. 3 (ed. Patschovsky, vol. 3, p. 961).

59. Si tratta degli imperatori romano-germanici successivi a Enrico II. Cfr. A. Patschovsky, *Der heilige Kaiser*, in particolare pp. 28-30 e 36. Il passo parallelo avente il valore testimoniale più forte per la comprensione di ciò sta in *Expositio in Apocalypsim, Liber introductorius*, c. 5 (ed. Venezia 1527, f. 7vb).

60. Il riferimento è ricavabile sia da Ier. 22, 24-26; 24, 1 (versetto iniziale relativo al confronto tra i due canestri di fichi) sia da 2 Reg. 25, 27-30 (rinnovata collocazione di Ioachìn, cioè Ieconia, nella sua posizione di re). Testo di riferimento è il seguente, nella formulazione del «Libro della generazione di Gesù Cristo» di Mt. 1, 11: «Giosia generò poi Ieconia e i suoi fratelli al tempo della trasmigrazione in Babilonia». Gioacchino cita questo passo anche in *Concordia*, IV, 1, c. 30 (ed. Patschovsky, vol. 2, p. 446).

61. Mt. 19,11. Si tratta della differenza fra la trasmigrazione del re Ieconia (2 Reg. 24, 8-17) e quella del re Sedecia (2 Reg. 25, 1-21). Sta qui il cuore della profezia sui due canestri di fichi (Ier. 24). Cfr. H. Grundmann, *Libertà della Chiesa*, p. 209. Si veda anche sotto, pp. 89-91.

lapsus est et precipitatus a gloria propter superbiam, ut non posset liberari a culpa et a potestate demonum, nisi per habundantem gratiam et misericordiam Redemptoris. Cogimur autem in his verbis uti auctoritate Apostoli et argumentatione qua dicit:[20] *Quid ergo? Peccabimus, quia non sumus sub lege, sed sub gratia,* ut gratia abundet*? Absit,* inquit, ut hoc putemus! Non enim est eundum in Babilonem his, qui liberi sunt, ut ibi iterum liberentur; sed, si contingat, lugeant propter perditam gratiam, non ita tamen, ut desperent de misericordia Redemptoris.

Opponat aliquis et dicat: «Et si ita est, quare tradit Dominus servum suum in manu hostis, ut tradatur in Babilonem?». Sed dicat michi, quicumque est ille: quare permisit hominem temptari, quem sciebat prostrandum et ducendum re vera in Babilonem? Et ego illi satisfaciam super questione ista, ostendens meliorem esse servitutem humilem libertate superba: superba, inquam, meliorem, non humili; elata, non prostrata potenti. Quis enim tam insanus, ut non preferat humilem virginem penitenti corrupte? Et quis tam alienus a salute, ut non preferat penitentem corruptam virgini fatue et superbe? Lugeat ergo superba virgo, si corrupta ducetur in Babilonem, sed sciat se omnino stare non posse, nisi humilietur et diligat, quia iusto iudicio ducetur vel invita in Babilonem, sicut Sedechias rex Iuda,[21] tantumque distare inter superbam virginem et ex peccato conversam et quasi in Babilonem iam positam, quantum inter *ficus malas* et *ficus bonas*,[22] quia illa manet in alto ut corruat, ista manet in imo et elevari iam cepit. Illi enim dicitur id quod audivimus; de ista non sic, sed: *Gaudium* est *in celo super uno peccatore penitentiam agente.*[23] Huius quippe vocis est dicere: *Media nocte surgebam ad <confitendum> tibi,*[24] et: *Memor fui nocte nominis tui, Domine!*[25] De illa dictum est: *Homo, cum in honore esset, non intellexit; comparatus est iumentis insipientibus, et similis factus est illis.*[26]

Qua in re pensandum est quod in transmigratione Iechonie illi designati sunt viri lubrici, qui in prime tempore iuventutis absque pugne obstaculo spiritui luxurie subiciuntur, tempore scilicet carnalitatis sue, quorum plerumque Deus omnipotens corda melius ad penitentie lamenta convertit; in transmigratione vero Sedechie illi, qui de vita casta et religiosa superbiunt et ob id ruinam perpeti compelluntur. Quorum *transmigratio* similis est *ficubus malis, que* manducari *non possunt*,[27] quia difficile *est*, ut ait Apostolus,[28] *eos, qui semel sunt illuminati,*

20. Rom. 6, 15.
21. Cfr. 2 Reg. 25, 1-7.
22. Cfr. Ier. 24, 2.
23. Lc. 15, 7.
24. Ps.119 (118), 62.
25. Ps. 119 (118), 55.
26. Ps. 49 (48), 13.
27. Cfr. Ier. 24, 3.5.8.
28. Hebr. 6, 4-6.

duto e per superbia è precipitato dalla sua gloria a tal punto, da non poter essere salvato dalla colpa e dal potere dei demoni, se non in forza della pienezza della grazia e della misericordia del Salvatore! Queste parole ci spingono dunque ad avvalerci dell'autorità dell'Apostolo e della sua argomentazione, quando afferma: «Che dunque? Dobbiamo commettere peccati perché non siamo più sotto la legge, ma sotto la grazia» – perché la grazia abbondi? «Che non ci venga in mente», disse – di pensare questo! Coloro che sono liberi non devono andare a Babilonia solo per esservi liberati nuovamente; ma, se dovesse toccare loro, piangano per la grazia perduta, senza tuttavia disperare della misericordia del Salvatore.

Qualcuno potrebbe non essere d'accordo e dire: «E se così è, perché il Signore consegna il suo servo nelle mani del nemico? Perché sia deportato a Babilonia?». Ma chiunque egli sia, mi dica: perché il Signore permise che l'uomo fosse tentato, pur sapendo che sarebbe stato abbattuto e condotto a Babilonia? E io gli darò soddisfazione riguardo a tale questione, dimostrando che una servitù umile è migliore di una libertà superba:[62] migliore di una superba, dico, non di una umile; di una che pretende di stare in alto, non di una prostrata davanti al potente. Chi infatti sarebbe tanto pazzo da non preferire una vergine umile a una penitente corrotta? E chi tanto insano da non preferire una penitente corrotta a una vergine fasulla e superba? Pianga dunque la vergine superba, se corrotta sarà portata a Babilonia, ma sappia che non le resta altro, se non si umilia e se non apprezza di essere giustamente condotta a Babilonia, magari anche contro la propria volontà, come Sedecia re di Giuda; infatti tra una vergine superba e una che si converte dal peccato, dopo essere stata già portata a Babilonia, c'è tanta diversità quanta ce n'è tra *i fichi cattivi* e *i fichi buoni*, perché quella resta in alto per precipitare, questa è in basso e ha già cominciato ad essere innalzata. Alla prima infatti viene detto ciò che abbiamo udito;[63] alla seconda invece si dice: «Vi è gioia in cielo per un peccatore che si converte». E tale voce propriamente dice: «Mi alzavo nel cuore della notte per confidare in te»; e: «Nella notte ho ricordato il tuo nome, Signore!». Di lei fu detto: *L'uomo, che stava in una condizione onorevole, non capì; fu paragonato alle bestie prive di ragione e fu reso simile a quelle.*

A tal proposito occorre considerare che la migrazione di Ieconia designa quegli uomini spregevoli che nel corso della prima gioventù, nella fase cioè del loro essere carnali, si sottomettono senza combattere allo spirito di lussuria; e nella maggior parte dei casi Dio onnipotente converte in meglio i loro cuori con l'amarezza della penitenza; la migrazione di Sedecia designa invece coloro che insuperbiscono per la loro vita casta e religiosa e a causa di ciò sono costretti a sopportare la loro propria rovina. E la loro *migrazione* è simile *ai fichi cattivi, che* non possono *essere mangiati.* Infatti l'Apostolo dice che *coloro che furono illuminati una*

62. Cfr. Gioacchino, *Expositio in Apocalypsim*, 16,8 (ed. Venezia 1527, f. 189va): «una servitù umile è migliore di una libertà superba» (trad. nostra); suonano pressoché letteralmente identici i *Trattati sui quattro Vangeli*, III, 17, p. 228.

63. Allusione a Sedecia e ai suoi, simboleggiati dai fichi cattivi (Ier. 24, 8-10).

gustaverunt etiam donum celeste et participes sunt facti Spiritus Sancti, gustaverunt nichilominus bonum Dei verbum virtutesque seculi venturi et prolapsi sunt, renovari rursus ad penitentiam.

Alioquin, si iccirco non putatur esse culpa transmigrari in Babilonem, quia id consulere videbatur, videat, qui hoc putat, penam fuisse peccati transmigrationem illam, a qua tamen velle eripi et corrigi nolle contumacie esse vitium, non virtutem. Aut enim, necesse est, humiliter vivas, aut invenies – velis nolis – *legem in membris* tuis *repugnantem legi mentis* tue *et capti*vum te ducentem *in lege peccati,*[29] quousque humiliatus et confusus clames toto corde et dicas: *Infelix ego homo! Quis me liberabit de corpore mortis huius?*[30] Iustum est enim, ut compellatur descendere in Babilonem a vitiis spiritalibus, que sunt bestie mortifere et non parcentes saluti, is qui in monte Ierusalem contumaciter vivit, quia scriptum est: *Non habitabit in medio domus mee, qui facit superbiam.*[31]

Sunt enim nonnulli habitantes in monte Dei in culmine vite caste, que est precursio vite future, qui, dum de dono sibi dato superbiunt, iusto Omnipotentis iudicio in baratrum luxurie dilabuntur. Cumque se corruisse vident et, ubi erant et quo venerunt, respiciunt, supra quam lingua dicere potest ex cordis intimo ingemiscunt. Vellent esse ubi fuerunt, nec licet; consilium querunt, et non inveniunt; quia, etsi se per penitentie lamenta salvari posse non dubitant, ad palmam tamen virginitatis redire se ultra posse diffidunt. Cumque super dampno perpesso sese vehementer affligunt, quando hoc iustus iudex permiserit, pie ac miserabiliter conqueruntur. Sed causa preterita ad cor redit, causam protinus iusti iudicii incunctanter agnoscunt. Unde fit, ut et Deum omnipotentem iustum iudicem dicant et se reos et impios cum latrone penitente accusent,[32] dicentes assidue cum Psalmista: *Tibi soli peccavi et malum coram te feci, ut iustificeris in sermonibus tuis et vincas, cum iudicaris.*[33] In quibus sermonibus? In hoc quod dicit Deus: *Omnis homo mendax.*[34] In hoc quod dicit Christus: *Non est bonus nisi solus Deus.*[35] In hoc quod dicit propheta: *Non iustificabitur in conspectu tuo omnis vivens.*[36] In hoc quod dicit Apostolus: *Quid habes, quod non accepisti? Si autem accepisti,*

29. Cfr. Rom. 7, 23.
30. Rom. 7, 24.
31. Ps. 101 (100), 7.
32. Cfr. Lc. 23, 39-43.
33. Ps. 51 (50), 6.
34. Ps. 116 (115), 11; Rom. 3, 4.
35. Lc. 18, 19.
36. Ps. 143 (142), 2.

volta, gustarono pure il dono celeste e divennero partecipi dello Spirito santo, e gustarono la buona parola di Dio e le meraviglie del mondo futuro; tuttavia se sono caduti, è difficile portarli un'altra volta alla conversione.

Del resto, se non si ritiene una colpa essere deportati a Babilonia (anzi: lo si riteneva opportuno), sappia colui che la pensa in questo modo che quella migrazione fu la pena per un peccato e che il volersi sottrarre ad essa senza essere corretti è un peccato di alterigia, non una virtù. È necessario infatti che o vivi umilmente oppure troverai – che tu lo voglia o no – *una legge che nelle* tue *membra si oppone alla legge della* tua *ragione e* ti *rende schiavo della legge del peccato*; fino a che tu, umiliato e confuso,[64] gridi con tutto il cuore e dica: «Oh me infelice! Chi mi libererà da questo corpo di morte?». È giusto dunque che chi vive fuggiasco sul monte di Gerusalemme[65] sia spinto a scendere a Babilonia dai propri vizi spirituali, bestie mortali che non hanno riguardo per la salvezza, poiché fu scritto: «Non abiterà dentro la mia casa chi agisce con superbia».

Infatti alcuni che abitano sul monte di Dio,[66] avendo raggiunto la vetta più alta di una vita casta, precorrimento della vita futura, diventano superbi per il dono che hanno avuto, e così nello stesso momento precipitano nel baratro della lussuria per il giusto giudizio dell'Onnipotente. E quando si accorgono di essere precipitati e considerano dov'erano e dove sono arrivati, gemono nell'intimo del cuore al di là di quanto si possa esprimere a parole. Vorrebbero essere dove sono stati, e non gli è permesso; chiedono consiglio, e non lo trovano; poiché anche se non dubitano di poter essere salvati grazie a lacrime di penitenza, disperano tuttavia di poter ritornare oltre, alla palma della verginità. E poiché soffrono terribilmente per il danno subìto, avendolo permesso il giusto giudice, si possono lamentare in modo devoto e compassionevole. Ma la causa passata ritorna al cuore, riconoscono incessantemente la causa del giudizio senz'altro giusto. Accade dunque che proclamino Dio onnipotente giudice giusto e nello stesso tempo accusino se stessi come colpevoli ed empi insieme al ladrone pentito, dicendo continuamente insieme al Salmista: «Contro te solo ho peccato, e ho fatto ciò che è male ai tuoi occhi, perché tu sia giusto nelle tue sentenze e vinca, quando giudicherai». In quali sentenze? Quando Dio dice: «Ogni uomo è bugiardo». Quando Cristo dice: «Solo Dio è buono». Quando il profeta dice: «Nessun vivente troverà giustificazione davanti al tuo cospetto». Quando l'Apostolo dice: «Che cosa possiedi che tu non l'abbia ricevuto? Se poi lo hai ricevuto, perché

64. La stessa espressione si ritrova sotto, p. 101. Sul significato soggiacente cfr. sotto, p. 111, nota 113.

65. Il sintagma «mons Ierusalem» non si trova nella Bibbia e potrebbe essere una creazione di Gioacchino. Lo si comprende tenendo conto da un lato del significato traslato che Gerusalemme ha qui come antipodo di Babilonia nel senso detto sopra, pp. 85-87; dall'altro della metafora del monte, ripetuta più volte e approfondita nel trattato *Sulla Vita e sulla Regola di san Benedetto*, II 3 pp. 92-93, 94-95, 106-107.

66. Il significato del sintagma «mons Dei» potrebbe essere il medesimo di «mons Ierusalem», ma a differenza di questo è attestato biblicamente, in verità in riferimento a montagne concrete, sulle quali Dio si manifestò: Ex. 3, 1 e 4, 27 come pure 18, 5: il monte Oreb; Ex. 24, 13: il Sinai.

quid gloriaris, quasi non acceperis?[37] Que omnia si firmiter credit homo, sicut numquam ad mortem superbire poterit, ita nec ruinam perpeti permittetur. Cum vero superbit in mente sua, quibuscumque se excuset responsionibus dicens se hec credere, mentitur, quia, qui ista credit, *gloriari* non poterit *quasi* de suo; nec aliud est quam augmentum criminis *declinatio in verba malitie ad excusandas excusationes in peccatis*.[38]

Qui igitur iuste et humiliter vivit, similis est Iosie; qui superbit, cadit et confitetur, similis Iechonie; qui superbit nec cognoscit superbiam et stare nititur, similis Sedechie. Primus est similis uve mature, de qua conficitur sanguis Christi; secundus similis *ficubus bonis*;[39] tertius similis *ficubus malis*.[40] Quare autem similis *ficubus malis*? Quia plerumque, qui huiusmodi est, dum gloriam diligit et superbit, nititur summopere servare quod amat. Et cum facta sibi difficultate pre sagittarum acie stare non posse diffidit, rapitur – quod deterius est – animus eius ad blasphemiam contra Deum et *meditatur iniquitatem in cubili suo*,[41] retorquens culpam ruine contra iudicem, qui sibi, ut stare possit quietus in celibatu, gratiam non infundit, sed permittit eum stimulis inimici impeti et eius ardentissimis iaculis absque remedio vulnerari. *Dicit enim in corde suo*:[42] «Si Deus iustus est, debet utique adiuvare volentes ambulare in iustificationibus suis». Quare autem dicit istud? Quia solam prospicit *carnis iustitiam*, in qua salus non est, et non attendit illam virtutem, ex qua maxime salus et iustitia pendet.

Et que est illa? Humilitas! Nunquid enim Diabolus fornicatus fuerat? Et cum per superbie vitium *de celo* ruit, ductus est ad extremam *caliginem* et ad *profundum*

37. 1 Cor. 4, 7.

38. Cfr. Ps. 141 (140), 3- 4.

39. Ier. 24, 2-5.

40. Ier. 24, 2-3.8. La connessione Sedecia / fichi cattivi è prospettata già da Geremia.

41. Ps. 36 (35), 5.

42. Ps. 10 (9), 4. Cfr anche Ps. 14 (13), 1 [= 53 (52), 1]: «Disse lo stolto nel suo cuore: Dio non c'è».

vantartene, come se non lo avessi ricevuto?». E se l'uomo crede fermamente in tutte queste cose, come non potrà mai sentirsi superbo davanti alla morte, così allo stesso modo non gli si permetterà che cada in rovina. Quando però dentro di sé diventa superbo, per quanto si inventi scuse rispondendo di credere in queste cose, in verità mente, poiché colui che crede in queste cose non potrà *gloriarsi come* se fosse suo proprio merito;[67] e *affidarsi a parole maliziose per cercare scuse ai peccati* altro non è che accrescere la colpa.

Pertanto, colui che vive giustamente e umilmente è simile a Giosia;[68] colui che si fa superbo, cade e confessa è simile a Ieconia;[69] colui che insuperbisce e non riconosce la superbia e si sforza di restare in piedi è simile a Sedecia.[70] Il primo è simile all'uva matura, da cui viene ricavato il sangue di Cristo;[71] il secondo è simile ai *fichi buoni*; il terzo è simile ai *fichi cattivi*. Perché poi simile *ai fichi cattivi*? Perché nella maggior parte dei casi colui che è così, mentre ama la gloria e insuperbisce, si sforza di conservare il più possibile ciò che ama. E, di fronte alle difficoltà che incontra, teme di non poter sostenere la selva di frecce che gli si para davanti, e il suo animo – e questo è peggio – è portato a bestemmiare contro Dio e *trama cattiverie nel proprio letto*, ritorcendo la colpa della rovina contro il giudice, che non gli conferisce la grazia di poter restare tranquillo nel celibato, ma permette che sia reso oggetto dei colpi del nemico e sia colpito senza rimedio dalle sue frecce roventi. *Afferma infatti nel suo cuore*: «Se Dio è giusto, deve senz'altro aiutare coloro che vogliono camminare seguendo le sue vie giuste». Ma perché dice poi questo? Perché considera la sola *giustizia della carne*,[72] in cui non c'è salvezza, e non prende in considerazione quella virtù da cui massimamente dipendono la salvezza e la giustizia.

E questa quale sarebbe? L'umiltà! Forse che il Diavolo aveva fornicato?[73] E quando precipitò *dal cielo* a causa del vizio della superbia, fu condotto nell'estre-

67. Cfr. sopra, p. 91. Al riguardo *Expositio in Apocalypsim*, praef. (ed. Venezia 1527, fol. 2vb).

68. Giosia è oggetto di forte apprezzamento in 2 Reg. 22, 2 come pure in 2 Par. 34, 2.

69. Nella Bibbia mancano valutazioni su Ieconia, ma è possibile ricavarle dalle circostanze della sua vita, in particolare dal racconto del pentimento in Bar. 1-2.

70. Sedecia è delineato in modo negativo: cfr. 2 Reg. 24, 19 e 2 Par. 36, 12.

71. Sulla necessità che l'uva utilizzata per il sacrificio sia matura cfr. Giovanni Beleth, *De ecclesiasticis officiis*, c. 144c (ed. H. Douteil, p. 280).

72. Il sintagma «giustizia della carne» si incontra come concetto, al plurale, in Hebr. 9, 10.

73. Nell'unico testimone manoscritto dell'opera, il codice Ant. 322 di Padova, si legge: «Nunquid .n. [=enim] diabolus fornicatus fuerat?». Nel testo dell'edizione critica, riprodotto come testo di riferimento a fronte della presente traduzione, gli editori hanno ritenuto di dover leggere *non* in luogo di *enim*, nella convinzione che «il senso del passo esiga una doppia negazione; infatti secondo la tradizione è fuori di dubbio che il serpente, ovvero il Diavolo, fornicò con Eva, mentre invece *numquid* esige una risposta negativa» (*Scripta breviora*, p. 203, nota 110). Si può però pensare che qui Gioacchino intenda invece richiamare l'attenzione su ciò che idealmente «precede» quanto avvenuto nell'Eden. Il senso sarebbe allora, più semplicemente il seguente: perché Lucifero viene fatto precipitare da Dio? Aveva forse fornicato? No: fu la superbia a farlo cadere. A seguito di essa il Diavolo precipitò nell'abisso della lussuria. Il peccato primigenio è però la superbia. Le righe successive del testo confermano questa lettura e la rendono preferibile [nota del curatore].

carceris Babilonis, ita ut ulterius elevari non possit. Unde factum est, ut, qui inficiatus est peste superbie, adiunctis sibi spiritibus nequam secundo in membris suis hominibus Babilonis luxurie vitio subderetur. Nam et usque in presentem diem his duobus cornibus vitiorum humanum genus ventilat et dispergit. Unde et per prophetam de his duobus diversis vitiis spiritaliter dicitur: *Grex dispersus Israel, leones deiecerunt eum; primus: comedit eum rex Assur; iste novissimus: exossavit eum Nabuchodonosor rex Babilonis.*[43] Quem enim superbie spiritus a principio devorat infirma queque opera gloriando consumens, paulo post inmundus spiritus a proposito castitatis enervat. Sed quid dicit Scriptura? *Propterea*, inquit,[44] *visitabo regem Babilonis et terram eius, sicut visitavi regem Assur. Visitavit* Deus omnipotens *regem Assur*, et quasi per *regem Babilonis visitat* illum, cum per immundum luxurie regnum superbie dissipatur. *Visitat* quoque *regem Babilonis*, cum adversus luxuriosam vitam stimulos compunctionis exsuscitat, ad configendam dumtaxat *carnem peccati,* et in corde humiliato et contrito sordes non solum corporis, sed et cordis emundat.

Et hec quidem moraliter.

[2]

Tipice autem sancta Ecclesia in Ierosolima civitate consistit, cum ei licet uti pro iure suo et plena libertate regiminis *ad*[45] *faciendam vindictam in nationibus, increpationes in populis, ad alligandos reges eorum in compedibus* anathematis*, et nobiles eorum in manicis ferreis*. Quando autem in maiori sui

43. Ier. 50, 17.
44. Ier. 50, 18.
45. Ps. 149, 7-8.

ma *oscurità* e *nella profondità* del carcere di Babilonia, cosicché non potesse più alzarsi.[74] Avvenne così che colui che già era stato guastato dalla peste della superbia fosse poi posseduto dagli spiriti cattivi e diventasse schiavo in tutte le sue membra del secondo vizio degli uomini, la lussuria di Babilonia. Infatti ancora fino ad oggi agita e disperde il genere umano con queste due corna di vizi. E per questo motivo la bocca del profeta si riferisce in modo spirituale a questi due diversi vizi: «Un gregge disperso è Israele, i leoni gli hanno dato la caccia; per primo il re di Assur lo ha divorato, poi Nabucodonosor, re di Babilonia ne ha stritolato le ossa». Infatti colui che fin dall'inizio è divorato dallo spirito della superbia e, pur compiendo azioni di poco conto, se ne fa vanto, in seguito, ad opera di uno spirito immondo, viene allontanato dalla castità promessa. Ma che cosa dice la Scrittura? «Per questo – dice – farò visita al re di Babilonia e alla sua terra come ho fatto visita al re di Assur». Dio onnipotente *fece visita al re di Assur*, e gli *fa visita attraverso il re di Babilonia*, quando il regno della superbia viene dissolto attraverso colui che è immondo di lussuria. *Fa* anche *visita al re di Babilonia* quando suscita stimoli di pentimento nei confronti della vita lussuriosa, per combattere per quanto possibile contro *la carne del peccato*,[75] e nel cuore umiliato e contrito purifica la sporcizia non solo del corpo, ma anche del cuore.

E ciò che ho detto vale senz'altro sul piano morale.[76]

[2]

Dal punto di vista del significato tipico, invece, la santa Chiesa corrisponde alla città di Gerusalemme, poiché le è consentito far uso del potere secondo il suo diritto e in piena libertà, *per compiere la vendetta fra le nazioni, punire i popoli, legare i loro re nelle catene* dell'anatema[77] *e i loro nobili in ceppi di ferro*. Quando

74. I riferimenti biblici al mito della caduta dell'angelo sono abbastanza evanescenti e diffusi qua e là. Il motivo della lussuria si ritrova in Gn. 3 (seduzione di Eva da parte del serpente), Gn. 6, 1-4 (i giganti allevati dai «figli di Dio» e dalle «figlie degli uomini»), insuperbimento e caduta di Lucifero (Is. 14, 12-15; Lc. 10, 18; Apc. 12, 7-9; 20, 1-3; cfr. anche 2 Pe. 2, 4 e Idc. 6). I termini posti in corsivo si trovano in tali passi. È solo difficile da reperire l'indicazione che il carcere del principe degli inferi debba essere localizzato a Babilonia. A quanto pare si tratta di un'interpretazione propria di Gioacchino. Cfr. anche sotto, p. 103. Per paralleli nelle opere di Gioacchino cfr. *Concordia*, V, 1, c. 18 (ed. Patschovsky, vol. 3, pp. 587-588); *Expositio in Apocalypsim*, 19, 4 (ed. Venezia 1527, fol. 204ra, con riferimento a Lc. 10, 18).

75. L'espressione «carne del peccato» va fatta risalire a Rom. 8, 3.

76. La sezione del testo che ha per oggetto il significato morale del testo di Geremia, universalmente valido indipendentemente dallo spazio e dal tempo, inizia per Grundmann (*Libertà della Chiesa*, p. 210) precisamente dal punto in cui si legge: «Qualcuno potrebbe non essere d'accordo ...» (cfr. sopra, p. 89). Quanto al significato della terminologia utilizzata (qui: «sul piano morale»; sotto: «dal punto di vista del significato tipico», cioè storico), Gioacchino si è espresso più volte nella sua opera: nella maniera più approfondita nel suo *Salterio a dieci corde*, innanzi tutto attraverso il diagramma della chiave di David (tavola 14).

77. Tale interpretazione di «catene» non trova ancoraggio nella tradizione esegetica, ma si impone a partire dalla lotta per le investiture, dal momento della scomunica di Gregorio VII contro Enrico IV.

parte successio ipsius desinet esse sancta – quin potius: cum sancta esse desinet in successione sua –, suscitatur adversarius contra illam, cui plerumque velle resistere absque lamentis et sine digna penitentie satisfactione non licet, quia Dominus cum ipsa non est; non quia absolute <non> licet, sed quia minus malum est, quam si Domino prelianti contra se inportune resistat. *Filii*, inquit ille,[46] *Israel, nolite ascendere*.[47]

Non igitur absolute licet tradere se quempiam in potestatem regis Babilonis, sed si peccata id merentur et non est satisfactio digna; aliud omnino non licet, etsi illud non impune licere queat, ne forte deterius aliquid contingat. Neque enim legitur consilium istud dedisse Ieremias nisi in extrema necessitate. Cui aliquid quoque simile in Ecclesia factum reperimus. *Requirite*[48] *diligenter in libro Domini,* et perquirite a dominis cardinalibus, utrumne aliquid principibus mundi concessum aut concedendum putent a Romana sede contra libertatem Ecclesie! Et si multa necessitate cogente multa concessa esse – que utinam non fuissent! – videamus: doleamus, ingemisscamus, taceamus! Non possum dicere, quia malum non est, ex quo tam multa, tam innumera oriuntur mala; sed forte, si hoc malum non esset, deterius accidere potuisset. Quis enim credere potuisset succumbere Romanum exercitum, quando pugnatum est contra hostem Ecclesie, sive in diebus Leonis pape, sive tempore Innocentii? Sed mirari non potest in eiusmodi casibus,

46. Cfr. Nm. 14, 39-42 (Mosè agli Israeliti, che vogliono salire al luogo dove il Signore ha detto che hanno peccato, dice di non trasgredire l'ordine del Signore, poiché il Signore non è con loro e troveranno i nemici).

47. Nm. 14, 42; cfr. Dt. 1, 42.

48. Cfr. Is. 34, 16.

però nella maggior parte della Chiesa la successione cessa di essere santa; o meglio, quando la Chiesa cessa di essere santa proprio nella successione, le si erge contro un nemico, contro il quale non è quasi mai consentito opporre una resistenza volontaria senza soffrire e senza una degna e debita penitenza, poiché il Signore non è con essa; non perché non[78] sia consentito in senso assoluto, ma perché è un male minore rispetto al resistere in maniera inopportuna al Signore che combatte contro di essa. «Figli d'Israele», disse Mosè, «non salite».

In senso assoluto nessuno è autorizzato a consegnarsi al potere del re di Babilonia; al contrario, lo si può fare solo se lo richiedono i peccati e non c'è la dovuta soddisfazione; null'altro è consentito; per quanto ciò non possa avvenire senza danno, ma perché non capiti magari qualcosa di peggio. Non si legge infatti che Geremia dette questo consiglio solo perché si trovò in una condizione di estrema necessità?[79] Riteniamo che qualcosa di simile sia avvenuto anche nella Chiesa. *Cercate con cura nel libro del Signore*, e chiedete ai signori cardinali se per caso non ritengano che sia stato concesso qualcosa ai principi del mondo, ovvero debba essere concesso dalla sede romana contro la libertà della Chiesa![80] E se vediamo che in stato di necessità molte cose sono state concesse – e volesse il cielo che non lo fossero state! –, allora dobbiamo provare dolore, gemere, tacere! Non posso dire che non sia un male la fonte da cui provengono così tanti, innumerevoli mali; ma forse, se questo male non ci fosse, sarebbe potuto accadere qualcosa di peggio. Chi infatti avrebbe potuto credere che l'esercito papale sarebbe stato sconfitto, quando dovette combattere contro il nemico della Chiesa, sia nei giorni di papa Leone, sia al tempo di Innocenzo?[81] Ma non ci si può turbare, in situazioni del genere, se

78. L'inserimento di questo secondo «non» è frutto di congettura ma è cogente. L'errore potrebbe essere in rapporto con il passo successivo («in assoluto non è dunque consentito»), di fatto accolto in questa prima formulazione; lì però si tratta della resa al potere del re di Babilonia, qui della resistenza contro il nemico.

79. Ciò si ricava dal contesto del capitolo 24 di *Geremia*.

80. Cfr. sopra *Introduzione*, p. 40 e s. nota 90, con riferimento alle espressioni molto simili nel passo di *Concordia*, IV, 1, c. 37 (ed. Patschovsky, vol. 2, pp. 450-451).

81. Il testo si riferisce da un lato alla catastrofica sconfitta subita da Leone IX contro i Normanni a Civitate il 18 giugno 1053, in occasione della quale il papa stesso cadde prigioniero; dall'altro alla sconfitta avvenuta al Garigliano nel 1139, quando Innocenzo II fu sconfitto dal re Ruggero II; anche in tale occasione il papa, come già il suo predecessore, fu preso prigioniero. Notoriamente, entrambe le catastrofi condussero a rilevanti concessioni dei papi nei confronti dei Normanni. Sulla narrazione degli eventi nelle cronache del tempo si veda P. F. Kehr, *Italia pontificia*, VIII, p. 9 e s. e 41 e s.; H. Houben, *Ruggero II*, pp. 93-94 e nota 28. Cfr. H. Grundmann, *Libertà della Chiesa*, p. 218 con riferimento (nota 33) a Gioacchino, *Concordia*, IV, 1, c. 29 e 31 (ed. Patschovsky, vol. 2, pp. 439-440; pp. 446-447). Tra i critici delle imprese guerresche di Leone IX va ricordato Pier Damiani, che nella *Lettera 87* (ed. K. Reindel, 4/2, pp. 504-515, qui p. 514 e s.) muove dalle stesse premesse di Gioacchino; si esprime analogamente Ermanno il Contratto, di Reichenau, in *Annales*, ad a. 1053 (ed. G. H. Pertz, p. 132 s.). In senso opposto Bruno di Segni, *Libellus de symoniacis*, c. 5 (ed. E. Sackur, p. 550), che pone i caduti di Civitate della parte papale nelle file dei martiri; infatti che fossero stati sconfitti o che avessero vinto, la loro causa era quella giusta e solo questo conterebbe davanti a Dio. Analogamente si esprimono Bonizone di Sutri, *Liber ad amicum* V (ed. E. Dümmler, p. 589) e l'Anonymus Haserensis, *De episcopis Eichstetensibus*, c. 37 (p. 265). Riguardo alle diverse presentazioni degli eventi da parte dei contemporanei e alla

qui in armis magis spiritalibus quam materialibus fidem ponit et victorias de celo magis quam de terra presumit. Illud utique absolute bonum, illud modis omnibus probabile esset, si taliter Ecclesia viveret, ut in nullis huiuscemodi necessitatibus subiaceret. Si autem pro peccatis filiorum suorum ad articulum istiusmodi venitur, nec patet absque magno periculo aditus libertatis, consulendum est magis cedere quam resistere Deo; non quidem, ut epulari et gaudere libeat tamquam bene aliquid actum sit, sed magis lugere et affligi, ut saltim in Babilonis opprobrio visitetur a Domino, ut ab eius oppressoribus liberetur. Erit erit istud, et in proximo erit, quia tempus miserendi eius, quia venit tempus!

Ascensuri sunt autem multi de Babilone ad nova edificia construenda, audientes vocem illam Iohannis qua dicitur:[49] *Exite de illa, populus meus, et ne participes sitis delictorum eius, et de plagis eius non accipiatis, quia pervenerunt peccata eius usque ad celum et recordatus est Dominus iniquitatum eius.* Quid enim usque in finem preliari pro terrena substantia, quin immo non pro substantia, sed pro Babilone? Neque enim ordo ecclesiasticus ad aliud constitutus est, quam ut pascat et instruat populum illum, *qui dicitur* christianus, sed iam *non est*, qui non de terra Israel versus est in Egyptum, et de Egypto in Babilonem, ita

49. Apc. 18, 4-5.

si ha fiducia nelle armi spirituali piuttosto che in quelle materiali, e ci si aspetta vittorie dal cielo più che dalla terra. E l'una cosa sarebbe assolutamente buona, l'altra avrebbe probabilità di esserlo, se la Chiesa vivesse in modo tale da non dover soggiacere a nessun travaglio di tale genere. Se invece, a causa dei peccati dei suoi figli, si giunge a un tale punto estremo, e non le si apre una via di libertà senza dover incorrere in un grande pericolo, allora bisogna prendere la decisione di piegarsi piuttosto che resistere a Dio; non certo per il desiderio di mangiare e godere come se si fosse fatto di qualcosa di buono, ma piuttosto per il desiderio di piangere e affliggersi, per essere nuovamente visitata dal Signore nell'ignominia di Babilonia, per essere liberata dai suoi oppressori. Avverrà, avverrà questo, e avverrà presto, perché è il tempo della misericordia, perché[82] viene il tempo![83]

Molti stanno poi per lasciare Babilonia per costruire nuovi edifici,[84] dando ascolto a quella frase di Giovanni che afferma: «Uscite da essa, popolo mio, per non essere partecipi dei suoi delitti e non ricevere parte dei suoi flagelli, perché i suoi peccati sono giunti fino al cielo e il Signore si è ricordato delle sue iniquità». Infatti, perché combattere fino alla fine per le cose terrene, anzi non per le cose, ma per Babilonia? E infatti l'ordine ecclesiastico è stato creato all'unico scopo di condurre e istruire quel popolo[85] *che si dice* cristiano ma ormai *non lo è*,[86] perché dalla terra

loro valutazione nel quadro della riforma ecclesiastica del secolo XI si veda G. Miccoli, *Chiesa gregoriana*, pp. 249-251 e nota 59.

82. H. Grundmann, *Libertà della Chiesa*, pp. 218-219, nota 36, propone di eliminare dal testo latino sia il termine «quia» («perché») sia il termine «tempus». Si può tuttavia senz'altro interpretare l'espressione latina come un anacoluto.

83. In *Sulla Vita e sulla Regola di san Benedetto*, III, 4 (ed. cit., pp. 134-135 e nota 38): «Al posto delle guerre dei Caldei seguirono le guerre degli Alamanni, dalle quali in un vicino futuro la Chiesa sarà liberata». L'espressione manifesta una concezione ottimistica molto simile, secondo cui è imminente per la Chiesa la fine dell'oppressione della propria libertà da parte dei dominatori dell'Impero romano-germanico.

84. Corrispettivo storico-tipologico nel tempo dell'Antico Testamento è il ritorno di gran parte del popolo d'Israele a Gerusalemme sotto Zorobabele e Neemia, per ricostruire il Tempio e la città: è questo il contenuto dei due libri di Esdra.

85. La richiesta non è nuova. Cfr. Gerhoch di Reichersberg, *Tractatus in Psalmum LXIV*, c. 62 (ed. P. Licciardello, p. 96): «Desideriamo che i vescovi e gli altri ministri dell'altare siano sottoposti al giudizio e siano estranei a ogni affare di sangue, se non per quanto lo richieda il dovere di insegnare e di ordinare, al modo in cui i giudici secolari devono invece essere istruiti e indirizzati dagli uomini spirituali che giudicano tutte le cose» (cfr. 1 Cor. 2, 15: «l'uomo spirituale invece giudica ogni cosa senza essere giudicato»).

86. La formulazione si riferisce a Apc. 2, 2 («coloro che si dicono apostoli e non lo sono») e Apc. 2, 9 («coloro che si dicono Giudei e non lo sono»). L'accusa è ripetutamente avanzata da Gioacchino. Cfr. *Sulla Vita e sulla Regola di san Benedetto*, IV, 6 (ed. cit., pp. 196-197); *Concordia*, IV, 1, c. 38; V, 1, c. 17 (ed. Patschovsky, rispettivamente vol. 2, p. 454; vol. 3, p. 578). L'espressione più prossima al nostro testo si trova nella *Introduzione all'Apocalisse*, c. 2: «Babilonia è il popolo, che è detto cristiano, ma non lo è», p. 63. V. anche *Expositio in Apoc.*, 6, 15-17 (ed. Venezia 1527, fol. 120[ra-b]): «Mi pare dunque che per primo deve essere compiuto il giudizio su Babilonia, cioè sulla moltitudine profana dei popoli, che dicono di essere cristiani e non lo sono, ma sono sinagoga di Satana» (Apc. 2, 9 e 3, 9) e *De septem sigillis*, *Apertio VI sig.* (ed. J. E. Wannenmacher, p. 351); *Commento a una profezia ignota*, II, 4.

ut nulla pene sit sanitas. Ad quid igitur pro Babilone defendere libertatem officii, quam persequitur Babilon, ut Ecclesia, humiliata et confusa, ipsa quasi domina elevetur in altum? Quid enim aliud potes, cum non sit tuum arma movere? Quodsi forte facto impetu carnis gladium assumendum iussisti, noli multum timere, sed cito corrigas imiterisque Dominum tuum iubentem et corrigentem quod ipse exempli causa videbatur, ut corrigeret, precepisse. Dicat ergo et nunc Veritas in Scripturis Ecclesie Petri, quod ait per semetipsam ipsimet apostolo Petro:[50] *Converte gladium tuum in vaginam!* Non est enim ita pugnandum pro veritate, sed magis oratione et ieiunio, expectato auxilio de supernis. Qui posset exhibere illi *plus*[51] *quam duodecim legiones angelorum*, sed *ut impleantur Scripture*. Si enim semetipsam Veritas defendere armis noluit, tu putas libertatem tuam, etsi iustam et fidelem, armatorum legione defendere? Fac, quod potes, dum potes, spiritalibus armis! Si his vincere nequis, subsiste!

Permittit dominari emulam, ut compleantur verba Dei, necdum propter scelus istud salute eius desistas. *Ululate*, ait propheta, et *tollite resinam ad dolorem eius, si forte sanetur!*[52] Sed quousque? Quousque possis dicere cum eodem propheta: *Curavimus Babilonem, et non est sanata. Derelinquamus eam et eamus unusquisque in terram suam, quoniam pervenit usque ad celos iudicium eius, et elevatum est usque ad nubes.* Certe, qui non est surdus, satis est ei apertum consilium revertendi

50. Mt. 26, 52-54 e Io. 18, 11.
51. Cfr. Mt. 26, 53.54.56.
52. Ier. 51, 8 (in riferimento a Babilonia).

d'Israele si volse verso l'Egitto e dall'Egitto verso Babilonia, sicché non vi è quasi nulla di sano. A che scopo dunque difendere per Babilonia la libertà dell'ufficio, che Babilonia minaccia, così che la Chiesa umiliata e confusa[87] venga alfine innalzata, quasi quale signora? Infatti che cosa puoi fare ancora, dal momento che non è compito tuo prendere le armi?[88] Se per caso, di fronte a un attacco, hai comandato di prendere la spada, non avere troppa paura, ma modifica subito l'ordine, seguendo il tuo Signore, che prima comanda e poi corregge ciò che egli stesso, come per dare un esempio, aveva ordinato per poi rettificarlo.[89] Perciò ora la Verità[90] della Scrittura parli alla Chiesa di Pietro, proprio con le parole con cui si rivolge allo stesso apostolo Pietro:[91] «Riponi la tua spada nel fodero!». Infatti non si combatte così per la Verità, lo si faccia piuttosto con la preghiera e il digiuno, avendo atteso un aiuto dall'alto, che potrebbe inviare[92] *più di dodici legioni di angeli*, ma *affinché si compiano le Scritture*. Se infatti la Verità non vuole difendere se stessa con le armi, ritieni forse tu di difendere la tua libertà, per quanto giusta e fedele, con una legione di armati? Fa' ciò che puoi, fino a che puoi, con armi spirituali! Se non puoi vincere con queste, fermati!

Dio permette che la nemica domini, perché si compiano le parole di Dio, affinché tu non rinunci alla sua salvezza a causa di questo male. «Alzate lamenti – dice il profeta – e portate balsamo per il suo dolore, forse potrà essere guarita!». Ma fino a che punto? Fino al punto in cui tu possa dire con il profeta stesso: «Abbiamo curato Babilonia e non è guarita. Abbandoniamola e andiamo ciascuno alla propria terra, perché la sua punizione è giunta fino ai cieli e si è innalzata fino alle nubi». Certamente per chi non è sordo basta il consiglio esplicito di ritornare *a*

87. V. sotto, p. 111, nota 113. Medesima espressione anche sopra, p. 91.

88. Qui e di seguito l'appello si rivolge a quello che sopra ha chiamato «l'ordine ecclesiastico», non personalmente al destinatario dello scritto. Si veda sopra la Introduzione, p. 43 e s., nota 133.

89. L'ordine potrebbe riferirsi a Lc. 22, 36-38, ponendosi nel contesto della celebre espressione di Gesù sulle due spade, con la correzione riferibile al relativo ordine dato a Pietro. Cfr. H. Grundmann, *Libertà della Chiesa*, p. 219. Tono e contenuto dell'appello fanno supporre che Gioacchino avesse dinanzi agli occhi iniziative militari molto concrete assunte da responsabili della gerarchia ecclesiastica.

90. Qui e nelle righe immediatamente successive scriviamo il termine «Verità» con l'iniziale maiuscola dal momento che equivale a «Gesù Cristo», in quanto persona storica e oggetto di fede dei credenti.

91. Si confronti al riguardo la critica di Gerhoch di Reichersberg, *Epistola 17, Ad Alexandrum III. papam* (ed. cit., col. 568 s.), diretta ai papi del suo tempo, le cui iniziative militari, rabbiosamente cieche («i pontefici romani che muovono disordinatamente guerra contro i cittadini di Roma e altri nemici»), avrebbero suscitato inquietudine nella Chiesa intera; rivolgendosi a papa Eugenio III, quando quest'ultimo si faceva scrupolo di non aver difeso in maniera abbastanza energica gli interessi della curia nel conflitto fra la città di Roma e gli abitanti di Tivoli, egli ritiene di aver chiarito che «per quanto questa misera pace sia stata conquistata a gran prezzo, è tuttavia migliore della vostra battaglia, poiché, quando il pontefice romano si prepara a far guerra con soldati ingaggiati allo scopo, mi pare di vedere Pietro che estrae la spada dal fodero. Ma, quando le cose non si mettono bene per lui che così combatte o sta per combattere, mi pare di sentire Cristo che dice a Pietro: "Riponi la tua spada nel fodero"».

92. Si intende: alla Chiesa.

ad *novam Ierusalem. Relinque mundum et ea que sunt mundi*, et eris liber et absolutus, edificans deserta Ierusalem, non secundum eam libertatem, quam habueras antea quam tibi auferre potuit rex Babilonis, sed secundum eam, qua ipsum vel alium formidare non possis! Sic sic qui libertatem tenere querit, nescio quo iudicio libertatem amittit, et qui amittit propter Deum, ipse multo amplius libertatem inveniet!

Laudatur ergo, qui sic transmigrat, qui sic pro peccatis in confusionem adduci permittit, non quidem absolute tamquam iustus, sed tamquam qui e duobus eligit illud, quod facilius curari possit, et cui potius presto sit miseratio Domini, iuxta illud quod scriptum est: *Duo homines ascenderunt in templum, ut orarent, unus phariseus et alter publicanus.*[53] Certe, si daretur optio, ego nollem esse nec qualis fuit in fine iste phariseus, nec qualis fuit in principio iste publicanus, sed quales fuerunt Iohannes et Iohannes, baptista videlicet et evangelista. Sed si unum e duobus accidere contingat, potius michi eligerem partem publicani humilis quam pharisei superbi; potius *mulieris peccatricis,* sed humilis, quam Symonis qui dampnabat eam; potius, ut loquar altius, partem gentilis populi, qui aliquamdiu infidelis fuit, quam hebraici de fide superbientis; potius partem Ade, qui peccavit libidine carnis sue usurpando vetitum, quam partem primi angeli, qui superbe elevatus est contra Deum: quia isti omnes curati sunt, illi incurati et incurabiles remanserunt.

53. Lc. 18, 10.

una nuova Gerusalemme.[93] *Lascia il mondo e le cose del mondo*,[94] e sarai libero e senza vincoli, ricostruendo la Gerusalemme desertificata non secondo quella libertà che possedevi prima di esserne privato dal re di Babilonia, ma secondo quella per cui non puoi temere né lui né nessun altro! È così: colui che cerca di conservare la libertà, non so per quale decisione perde la libertà; colui che la perde per Dio, troverà una libertà molto più grande!

Sia lodato dunque chi trasmigra così, chi si lascia condurre nella confusione per i propri peccati, non certo come se fosse assolutamente giusto, ma come colui che fra due possibilità sceglie ciò che si può curare più facilmente; a lui si accosta la misericordia del Signore, come sta scritto:[95] «Due uomini salirono al Tempio per pregare, uno fariseo e l'altro pubblicano». Certo, se fosse data una possibilità di scelta, io non vorrei essere né come fu questo fariseo alla fine, né come fu questo pubblicano all'inizio, ma come furono Giovanni e Giovanni, il battista e l'evangelista. Se però mi dovesse toccare di essere uno dei due, preferirei per me la parte dell'umile pubblicano, piuttosto che quella del superbo fariseo; quella *della* umile *peccatrice* piuttosto che quella di Simone che la condannava;[96] per dirla più chiaramente, la parte del popolo gentile che fu un tempo infedele piuttosto che quella del popolo ebraico insuperbitosi della propria fede; la parte di Adamo, che peccò per il desiderio della sua carne, usurpando il frutto proibito,[97] piuttosto che la parte del primo angelo innalzatosi superbamente contro Dio:[98] poiché gli uni furono tutti curati, gli altri restarono non curati e incurabili.

93. Il sintagma è desunto da Apc. 3, 12 e 21, 2 (v. sopra, p. 75 e nota 15).

94. Questo motto, che contrassegna la spiritualità del secolo XII, si trova alla lettera già in Pascasio Radberto, *Expositio in Evangelium Matthaei*, VIII, in riferimento a c. 16 v. 26 (ed. B. Paulus, p. 822). Il punto di aggancio è costituito da 1 Io. 2, 15: «Non amate il mondo, né le cose del mondo!».

95. Per comprendere lo svolgimento di pensiero è necessario richiamarsi alla memoria, al di là del suo inizio, l'intero passo e il tenore complessivo della parabola del fariseo e del pubblicano (Lc. 18, 10-14).

96. Allusione all'unzione dei piedi di Gesù avvenuta nella casa del fariseo Simone a Naim in Galilea secondo il racconto di Lc. 7, 36-50. Gli elementi testuali collocati qui si trovano anche nell'antifona della liturgia del giovedì santo alla lavanda dei piedi «ad mandatum Jesu»; cfr. CAO 3 (1968) p. 272 Nr. 3224. Gioacchino affronta in una propria ricerca (cfr. sotto, pp. 115-139, in particolare 117) la questione se la «peccatrice», che in questo racconto rimane anonima, sia da identificare con Maria Maddalena e questa a sua volta con Maria di Betania. Il medesimo ragionamento si trova anche in Gerhoch di Reichersberg, *Expositio Psalmorum III 1*, *In Ps. 31*, 1 (ed. D./O. Van den Eynde, A. Rijmersdael, p. 11 s.): «Il fariseo si considerava felice [...] ma più felice fu il pubblicano, le cui cattiverie furono rimesse per mezzo di un'umile confessione, e i cui peccati furono coperti. Si ritenne felice anche quel fariseo che aveva chiamato il Signore a casa sua per un banchetto che rifocillasse il corpo. Ma più felice quella peccatrice, che, pentendosi e piangendo per i propri peccati, gli mostrò un banchetto dello spirito».

97. Gioacchino utilizza spesso questa formula, per indicare il peccato di Adamo. Cfr. *Concordia*, I, c. 1; II, 2, c. 9; IV, 1, c. 3; V, 3, c. 2 (ed. Patschovsky, rispettivamente vol. 2, p. 2; p. 176; p. 346; vol. 3, p. 858).

98. Cfr. sopra, p. 95, nota 74, sulla caduta degli angeli.

Emulamini ergo peccatores, et *penitentiam agite*,[54] et nolite spernere tantum *donum* misericordie Dei! Alioquin audite et ipsi sententiam Petri contra vos et contra Babilonem dicentis: *Si Deus peccantibus angelis non pepercit, sed rudentibus inferni detractos in tartarum tradidit, in iudicio cruciandos reservari; et originali mundo non pepercit, sed octavum Noe iustitie preconem custodivit, diluvium mundo impiorum inducens; et civitates Sodomorum et Gomorreorum in cinerem redigens eversione dampnavit, exemplum eorum, qui impie acturi sunt <ponens>; et iustum Loth oppressum a nefandorum iniuria <ac luxuriosa> conversatione eripuit.*[55] Certe audistis Petri sententiam supra *petram* fundati! Considerate et latronem illum, cui non est datum a Christo, ut penitentiam ageret,[56] ne quis dicat:[57] «Permanebo in peccato, ut gratia abundet!». Hoc est enim quod dixi:[58] *Non omnes intelligunt verbum istud, sed quibus datum est* a Deo. Non enim propterea peccare licet aut in beneplacito Dei ducitur quisquam in Babilonem, ut quasi licitum sit descendere et manere in ipsa, aut quasi gaudere et letari, quia liberandus perducitur in Babilonem – *letari*, inquam, *cum male sit, et exultare in rebus pessimis*,[59] cum causa liberationis precipua ad impetrandam misericordiam ipse sit iugis gemitus et continuus luctus –, sed quia immunda ipsa libido, que per se turpis est, plerumque, dum confundit agentem, mentem quoque ferream et lapideam scindit et usque ad amarissima penitentie lamenta compungit. Quocontra, quia culpa superbie obcecat animum et indurat, repellit a ceco homine donum misericordie Dei secundum verbum illud terribile, quod per Apostolum scriptum est: *Non volentis neque currentis, sed miserentis est Dei.*[60] Ille enim, de quo erat sermo,[61] dum de cursu operum suorum gloriaretur, factus est indignus misericordia et non potuit hereditare benedictionem, pro qua multas et assiduas asperitates pertulerat. Quocontra frater eius Iacob, dum se de preteritorum negligentia et tepore in semetipso argueret et indignum gratia iudicaret, factus est dignus benedictione per gratiam Dei, qua non poterat esse

54. Cfr. Mt. 3, 2 (contenuto della predica di Giovanni Battista); Act. 2, 38 (esortazione dell'apostolo Pietro).

55. 2 Pe. 2, 4-7.

56. Cfr. Lc. 23, 39-43.

57. Rom. 6, 1 (dove però l'espressione si trova posta in forma di questione).

58. Mt. 19, 11. Cfr. sopra, p. 87, nota 61.

59. Cfr. Prv. 2, 14.

60. Rom. 9, 16.

61. Cfr. Rom. 9, 6-13, in riferimento a Esaù; il versetto è preceduto da osservazioni riguardo a coloro che sono effettivamente eletti da Dio, in special modo Giacobbe ed Esaù, secondo Gn. 25, 19-34 e 27, 1-45.

Imitate dunque i peccatori e *fate penitenza*[99] e non disprezzate *il dono* tanto grande della misericordia di Dio! Altrimenti, ascoltate anche voi la sentenza che Pietro pronuncia contro di voi e contro Babilonia: «Dio non ebbe pietà degli angeli che avevano peccato, ma li precipitò negli abissi tenebrosi dell'inferno, serbandoli prigionieri per il giudizio; non risparmiò il mondo antico, ma salvò otto persone tra cui Noè, messaggero di giustizia, inondando con un diluvio un mondo di empi; e condannò alla distruzione le città di Sodoma e Gomorra riducendole in cenere, lasciando un esempio per quelli che sarebbero vissuti empiamente; invece liberò Lot, uomo giusto e angustiato dal comportamento ingiurioso e immorale di quegli uomini scellerati». Certamente avete ascoltato la parola di Pietro, fondato sulla pietra![100] Considerate anche quella del ladrone cui non fu concesso da Cristo di convertirsi, perché nessuno possa dire: «Rimarrò nel peccato, perché abbondi la grazia!». Questo infatti è ciò che ho detto: «Non tutti capiscono questa parola, ma solo coloro ai quali è stato concesso» da Dio. Non per questo è infatti consentito peccare, o qualcuno è condotto a Babilonia con il consenso di Dio, quasi fosse lecito discendere e rimanere in essa; o quasi fosse lecito – dal momento che è condotto a Babilonia chi deve essere liberato – godere e gioire: *gioire,* dico, *nel fare il male ed esultare nei propri propositi perversi,* mentre invece il gemito ininterrotto e il lutto continuo sono la causa principale per richiedere la misericordia della liberazione; è invece consentito perché quel desiderio, impuro e di per sé turpe, nella maggior parte dei casi, mentre confonde colui che lo compie, spacca la mente, per quanto questa sia di ferro e di pietra, e fa soffrire fino ai lamenti più amari della penitenza. Al contrario, la colpa della superbia acceca l'animo e lo indurisce, respinge il dono della misericordia divina dall'uomo cieco, secondo quella parola terribile dell'Apostolo: «Non di chi vuole né di chi corre, ma di Dio che è misericordioso».[101] Colui infatti di cui parlava,[102] mentre si gloriava del corso delle proprie opere, divenne indegno di misericordia e non poté ereditare la benedizione, per cui aveva sopportato molte e continue asperità. Al contrario, suo fratello Giacobbe, mentre si rimproverava la propria negligenza e la tiepidezza riguardo al passato e si giudicava indegno della grazia, divenne degno di benedizione per grazia di Dio, della quale non poteva essere

99. Gioacchino potrebbe aver avuto in mente il passo degli Atti, dove si trova anche il concetto di «dono dello Spirito santo». Il contesto della scena e il modello fanno pensare all'esortazione di Gioacchino.

100. Allusione alle parole con cui Gesù pone Pietro come pietra di base della Chiesa. Cfr. Mt. 16, 18.

101. Svolgimenti paralleli in *Gli articoli della fede*, c. 6 (in part. pp. 79-81); *Dialoghi sulla prescienza divina e la predestinazione umana*, I.

102. La rappresentazione di Gioacchino del rapporto tra causa ed effetto, nel caso della diversa scelta di grazia di Dio relativamente a Esaù e Giacobbe, è un'interpretazione sua propria. Infatti il libro della Genesi non fornisce alcuna indicazione né riguardo alla superbia di Esaù né riguardo ad espressioni di autoumiliazione di Giacobbe come presupposti della differenza nella benedizione. A sua volta Paolo si rifà all'autonomia di Dio nella decisione della sua grazia, indipendente dall'agire umano. Anche la tradizione esegetica non offre alcun elemento cui Gioacchino possa essersi riferito per le sue affermazioni.

dignus quantiscumque et quibuscumque operibus. *Non*[62] igitur *volentis neque currentis, sed miserentis est Dei! Non*[63] *enim qui se ipsum commendat, ille probatus est, sed quem Deus commendat.*

Que est igitur causa, ut non possint esse misericordia digni multi, quos non arguit conscientia, nisi *securitas*? Et que causa, ut nonnulli misericordie munera comprehendant, quorum conscientia testis est, nisi *timor*? Illi enim, dum se ipsos considerant et graviter peccasse non arguunt, elevantur, indurantur, cecantur, dicentes apud se ipsos: «Quid fecimus, ut ploremus?». Isti, dum se ipsos discutiunt, videntes unde venerint et quo venerint, ingemiscunt, et ex profundo cordis parturientes lacrimas lamentantur et dicunt:[64] *Super flumina Babilonis illic sedimus et flevimus, dum recordaremur tui, Syon. In salicibus in medio eius suspendimus organa nostra.*

Noli ergo putare, o quicumque es similis mei, homo peccator, sic tibi licuisse peccare, ut non libeat amarissime flere et *lava*re[65] *per singulas noctes lacrimis stratum* tuum – hoc est per singulas voluptates quibus turpiter inquinatus es –, sed *iam*[66] vide *securim ad radicem positam*, et time, sede et ingemisce, et funde lacrimas, et *fac*[67] *dignos fructus penitentie cunctis diebus vite tue*, quibus reservaris ad penitentiam! Si enim feceris istud, eris similis *ficubus bonis*, maturis et utilibus ad vescendum, et iudicabis illos iustos, qui gloriantur de iustitia sua.

Porro illi, qui gloriantur, bonum erat eis cum Iechonia in Babilonem descendere a principio, magis quam superbire in Syon, Scriptura attestante que dicit:[68] *Non habitabit in medio domus mee, qui facit superbiam; qui loquitur iniqua,*

62. Rom. 9, 16.
63. 2 Cor. 10, 18.
64. Ps. 137 (136), 1.
65. Cfr. Ps. 6, 7.
66. Cfr. Lc. 3, 9.
67. Cfr. Lc. 3, 8.
68. Ps. 101 (100), 7.

degno, quali e quante fossero le sue opere. *Pertanto non di chi vuole né di chi corre, ma di Dio che è misericordioso! Infatti non viene approvato colui che si loda da sé, ma colui che Dio loda.*

Qual è dunque la causa per cui molti, non rimproverati dalla propria coscienza, non possono essere degni di misericordia, se non *la sicurezza*?[103] E qual è la causa per cui alcuni, la cui coscienza è testimone, comprendono i doni della misericordia, se non *il timore*?[104] I primi infatti, mentre considerano se stessi e non si rimproverano di aver peccato gravemente, si innalzano, induriti e accecati, dicendo a se stessi: «Che cosa abbiamo fatto, da dover piangere?». Questi altri, mentre esaminano se stessi, vedendo da dove sono venuti e dove sono diretti, gemono e, piangendo lacrime dal profondo del cuore, si compiangono e dicono: «Lungo i fiumi di Babilonia, lì ci siamo seduti e abbiamo pianto, ricordandoci di te, Sion. In mezzo ai salici abbiamo appeso i nostri strumenti musicali».[105]

Non credere, dunque, tu, simile a me chiunque tu sia, uomo peccatore, che ti sia stato consentito peccare, perché non ti risultasse gradito piangere nel modo più amaro e *inondare notte dopo notte* – cioè piacere dopo piacere, nei quali ti sei sporcato – *il tuo letto di lacrime*[106]*; ma già* vedi *la scure posta alla radice*, e abbi timore, fermati e gemi, e spargi lacrime, e *fa' frutti degni di penitenza per tutti i giorni restanti della tua vita*, per i quali sei destinato alla penitenza! Se infatti avrai fatto ciò, sarai simile *ai fichi buoni*, maturi e buoni da mangiare, e giudicherai quei giusti che si gloriano della propria giustizia.[107]

Senz'altro per quelli che si gloriano sarebbe stato un bene scendere all'inizio a Babilonia con Ieconia, piuttosto che insuperbire a Sion, come attesta la Scrittura che dice: «Non abiterà dentro la mia casa chi emana superbia, chi pronuncia cose

103. Gioacchino ha dunque dinanzi agli occhi quella sicurezza riguardo a cui Paolo, nella Prima lettera ai Tessalonicesi (5, 3) afferma: «Quando infatti si dirà: "pace e sicurezza", allora d'improvviso la rovina li colpirà». Il passo è ripetutamente citato da Gioacchino in riferimento a quella cerchia di persone che anche in questo caso egli ha in mente: si veda il trattato *Sulla Vita e sulla Regola di san Benedetto*, III, 9 (ed. cit., p. 177); *Concordia*, IV, 1, c. 40; V, 3, c. 1 (ed. A. Patschovsky, vol. 2, p.466; vol. 3, p. 840); *Expositio in Apocalypsim,* 6, 12 (ed. Venezia 1527, fol. 117vb).

104. Il riferimento è a quel timore, riguardo a cui Ps. 2, 11 afferma: «Servite il Signore con timore, e rallegratevi con tremore!». Che di questo si tratti è confermato dal trattato *Sulla Vita e sulla Regola di san Benedetto*, III, 1 (ed. cit., pp. 114-117), ove Gioacchino pone lo scambio liturgico di antifona e alleluia in rapporto storico-tipologico con Adamo caduto nel peccato e con la sua immediata discendenza e con l'umanità a partire da Enoch, quando essa poteva sperare di essere nuovamente accolta nel paradiso. Questo tipo di umanità porta precisamente quei tratti che Gioacchino descrive nel nostro contesto.

105. Gioacchino ha dedicato un sermone a questo passo (Gioacchino da Fiore, *Sermoni*, I, 1, ed. De Fraja, pp. 48-75). Esso segue una linea argomentativa diversa rispetto a quella presentata sopra. Dal punto di vista del contenuto, osservazioni assolutamente prossime relativamente al tema del passo del Salmo si trovano in altre opere, quali *Concordia*, I, c. 1; V, 2, c. 13 (ed. A. Patschovsky, rispettivamente vol. 2, p.17; vol. 3, p. 817) ed *Expositio in Apocalypsim*, 19, 1-3 (ed. Venezia 1527, fol. 203[ra]).

106. Gioacchino cita questo passo del Salmo sviluppando riflessioni molto simili riguardo alla penitenza anche nel trattato *Sulla Vita e sulla Regola di san Benedetto*, IV, 6, pp. 200-201.

107. Allusione alla promessa che i giusti giudicheranno il mondo alla fine dei tempi: cfr. Dn. 7, 22; Apc. 20, 4; 1 Cor. 6, 2-3.

non direxit in <conspectu> oculorum meorum. Et in evangelio Dominus:[69] *Qui scandalizaverit unum de pusillis istis, qui in me credunt, expedit ei ut suspendatur mola asinaria in collo eius et demergatur in profundum maris.* Simili modo et Ecclesie de libertate superbienti expedit magis humiliari cum Christo et iudicari in conspectu Pilati, licet alias non expediat, quia profecto, dum dominatur carnalis homo, spiritalis vehementer affligitur et multa patiatur necesse est; que sine gravi offensione sustineri non possunt. Unde et plerumque zelare querit, nec sufficit; emulari, nec prevalet; erigi, et non subsistit. Dum ergo velle sibi adiacet et perficere non meretur, afflictus et angustiatus nimis clamans et ingemiscens dicat: «*Infelix ego homo! Quis me liberabit*[70] a potestate tiranni huius, qui me cogit consentire vitiis, abdicare virtutes?». *Bona*[71] est ergo et sancta libertas his, *qui ea legitime utuntur*, quia, dum *virga*[72] *in sublime erigitur*,[73] *dorsa* bestialium hominum ad eius imperium contremiscunt. Sed si libertas, que ad iustitiam data est, in superbiam vertitur, manet acutus Dei gladius ad resistendum superbis, cogens eos, qui libertate gaudent, ipsam libertatem amittere et incidere in necessitatem servitutis ad consentiendum iniustitie propter penam precedentis superbie, ut saltim vel hoc modo superbire dediscant, qui manentes in libertatis culmine *consentire humilibus* noluerunt.[74] Quis enim non advertat inesse servituti huiusmodi delinquendi materiam, cum sint multi corruentes timore, qui, si essent libertate prediti, inconcussi stetissent?

Sed que utilitas in libertate ista, in qua non est salus? Quocirca, si utilitatem intuemur, duo genera libertatis sunt et totidem genera servitutis. Est enim bona libertas, designata in mansione Ezechie, et mala libertas in pertinacia

69. Mt. 18, 6.
70. Rom. 7, 24.
71. Cfr. 1 Tim. 1, 8: «Sappiamo che la Legge è buona, purché se ne faccia un uso legittimo».
72. Riguardo all'immagine della verga sulla schiena degli uomini sciocchi si veda Prv. 10, 13; 26, 3.
73. Cfr. Iob 40, 4 (Vulg.); H. Grundmann, *Libertà della Chiesa*, p. 215.
74. Cfr. Rom. 12, 16.

inique non ha volto lo sguardo[108] verso i miei occhi». E nel Vangelo il Signore: «Chi scandalizzerà uno solo di questi piccoli, che credono in me, conviene che gli sia appesa al collo una macina da mulino e sia sprofondato nel profondo del mare». Similmente, anche alla Chiesa che insuperbisce della propria libertà è più utile essere umiliata insieme a Cristo ed essere giudicata al cospetto di Pilato;[109] altro modo peraltro non le conviene, dal momento che, se domina l'uomo carnale, immediatamente lo spirituale è colpito con violenza e necessariamente subisce molte cose che non possono essere sostenute senza grave offesa. Di conseguenza e nella maggior parte dei casi cerca di darsi da fare, e non gli basta; cerca di rivaleggiare e non riesce ad affermarsi; cerca di innalzarsi, e non riesce a restare saldo. Mentre dunque il volere lo incalza e lui non riesce a compierlo, afflitto e angustiato all'eccesso dirà gridando e gemendo: «Me infelice! Chi mi libererà dal potere di questo tiranno che mi costringe a consentire ai vizi e ad abdicare alle virtù?». *Buona* è dunque e santa la libertà *per coloro che ne fanno un uso legittimo*, dal momento che, mentre *la verga viene sollevata*, *le schiene* degli uomini bestiali tremano al suo comando. Ma se la libertà, che è stata data per la giustizia, viene trasformata in superbia, per resistere ai superbi rimane la spada acuta di Dio, che costringe coloro che godono della libertà a perdere la loro libertà; e così cadono necessariamente nella servitù, accettando l'ingiustizia per scontare la pena della precedente superbia; in questo modo smetteranno forse di insuperbire coloro che, raggiunto l'apice della libertà, non vollero *essere dalla parte degli umili*. Chi infatti non si renderebbe conto che un tal modo di delinquere pertiene alla servitù, dal momento che molti sono coloro che cadono per timore, mentre, se fossero stati dotati di libertà, sarebbero rimasti in piedi senza essere colpiti?

Ma a che cosa serve questa libertà in cui non c'è salvezza? Quanto a questo, in rapporto all'utilità, ci sono due generi di libertà e altrettanti generi di servitù. Vi è infatti una libertà buona, indicata nella posizione di Ezechia,[110] e una libertà cattiva,

108. Nel manoscritto padovano le parole del versetto del Salmo non sono riportate qui per esteso, ma solo per tramite delle iniziali. Manca la lettera iniziale del termine latino «conspectus», corrispondente nella traduzione italiana a «sguardo»; dovrebbe però trattarsi di un errore nella tradizione manoscritta e non di una scelta consapevole di Gioacchino, che in effetti in un passo parallelo dell'*Expositio in Apocalypsim*, 2, 13 (ed. Venezia 1527, fol. 70vb), avente dal punto di vista del contenuto il medesimo significato, cita il salmo attenendosi strettamente al testo della Vulgata.

109. Il richiamo ad imitare Cristo, rivolto alla Chiesa in riferimento alla Passione, appare infondato dal punto di vista esegetico. Esso corrisponde alla prima regola ermeneutica di Ticonio («riguardo al Signore e al suo corpo»: cfr. Agostino, *De doctrina christiana,* III, 31 [ed. J. Martin, p. 104]). Gioacchino si richiama esplicitamente a tale principio nel trattato *Sulla Vita e sulla Regola di san Benedetto*, I, 6 (ed. cit., pp. 154-155): «è necessario sia adempiuto nel corpo di Cristo ciò che fu compiuto nel capo».

110. Ezechia riceve in 2 Reg. 18, 5 una valutazione straordinariamente positiva: «Egli confidò nel Signore, Dio d'Israele; e non vi fu un altro simile a lui tra tutti i re di Giuda né dopo, né tra quelli che ci furono prima». Per il concetto di «mansio» (tradotto qui con «posizione») si veda Io. 14, 2. Gioacchino in *Concordia*, V, 1, 14 (ed. Patschovsky, vol. 3, p. 568) fa capire come lo intende: «perché si riempiano quei molti posti che furono preparati nella casa del Signore per le diverse specie di eletti». L'ottenere un posto nella casa del Signore è dunque collegato con il concetto dell'essere eletti.

Sedechie. Est enim bona servitus, designata in captione Iechonie, et mala item servitus, designata in captione Sedechie. Quando enim clerus liber est et humiliter optemperat regi suo, tunc bona est et in omnibus optanda libertas. Cum vero de libertate sua *in sublime erigitur*[75] et pro superbia traditur hosti, nec rennuit, agnoscens se pro culpa sua evacuatum viribus nec posse resistere inimicis, tunc quidem de libertate superba ad humilem servitutem perducitur, ut humiliatus et confusus salutarem medicinam accipiat, sicut hii qui cum Iechonia in Babilonis provinciam ducti sunt. Quando autem potestati adverse insurgenti contra se non humiliata resistit, non solum culpa non minuitur, sed augetur, quia contra sententiam sevientis Domini obsistendo repugnat. Et quia nimis libertatem tenere cupit, quam habere diutius non meretur, dum frustrari vota sua, spem, preces et obsequia conspicit, dum labores, quos quasi pro Deo sustinet, miserator Dominus non attendat, in illud plerumque crimen incidit, quod est peccare in *Spiritum sanctum*,[76] quod *non remittitur* delinquenti *neque in hoc seculo neque in futuro*.

Quocirca cum in his angustiis culpa exhigente incidimus, nullum est ita bonum consilium quam recurrere ad cor penitens et contritum et inniti orationibus et obsecrationibus coram Domino. Et si quidem communi voto omnes pariter convertuntur ad Deum et *declinantes*[77] *a malo faciunt bonum*, inquirunt pacem et perseverant in ea, presumendum est presuli de misericordia Dei et non est urbs libertatis inimicis tradenda. Sin vero aut id facere nolunt aut in facto persistere parvipendunt, sicut hii, qui ad vocem Ieremie penitentiam acceperunt et mox, ut *canis*[78] *ad vomitum*, ad consueta facinora *reversi* sunt, bonum est magis de victoria humili timore diffidere quam proterve et obstinate confidere, et expectare quandocumque miserationis remedium quam repugnare contra *Deum,*[79] *cuius nemo potest ire resistere*. EXPLICIT.

75. Cfr. Iob 40, 5 (Vulg.). V. sopra, p. 108.
76. Cfr. Mc. 3, 29; Mt. 12, 32; Lc. 12, 10.
77. Cfr. Ps. 37 (36), 27; similmente Ps. 34 (33), 15.
78. Cfr. Prv. 26, 11; 2 Pe. 2, 22.
79. Cfr. Iob 9, 13.

indicata nell'ostinazione di Sedecia.[111] C'è infatti una servitù buona, indicata nella prigionia di Ieconia, e a sua volta una servitù cattiva, indicata nella prigionia di Sedecia.[112] Quando infatti il clero è libero e obbedisce umilmente al suo re, allora la libertà è buona e deve essere desiderata in tutte le cose. Quando in verità il clero *viene innalzato* dalla sua stessa libertà e per superbia si consegna al nemico, e non si oppone, non riconoscendo di essere stato svuotato di forze per colpa sua e di non poter resistere ai nemici, allora certamente viene condotto da una libertà superba a un'umile servitù, affinché umiliato e confuso[113] riceva la medicina salvifica, come coloro che furono condotti insieme a Ieconia nella provincia di Babilonia. Quando poi resiste al potere contrario che insorge contro di sé, non solo la sua colpa non diminuisce, al contrario aumenta, perché resistendo si oppone alla sentenza e alla furia del Signore. E poiché desidera trattenere troppo quella libertà che non merita di avere a lungo, vedendo frustrati i suoi desideri, la speranza, le preghiere e gli ossequi, mentre il Signore misericordioso[114] non considera le fatiche che sostiene quasi fossero per Dio, il più delle volte precipita nel crimine di peccare *contro lo Spirito santo*, che *non è perdonato* a colui che lo compie, *né in questo mondo né in quello futuro*.

E dunque, quando per una colpa[115] precipitiamo in tali angustie, non vi è decisione migliore che ricorrere al cuore penitente e contrito affidandosi alle preghiere e alle suppliche rivolte al Signore; e se per decisione comune tutti si convertono in ugual modo a Dio e *rinunciando al male fanno il bene* e cercano e perseverano nella pace, occorre che chi comanda confidi nella misericordia di Dio, e la città non sia consegnata ai nemici della libertà. Se però non vogliono fare ciò, oppure, una volta fattolo, lo considerano ben poca cosa – come coloro che ricevettero per penitenza la parola di Geremia, e subito, *come un cane che ritorna al suo vomito*, ritornarono[116] ai consueti crimini – allora è meglio diffidare della vittoria con umile timore piuttosto che confidare in essa in maniera proterva e ostinata; è meglio aspettare, quando che sia, il rimedio della misericordia piuttosto che opporsi *contro Dio, alla cui collera nessuno può resistere*. EXPLICIT.

111. Riferimento a 2 Reg. 24, 20 e soprattutto a 2 Par. 36, 10-13.

112. Sul differente significato della servitù babilonese per i re Ieconia e Sedecia si veda sopra, p. 87 e nota 61.

113. Quanto alla scelta del concetto di «confusione» in connessione con eventi che hanno un qualche riferimento a Babilonia, si tratta sempre di qualcosa che ha a che fare con la etimologia del nome della città. Cfr. H. Grundmann, *Libertà della Chiesa*, p. 215 e relativa nota 25, con riferimento a Isidoro, *Etimologie* 15.1.4. Si veda anche sopra, pp. 91 e 101.

114. L'espressione «Dio misericordioso» si trova ripetutamente nei Salmi. Cfr. Ps. 86 (85), 15; 103 (102), 8; 111 (110), 4; 145 (144), 8.

115. Questa frase riguardo alle esigenze di Dio si trova anche nel trattato *Sulla Vita e sulla Regola di san Benedetto*, III, 4 (ed. cit., pp. 138-139).

116. Sul destino di coloro che nella parabola dei due canestri di fichi si decisero per la parte rappresentata dal canestro con i fichi cattivi si veda Ier. 24, 8-10.

[Epilogus]

Hec tibi, abbas Gafride, destinare curavi propter eos, qui me de *calathis plenis <ficubus>*[80] disputasse dixerunt et nescio quid absurdum et indecens protulisse testati sunt, cum michi super hoc conscius non sim nec me credam alicui usque ad horam hanc tradidisse. En *i(nsipientia) m(ea) in* hac parte *a te non* est *abscondita*![81] Tuum est errata corrigere, *qui es magister in Israel*,[82] meum, si errasse iudicer, dorsum ad *flagella parare*.[83] Novi enim, filius tuus, et bene Dei gratia doctus sum letanter iubilare ac dicere:[84] *Corripiet me iustus in misericordia et increpabit me; oleum autem peccatoris non impinguet caput meum.*

80. Cfr. Ier. 24, specialmente 1 e 2. Cfr. sopra, p. 71, nota 3.
81. Cfr. Ps. 69 (68), 6: «Dio tu conosci la mia insipienza e ti sono noti i miei errori».
82. Cfr. Io. 3, 10: «Tu sei maestro in Israele e ignori queste cose?».
83. Cfr. Ps. 38 (37),18.
84. Cfr. Ps. 141 (140), 5.

[Epilogo]

Abate Goffredo, ho pensato di rivolgerti queste parole per via di coloro che hanno detto che ho discusso *sui canestri pieni di fichi* e hanno testimoniato che ho sostenuto non so che cosa di assurdo e di indecente, mentre non ne sono affatto a conoscenza, né credo di avere trasmesso alcunché a nessuno fino ad oggi. *E non ti è ignota la mia insipienza* al riguardo! Spetta a te correggere gli errori, *tu che sei maestro in Israele*;[117] quanto a me, se si ritiene che io abbia sbagliato, conviene *preparare* la schiena *alle frustate*. Lo so infatti, da figlio tuo, e sono ben istruito dalla grazia di Dio a giubilare e a dire con gioia: «Il giusto mi percuoterà nella misericordia e mi rimprovererà; l'olio del peccatore non unga invece la mia testa».[118]

117. Il contesto originario è quello della conversazione di Gesù con Nicodemo («Vi era tra i farisei un uomo di nome Nicodemo, uno dei capi dei Giudei»). L'interpretazione dell'episodio offerta nei *Trattati sui quattro Vangeli*, III, 14 (trad. cit., pp. 190-191) rivela il significato attribuito da Gioacchino all'espressione: «Nicodemo invece, ancora impedito dalle tenebre della notte, non potendo comprendere i misteri spirituali, gli parla e gli dice: "Come possono avvenire queste cose?" [Io. 3, 9]. Il che è come se dicesse: come possiamo ascoltare un nuovo comandamento che non ci diede Mosè? [...]. Il Signore poi mostrò di stupirsi che colui che era grande nella conoscenza della legge, ignorasse queste cose, dal momento che a lui che gli diceva "Come possono avvenire queste cose?", rispose dicendo: "Tu sei maestro in Israele e ignori queste cose?". Il che è come se si dicesse: se voi farisei, che siete maestri in Israele, ignorate il significato del passaggio del Mar Rosso e dell'uccisione degli Egiziani, e la parola di Isaia che dice: "Si meraviglieranno molte genti" [Is. 52, 15], e quella del profeta Zaccaria che dice: "Vi sarà per la casa di David una sorgente zampillante per lavare il peccatore e la mestruata" [Zac. 13,1], come potranno comprendere gli incolti, *che non conoscono la differenza tra la destra e la sinistra*? [Cfr. Ion. 4, 11; Mt. 6, 3]». Si veda al riguardo H. Grundmann, *Libertà della Chiesa*, pp. 226-228. Quanto alle conseguenze che da questo passo parallelo occorre trarre per il giudizio di Gioacchino nei confronti del suo destinatario Goffredo di Auxerre si veda sopra la *Introduzione*, p. 23 e s.

118. Gioacchino si riferisce al medesimo passo del Salmo anche nella sua *Expositio in Apocalypsim*, 22, 21 (ed. Venezia 1527, fol. 224ra): «Riguardo a ciò vi supplico o fedeli: come io ho assunto su di me la fatica di un tale peso per la vostra salvezza, *volendo darvi un segnale affinché fuggiate lontano dagli archi* [Ps. 59 (60), 6; Is. 21, 15], vogliate tendermi anche voi la mano della misericordia; di modo che, se in questa stessa opera o in altre simili io ho commesso qualche errore, da uomo qual sono, ci sia qualcuno che nella sua bontà sia anche indulgente, riconoscendo nella sua clemenza la mia umiltà; e se lui stesso vorrà correggermi, con atteggiamento di pietà, mentre sono ancora vivo, sono pronto ad accogliere la correzione imitando colui che disse: "Il giusto mi percuoterà"».

Quaestio de Maria Magdalena
et Maria sorore Lazari et Marthae

Questione su Maria Maddalena
e su Maria sorella di Lazzaro e di Marta

[I]

[1]

Usitatam inter plurimos questionem de Maria Magdalena et Maria, sorore Lazari et Marthe, volo, si possum, verbis evangelicis enodare, ne quis unam eamdemque extimet fuisse Mariam, eo quod non desint qui hoc putent usque in presentem diem.

Due regiones erant nominate in terra Israel, tempore quo Christus venit in mundum: una que dicebatur Galilea, altera que vocabatur Iudea. In Galilea erat *civitas que vocabatur Naim*, in qua suscitavit iuvenem Iesus ad *portam civitatis*;[1] et in ipsa erat *mulier* illa *peccatrix*, que *unxit unguento pedes eius*, prius *lacrimis* lotos.[2] In Iudea erat *castellum* quod vocabatur *Bethania*, in qua *suscitavit* Dominus *Lazarum quatriduanum*;[3] et in ipso erat mulier habens *alabaustrum unguenti pretiosi*, quod *effudit super caput ipsius recumbentis*.[4] Illa ergo peccatrix fuit, hec secundum Ambrosium virgo, licet diversi diversa sentiant et alii aliud opinentur.

1. Cfr. Lc. 7, 11-17.

2. Cfr. Lc. 7, 36-50, in particolare vv. 37-38.

3. Per la resurrezione di Lazzaro cfr. Io. 11, 1-44. Per i riferimenti testuali riportati qui si vedano in particolare Io. 11, 39 e 12, 1.

4. Cfr. Mt. 26, 6-13. Si vedano anche Mc. 14, 3-9; Io. 11, 2 e 12, 1-8. Il testo segue Mt. 26, 6-7.

[I]

[1]

Se mi è possibile, voglio risolvere con le parole del Vangelo la questione, al centro di moltissime discussioni, di Maria Maddalena e di Maria sorella di Lazzaro e di Marta, per togliere di mezzo l'equivoco che si tratti della stessa Maria, come invece fino ad oggi alcuni continuano a sostenere.[1]

Al tempo in cui Cristo venne nel mondo, vi erano nella terra d'Israele due regioni di cui si conosce il nome: una era detta Galilea, l'altra Giudea. In Galilea vi era *la città chiamata Naim*, in cui Gesù risuscitò un giovane vicino alla *porta della città*; e lì c'era pure quella *peccatrice* che *unse d'unguento i piedi di Gesù*, lavati *con le lacrime*. In Giudea vi era *un villaggio* chiamato *Betania*, in cui il Signore *risuscitò Lazzaro al quarto giorno*; e lì c'era una donna che *sparse unguento prezioso da un vaso di alabastro sul capo di lui mentre era a tavola*.[2] Secondo Ambrogio,[3] l'una era dunque la peccatrice, l'altra la vergine, per quanto vi siano convinzioni diverse e ci sia chi la pensa diversamente.[4]

1. Qui Gioacchino minimizza. La tradizione latina, praticamente all'unisono se si prescinde da pochissime eccezioni, ritiene a partire da Gregorio Magno, *Homiliae in evangelia*, *Hom. 25* e *Hom. 33* (ed. cit., pp. 204-216, qui pp. 205 e 215; 287-298, qui p. 288) che le due Marie siano una sola. L'autorità attribuita al parere di Gregorio a partire dal secolo XI rispetto ad altri pareri correnti d'epoca patristica, che andavano in direzioni diverse, potrebbe essere fondata in ultima analisi sul dato di fatto che la *Omelia 33* era divenuta una delle letture più importanti dell'officio liturgico di santa Maria Maddalena e come tale trovò per esempio accoglienza anche nell'officio dell'Ordine cistercense delineato da Bernardo di Clairvaux. Cfr. V. Saxer, *Le culte de Marie Madeleine*, 1, pp. 2-4 con note 11-13, 162, 170, 173 s., 181. C. Waddell, *Saint Bernard's Mary Magdalene Office*, pp. 37-40. Si veda sotto, p. 127, nota 20, la relativa citazione dalla *Omelia 33*. Riguardo alla problematica si veda l'*Introduzione* sopra, p. 28 e relativa nota 152. L'impressione di Gioacchino di aver a che fare con una tradizione in ultima analisi aperta si potrebbe peraltro giustificare in riferimento alla *Glossa ordinaria* a Mt. 26, 7 (ed. Rusch, t. IV, facs. p. 79a), in cui entrambi i punti di vista contrapposti si trovano riportati l'uno accanto all'altro, senza alcun tentativo di una presa di posizione valutativa.

2. Per Matteo come per Luca le due donne che ungono Gesù restano anonime; Gioacchino, che a sua volta non cita alcun nome in questo punto, si attiene quindi molto strettamente ai due racconti.

3. Qui Gioacchino si riferisce al commento di Ambrogio al Vangelo di Luca. Si veda *In Luc.*, VI 14 (riguardo a Lc. 7, 37-44), ed. cit., p. 179, dove Ambrogio mostra che è impossibile identificare la peccatrice del passo di Luca con la Maria di Betania: infatti l'una ha unto il capo di Cristo, l'altra i suoi piedi; quest'ultimo gesto contrassegna il peccatore, il primo il giusto. Significativo anche il passo di *In Luc.*, X 153 (riguardo a Lc. 23, 56), ed. cit., p. 389 e s., dove Ambrogio cerca addirittura di operare una distinzione tra le due figure di Maria Maddalena dei racconti della resurrezione di Giovanni (20, 1-18) e di Matteo (28, 1-10). Va nella stessa direzione Girolamo, *In Matheum* 26, 7 (ed. cit., p. 246); *Tract. in Marc.* 14, 3 (ed. cit., p. 498). Sia Ambrogio sia Girolamo mostrano di essere indipendenti da Origene *In Matth.* 26, 6-13 (ed. cit., pp. 178-186).

4. Per esempio Gregorio Magno (cfr. sopra, in questa stessa pagina, nota 1) e Agostino (cfr. sotto, p. 135, nota 31). Si veda inoltre l'*Introduzione*, sopra, pp. 28-29.

Ecce autem habemus duas provincias, duo loca, duas mulieres. Si autem aliud gestum est in *Naim civitate* Galilee, aliud in *Bethania castello* Iudee, et illa *pedes* Domini unxit, ista *caput*, liquet quod alia fuit mulier de qua dicit Lucas:[5] *Ecce mulier, que erat in civitate peccatrix,* alia de qua dicit Matheus:[6] *Cum autem esset Iesus in Bethania in domo Simonis leprosi, accessit ad eum mulier habens alabaustrum unguenti pretiosi, et effudit super caput ipsius recumbentis,* nisi forte contendat aliquis aliud post aliud consumatum ab una. Quod tamen an ita fuerit an non ita, verbis evangelicis indagandum est.

[2]

Ut enim tangamus verba evangelica ad roborandam dictorum fidem, docet evangelista Lucas *regressum* Dominum a *deserto*, ubi *temptatus fuerat a Diabolo, in virtute Spiritus in Galileam, et exisse famam* eius *per universam regionem de illo*.[7] Exinde cum *eiecissent* eum concives a *civitate Nazareth*, dicit eum *descendisse in Capharnaum, civitatem Galilee*.[8] Et cum vellent eum *detinere* secum diutius,[9] qui erant in Capharnaum, dixit eis:[10] *Quia et aliis civitatibus oportet me evangelizare*. Ubi et mox subditur:[11] *Et erat predicans in sinagogis Iudee*. Postquam autem *predicavit in* civitatibus *Galilee*, et aggregavit sibi discipulos qui essent secum,[12] dicit illum prefatus evangelista *intrasse* in *Capharnaum*, et venisse ad eum *centurionem* qui postulavit salutem puero suo dicens ita:[13] *Cum autem*

5. Lc. 7, 37.
6. Mt. 26, 6-7.
7. Cfr. Lc. 4, 1-2; 14.
8. Cfr. Lc. 4, 16; 29-31.
9. Cfr. Lc. 4, 42.
10. Lc. 4, 43.
11. Lc. 4, 44.
12. Cfr. Lc. 5, 8-11; 6, 13-16.
13. Lc. 7, 1-2.

Abbiamo dunque due province, due luoghi, due donne. Se dunque un fatto avvenne a *Naim*, *città* della Galilea, e l'altro a *Betania, villaggio* della Giudea, e una donna unse *i piedi* e un'altra *la testa* del Signore, è evidente che l'una è la donna di cui Luca dice: «Ed ecco una donna, che era peccatrice nella città», l'altra quella di cui Matteo dice: «Mentre Gesù era a Betania in casa di Simone il lebbroso, gli si avvicinò una donna che aveva un vaso di alabastro pieno di unguento prezioso e glielo sparse sul capo mentre era a tavola»; a meno che non si voglia magari sostenere che i due gesti siano stati compiuti, l'uno dopo l'altro, dalla stessa persona.[5] Occorre dunque indagare con le parole evangeliche se sia stato così o no.

[2]

Veniamo dunque alle parole del Vangelo, per irrobustire la fede in ciò che è stato detto. L'evangelista Luca insegna che il Signore *uscì dal deserto, dove era stato tentato dal Diavolo, e con la potenza dello Spirito ritornò in Galilea e da lì la sua fama si diffuse in tutta la regione*. Quindi racconta che, *cacciato dai suoi concittadini dalla città di Nazareth, scese a Cafarnao, città della Galilea*. E dal momento che coloro che erano a Cafarnao volevano *trattenerlo* più a lungo con sé, disse loro: «È necessario che io annunci l'evangelo anche nelle altre città». E subito dopo si aggiunge: «E andava predicando nelle sinagoghe della Giudea».[6] L'evangelista dice che Gesù dopo aver *predicato nelle città della Galilea* e raccolto discepoli che stessero con lui, *entrò in Cafarnao* e venne da lui *un centurione* a pregarlo per la salute di un suo servo; e precisamente racconta: «Dopo avere

5. Cfr. Agostino, *De consensu evangelistarum*, II, 79 (ed. cit., p. 261): *Non quidem aliam fuisse tunc mulierem, quae peccatrix accessit ad pedes Iesu [...], sed eandem Mariam bis hoc fecisse* («Non fu un'altra la donna, a venire allora da peccatrice ai piedi di Gesù [...]; ma fu la medesima Maria – cioè la sorella di Lazzaro – a fare ciò due volte»). Per ulteriori esempi di epoca patristica si veda U. Holzmeister, *Die Magdalenenfrage*, pp. 415-417. Anche la *Glossa ordinaria* su Lc. 7, 38 si esprime nel senso di due azioni compiute in successione dalla stessa persona (ed. Rusch, vol. 4, p. 167a): *Maria soror Lazari bis eodem functa est officio: semel in Galilea cum primo accedit cum humilitate et lacrymis, ubi remissionem peccatorum accepit. Secundo in Bethania, non iam peccatrix nominata, sed casta, et ideo devota: ibi pedes, hic caput inungit* («Maria sorella di Lazzaro ha prestato due volte il medesimo servizio: una volta in Galilea quando si accostò la prima volta con umiltà e lacrime, ove ricevette la remissione dei peccati; la seconda volta a Betania, quando è detta non più peccatrice, ma casta, e perciò devota: là gli unge i piedi, qui il capo»). Pascasio Radberto, *In Matth.* 26, 6-7 (ed. cit., p. 1272) evoca tale possibilità, ma la respinge. Si esprime diversamente Beda, *In Luc.* 7, 36-37 (ed. cit., p. 166 s). Si veda l'*Introduzione* sopra, p. 46, nota 162. Si veda anche sotto, p. 135, nota 31.

6. Qui il manoscritto Padova, *Bibl. Antoniana*, 322, unico testimone sopravvissuto dell'opera (cfr. sopra, *Introduzione*, pp. 32-33), riporta il termine «Galilee», ovvero «della Galilea»: palesemente una svista, che non si può escludere risalga all'autore stesso. Nella edizione critica assunta come termine di riferimento per la presente traduzione la lezione errata «Galilee» è mantenuta (cfr. *Scripta breviora*, p. 247). Qui essa viene invece sostituita con la lezione corretta «Iudee», secondo il dettato evangelico cui Gioacchino si sta qui espressamente e inequivocabilmente riferendo [nota del curatore].

implesset Iesus omnia verba sua in aures plebis, intravit Capharnaum. Centurionis autem cuiusdam servus male habens erat moriturus, et cetera. Postquam autem narravit miraculum quod fecit Iesus de puero centurionis,[14] sequitur et dicit:[15] *Et factum est. Deinceps ibat Iesus in civitatem, que vocatur Naim, et ibant cum illo discipuli eius et turba copiosa. Cum autem appropinquaret porte civitatis,* et cetera. Descripto autem miraculo suscitati *adolescentis,*[16] dicit quod *exiit*[17] *sermo hic in universam Iudeam et omnem circa regionem,* et quod narraverunt *Iohanni discipuli eius de omnibus his,* et quod *miserit*[18] *Iohannes* ad eum interrogans, si ipse *esset qui venturus esset, an alium expectarent.* Et cum *responderet* Iesus discipulis Iohannis, et illis abeuntibus aliqua de eodem Iohanne loqueretur *turbis,*[19] *rogavit*[20] *eum quidam phariseus, ut manducaret cum illo.* Ubi et mox subditur:[21] *Ecce mulier, que erat in civitate peccatrix, ut cognovit quod* Iesus *accubuisset in domo pharisei, attulit alabastrum unguenti, et stans retro secus pedes eius lacrimis cepit rigare pedes eius, et capillis capitis sui tergebat, et obsculabatur pedes eius, et unguento ungebat.* Post hec narrat[22] quod ibat *Iesus per civitates et castella, predicans et evangelizans regnum Dei*, et quod sequerentur eum *duodecim* apostoli *et alique mulieres*, quarum prima erat *Maria Magdalena, de qua eiecerat septem demonia.* Post hec dicit eum *ascendisse in naviculam,* ut *transfretaret trans stangnum*;[23] ipsum est mare Galilee. Quid multa? Post curationem hominis a *legione demonum,*[24] post suscitationem *puelle,*[25] post *datam virtutem et potestatem duodecim apostolis super omnia demonia et ut langores curarent,*[26] ita ut *fama* eius perveniret ad Herodem et miraretur de eo,[27] postquam in *deserto Betsaide* civitate Galilee de *quinque panibus et duobus piscibus saturavit quinque milia* hominum,[28] postquam *interrogavit* discipulos suos, *quem dicerent* homines *esse filium hominis,*[29] postquam *ascendit in montem* Tabor, qui est situs in provincia Galilee, cum tribus discipulis *et transfiguratus est ante eos,*[(30)] et

14. Cfr. Lc. 7, 1-10.
15. Lc. 7, 11-12.
16. Cfr. Lc. 7,12-15.
17. Lc. 7, 17.
18. Cfr. Lc. 7, 18-19.
19. Cfr. Lc. 7, 24-29.
20. Cfr. Lc. 7, 36.
21. Lc. 7, 37-39.
22. Lc. 8, 1-2.
23. Cfr. Lc. 8, 22.
24. Cfr. Lc. 8, 27-39.
25. Cfr. Lc.8, 40; 49-56; in particolare 54-55 (si tratta della figlia di Giairo).
26. Cfr. Lc. 9, 1.
27. Cfr. Lc. 9, 7-9. Il termine *fama* qui in verità manca, mentre ricorre in Mt. 14,1-2. Cfr. anche Mc. 6, 14.
28. Cfr. Lc. 9, 10-17.
29. Cfr. Lc. 9, 18-22.
30. Cfr. Lc. 9, 28-32.

terminato di parlare al popolo che lo ascoltava, Gesù entrò in Cafarnao. Il servo di un centurione era ammalato e stava per morire» eccetera. Dopo aver narrato il miracolo fatto da Gesù al servo del centurione, prosegue dicendo: «Così avvenne. In seguito Gesù si recò in una città chiamata Naim e con lui camminavano i suoi discepoli e una grande folla. Raggiunse quindi la porta della città» eccetera. Racconta poi il miracolo *dell'adolescente* resuscitato, e che *questa notizia si diffuse per tutta quanta la Giudea e in tutta la regione circostante; i suoi discepoli* raccontarono *a Giovanni tutte queste cose e Giovanni li mandò* a chiedere al Signore se *fosse* lui *colui che sarebbe venuto o se dovessero attenderne un altro*. E Gesù *rispose* ai discepoli di Giovanni, e mentre quelli se ne andavano disse *alle folle* qualcosa sullo stesso Giovanni; poi *un fariseo lo pregò di recarsi a mangiare da lui*. E l'evangelista prosegue: «Ed ecco, una donna, una peccatrice di quella città, non appena seppe che Gesù si era recato a mangiare nella casa del fariseo, portò un vaso di unguento; e fermatasi indietro vicino ai suoi piedi, cominciò a bagnarli di lacrime; poi li asciugava con i suoi capelli, li baciava e li cospargeva d'unguento». Dopo questi fatti, narra che *Gesù se ne andava per città e villaggi, predicando e annunciando il regno di Dio*. Lo seguivano *i dodici* apostoli e *alcune donne*, la prima delle quali era *Maria Maddalena, da cui aveva fatto uscire sette demoni*. Dice poi che *salì su di una barca, per attraversare il lago*, cioè il mare di Galilea.[7] Che dire ancora? Dopo aver guarito l'uomo *da una legione di demoni*, dopo aver resuscitato *una fanciulla, dopo aver dato ai dodici apostoli la forza e il potere su tutti i demoni e la facoltà di curare le malattie*, al punto che *la sua fama* giunse fino ad Erode che era pieno di curiosità per lui, dopo che *nel deserto di Bethsaida*, città della Galilea, *ebbe saziato cinquemila* uomini *con cinque pani e due pesci*, dopo che *ebbe interrogato* i suoi discepoli *su chi* gli uomini *dicevano che fosse il Figlio dell'uomo*, dopo *essere salito* con tre discepoli *sul monte* Tabor, nella provincia di Galilea, dove *fu trasfigurato davanti a loro*[8] e fece molti

7. Il riferimento al «mare di Galilea» manca in Luca, ma si trova in Mt. 4, 18; Mc. 1, 16; Io. 6, 1.

8. Il concetto di «trasfigurazione» si trova nel racconto parallelo di Mt. 17,1. Il nome del monte Tabor si deve alla tradizione esegetica. Cfr. anche Girolamo, *Epist.* 108, 13: *Scandebat montem Tabor, in quo transfiguratus est Dominus* («Saliva sul monte Tabor, su cui fu trasfigurato il Signore»). Si veda anche D. Pringle, *Churches*, vol. 2, pp. 63-85, Nr. 155.-158.

alia signa multa fecit,[31] sequitur evangelista et dicit:[32] *Factum est autem cum complerentur dies assumptionis eius, et ipse faciem suam firmavit, ut iret in Ierusalem.* Dicit[33] autem eum *misisse nuntios ante conspectum suum.* Qui cum pervenissent *in[34] civitatem Samaritanorum, ut pararent illi, non receperunt eum, quia facies eius erat euntis in Ierusalem.* Et exinde narrat[35] eum *designasse alios septuaginta duos et misisse illos binos ante faciem suam in omnem civitatem et locum quo erat ipse venturus. Precepit[36] autem illis, ut predicarent dicentes*: *Appropinquavit regnum celorum.* In eadem autem hora *cepit exprobrare civitatibus* Galilee,[37] hoc est *Corrozaim* et *Betsaide* et *Capharnaum*, *in quibus fecerat* multa signa, et non crediderant. Missi autem discipuli *predicaverunt*, et post predicationem *reversi[38] sunt cum gaudio dicentes: «Domine, etiam demonia subiciuntur nobis in nomine tuo!»*. Que postquam gesta sunt, abiit in Iudeam et *intravit* in Bethaniam *castellum* Marie et Marthe,[39] et exinde cepit evangelizare et signa facere in regione Iudee.[40]

Hec autem omnia per ordinem enarranda credidimus, ut ostenderemus, quanta fecerit Dominus Iesus opera in Galilea, postquam venit ad eum *mulier,[41] que erat in civitate peccatrix.* Et cum constet quod in alia regione id acciderit quam in Iudea, et longe ante passionem, liquet quod alia fuerit mulier illa que et *peccatrix* dicta est, alia illa que, cum esset in Bethania Dominus Iesus, *uncxit unguento caput* eius tempore passionis ipsius,[42] ita ut diceret Dominus de ea:[43] *Quod habuit, hoc fecit. Prevenit ungere corpus meum in sepulturam.*

Et hec de duabus mulieribus que *uncxerunt* Iesum.

[II]

Nunc de Maria Magdalena et Maria sorore Marthe videamus, utrum due fuerint an una, que utrumque diceretur; et si due, utrum ille due mulieres fuerint, de quibus hactenus locuti sumus – si tamen sciri potest! –, an alie.

31. Cfr. Lc. 9, 37-43.
32. Lc. 9, 51.
33. Lc. 9, 52.
34. Lc. 9, 52-53.
35. Lc. 10, 1.
36. Cfr. Lc. 10, 2-11. L'espressione si riferisce piuttosto ai corrispettivi passi di Mt. 10, 5-7. Per la citazione in particolare si veda invece Lc. 10, 9.
37. In questi termini si veda Mt. 11, 20. Cfr. Lc. 10, 13-16.
38. Cfr. Lc. 10, 17.
39. Cfr. Lc. 10, 38-42.
40. Cfr. Lc. 11 e ss.
41. Cfr. Lc. 7, 37.
42. Cfr. Mt. 26, 7. Mc. 14, 3. Si veda anche Io. 12, 1-3, che però parla di unzione non del capo, ma dei piedi.
43. Mc. 14, 8.

altri segni,[9] l'evangelista prosegue affermando: «Avvenne che, mentre si stavano avvicinando i giorni della sua assunzione, egli si mostrò deciso ad andare a Gerusalemme». Dice poi che *inviò suoi messaggeri davanti a sé.* E giunti *in una città di samaritani per preparargli l'ingresso, gli abitanti non vollero riceverlo, perché dall'aspetto manifestava chiaramente di essere in cammino per Gerusalemme.* Narra poi che egli *designò altri settantadue e li inviò a due a due davanti a sé in ogni città e luogo in cui sarebbe arrivato. Poi ordinava loro di predicare dicendo:* «Il regno dei cieli è vicino!». Nello stesso tempo *cominciò* anche a *maledire le città della Galilea*, cioè *Corozaim, Bethsaida* e *Cafarnao, nelle quali aveva compiuto* molti prodigi, e non avevano creduto. I discepoli che erano stati inviati *predicarono*[10] e, *ritornati* dopo la predicazione, *dissero con gioia* a Gesù: «Signore, anche i demoni si sono sottoposti a noi nel tuo nome!». Dopo tali fatti, se ne andò in Giudea ed *entrò* in Betania, *villaggio* di Maria e di Marta,[11] e cominciò quindi a evangelizzare e a fare prodigi nella regione della Giudea.[12]

Abbiamo ritenuto dunque di narrare tutte queste cose in ordine, per mostrare quante opere il Signore Gesù abbia compiuto in Galilea, dopo che si era recata da lui *una donna, che era peccatrice in città.* E poiché notoriamente tale episodio si verificò in una regione diversa dalla Giudea, e ben prima della Passione, è evidente come una sia stata la donna detta pure peccatrice, un'altra quella che, mentre il Signore Gesù era a Betania, unse *la sua testa d'unguento* al tempo della sua Passione, e della quale il Signore disse: «Ha fatto quello che ha potuto. Ha anticipato l'unzione del mio corpo per la sepoltura».

E questo per quanto riguarda la questione delle due donne che *unsero* Gesù.

[II]

Vediamo ora se Maria Maddalena e Maria sorella di Marta siano state due persone diverse o una sola, vale a dire l'una e l'altra insieme; nel caso si trattasse invece di due donne diverse, dobbiamo vedere se siano le stesse di cui abbiamo parlato finora – ammesso poi che si riesca a saperlo![13] – oppure altre due.[14]

9. Nel Vangelo di Luca non si parla di miracoli, se ne parla invece nei racconti paralleli di Matteo e Marco.

10. Il termine «predicare» in questo contesto ricorre solo in Mc. 6, 12-13.

11. Il nome Betania non si trova in Luca. Riguardo ad esso si vedano i passi paralleli, che si presentano un po' differenti, di Io. 11, 1 (contesto: resurrezione di Lazzaro) e 12, 1-3 (unzione del capo di Gesù da parte di Maria); e infine anche Mc. 14, 3-9 (senza riferimento ai nomi di Maria e di Marta); Mt. 26, 6-13.

12. Solo in Luca l'episodio di Betania costituisce quasi l'inizio dell'evangelizzazione in Giudea. Negli altri Vangeli fa già parte degli avvenimenti della Passione.

13. Gioacchino spiega più sotto, p. 126, dove precisamente si fondi il dubbio. Si veda anche l'*Introduzione*, sopra, p. 30.

14. Una problematizzazione impostata in termini così ampi deriva dalla circostanza che nel racconto relativo alla unzione dei piedi in casa del fariseo Simone (Lc. 7, 37) il nome della peccatrice non è riportato, così come esso manca nel racconto dell'evangelista Matteo (26, 7) riguardo

[1]

Quod due fuerint mulieres, quarum altera diceretur Maria, apertissima evangelii auctoritate probatur. Nam Maria Magdalena fuit de Galilea, Maria soror Marthe de Bethania castello Iudee, quod prope *erat Ierosolimis, quasi stadiis quindecim*.[44] Quod autem ita fuerit, unus idemque docet evangelista. In loco enim illo, ubi agitur de *muliere peccatrice*, cui et *dimissa sunt peccata multa, quoniam dilexit multum*,[45] adiunctum est:[46] *Et factum est deinceps, et ipse iter faciebat per civitates et castella, predicans et evangelizans regnum Dei, et duodecim cum illo, et mulieres alique, que erant curate a spiritibus malignis et infirmitatibus: Maria, que vocatur Magdalena, de qua demonia septem exierant, et Iohanna uxor Cuze procuratoris Herodis, et Susanna, et alie multe, que ministrabant ei de facultatibus suis*. Quod autem mulieres iste de Galilea fuerint, demonstratur in alio loco, ubi dicitur:[47] *Subsecute autem mulieres, que cum* ipso *venerant de Galilea, viderunt monumentum et quemadmodum positum erat corpus eius*. Et post aliqua:[48] *Erant autem Maria Magdalena et Iohanna et Maria Iacobi et cetere, que erant cum ea*. Sicut ergo ex lectione evangelica aperte constat quod Maria soror Lazari et Marthe fuit de Bethania castello Iudee, ita luce clarius liquet quod Maria Magdalena, que prius fuerat Christum secuta, fuit de Galilea, et, ut quidam tradunt, de castello quod vocatur Magdalum prope litus maris Galilee, quo nomine vocatur locus ille usque in presentem diem. Et hec quidem ita se habent.

44. Cfr. Io. 11, 18.
45. Lc. 7, 47.
46. Lc. 8, 1-3.
47. Lc. 23, 55.
48. Cfr. Lc. 24, 10.

[1]

Che le donne siano state due, la seconda delle quali si chiamava Maria, lo si prova con una autorità evangelica chiarissima. Infatti Maria Maddalena era originaria della Galilea, Maria sorella di Marta era di Betania, villaggio della Giudea, che distava *da Gerusalemme, quasi quindici stadi*,[15] proprio come ci insegna un solo e medesimo evangelista. Infatti, dopo il passo in cui si narra della *donna peccatrice alla quale furono perdonati molti peccati, perché amò molto*, aggiunge: «In seguito egli se ne andava per città e villaggi, predicando e annunciando la buona novella del regno di Dio. C'erano con lui i dodici e alcune donne che erano state guarite da spiriti cattivi e infermità: Maria, chiamata Maddalena, dalla quale erano usciti sette demoni, e Giovanna, moglie di Cuza, amministratore di Erode, e Susanna e molte altre che lo servivano con i loro beni». E da un altro passo si capisce che queste donne erano della Galilea, là dove si dice: «Seguivano poi le donne che erano venute con Gesù dalla Galilea, osservarono il sepolcro e come era stato posto il suo corpo»; e poco dopo si precisa: «Erano Maria Maddalena e Giovanna e Maria madre di Giacomo e le altre, che erano con lei». Come dunque risulta chiaramente dal passo del Vangelo, e cioè che Maria sorella di Lazzaro e di Marta era di Betania, villaggio della Giudea,[16] così risulta più chiaro della luce che Maria Maddalena, che aveva precedentemente seguito Cristo, veniva dalla Galilea, e, come affermano alcuni, dal villaggio chiamato Magdala[17] vicino alla sponda del mare di Galilea, ed è il nome con cui quel posto viene chiamato fino ad oggi. E queste cose stanno dunque certamente così.

all'unzione della testa di Gesù nella casa di Simone il lebbroso. U. Holzmeister, *Die Magdalenenfrage*, p. 408, mostra come tale aspetto sia fondamentale per trattare l'intera questione.

15. Lo stadio, nel senso di unità di misura, corrisponde a circa 200 metri; 15 stadi sono circa 3 chilometri. Il luogo si trova sul lato orientale del Monte degli Ulivi, lungo la via che va da Gerusalemme a Gerico.

16. Ciò in verità non si ricava dai passi biblici citati immediatamente sopra, bensì dalla combinazione dei racconti di Mt. 26, 6-7; Mc. 14, 3; Lc. 10, 38-42; Gv. 12, 1-3.

17. Magdala, in ebraico Migdal, era un villaggio di pescatori a 5 km a nord di Tiberiade, presso il lago di Genezaret. Il significato letterale del termine è «torre»: cfr. M. Thiel, *Grundlagen und Gestalt der Hebräischkenntnisse*, p. 347, s.v. *Magdal*, *Magdalum* ecc., con riferimenti tratti da Origene e Girolamo. Il richiamo da parte di Gioacchino alla tradizione pare ispirato al *Sermo 2* di Odone di Cluny (*In veneratione sanctae Mariae Magdalenae*, PL 133, col. 714): «La beatissima Maria [...] che, come affermano le tradizioni dei padri, fu chiamata Maria Maddalena dal villaggio di Magdala». Il sermone (BHL 5439) era nel secolo XII la lezione preferita durante l'ufficio notturno della festa della santa (22 luglio); si veda sopra, p. 46, nota 167. Il luogo figura naturalmente anche nei racconti dei pellegrini, come ad esempio in quello di Giovanni di Würzburg, che negli anni 1160/1170 aveva intrapreso un viaggio in Terrasanta e diede conto della sua esperienza in una descrizione del territorio (*Descriptio Terrae sanctae*, ed. cit., p. 107: «A due miglia da Genezareth il forte di Magdalo, da cui Maria Maddalena»). Pare che nell'epoca delle crociate si trovasse a Magdala una chiesa, che conservava memoria di Maria Maddalena; cfr. D. Pringle, *Churches*, vol. 2, p. 28, n. 139. Gioacchino stesso potrebbe averla visitata in occasione del pellegrinaggio in Terrasanta su cui informa la sua *Vita* (cfr. H. Grundmann, *Per la biografia*, pp. 137 e 183) e su cui egli stesso fornisce testimonianza: *Trattati sui quattro Vangeli*, I, 6, (ed. cit., p. 75). In questo senso già V. De Fraja, *La «Quaestio de Magdalena»*, p. 71 e s.

[2]

Nunc remanet questio, utrum Maria Magdalena fuerit mulier illa, de qua dicitur:[49] *Et ecce mulier, que erat in civitate peccatrix,* et an Maria soror Marthe fuerit illa mulier, de qua dicit Matheus:[50] *Cum autem esset Iesus in Bethania in domo Simonis leprosi, accessit ad eum mulier habens alabaustrum unguenti pretiosi, et effudit super caput ipsius recumbentis.* Et hoc quidem probari non potest, sed tamen ita esse presumitur a doctoribus sanctis, propter ea, que in vicino scripta sunt.

49. Lc. 7, 37: in questo passo non viene citato alcun nome.
50. Mt. 26, 6; anche qui non viene indicato il nome di colei che unge Gesù.

[2]

Rimane ora la questione se Maria Maddalena sia stata quella donna di cui si dice: «Ed ecco una donna che era peccatrice nella città», e se Maria sorella di Marta sia stata quella donna, riguardo alla quale Matteo afferma: «Mentre Gesù si trovava a Betania, in casa di Simone il lebbroso, gli si avvicinò una donna con un vaso d'alabastro, pieno di un unguento prezioso, e lo versò sul capo di lui che sedeva a tavola». Ciò in verità non può essere provato,[18] tuttavia si presume da parte dei santi dottori che sia così,[19] per via di quanto sta scritto poco più sotto.[20] In

18. In entrambi i casi non è possibile la prova di un'autorità fondata sulla Scrittura, in quanto la donna che offre l'unzione rimane in ogni caso anonima.

19. Cfr. Gregorio Magno, *Homiliae in evangelia*, II, *Hom. 33*, 1 (ed. cit., p. 288): *Hanc vero, quam Lucas «peccatricem mulierem», Johannes «Mariam» nominat, illam esse Mariam credimus, de qua Marcus «septem daemonia eiecta» fuisse testatur* («Crediamo dunque che quella che Luca (7, 37) chiama "donna peccatrice" e Giovanni (12,3) chiama "Maria" sia la Maria da cui, stando alla testimonianza di Marco (16, 9) "aveva cacciato sette demoni"»). Stando all'evangelista Marco, questa sarebbe dunque Maria Maddalena, mentre stando a Giovanni sarebbe Maria di Betania. In questo passo Gregorio Magno assimila dunque le tre donne. Nella *Omelia 25* (ed. cit., p. 205), dedicata alla pericope evangelica di Giovanni 20, 11-18 (si tratta della narrazione relativa alla resurrezione di Gesù), non si spinge così avanti: «Maria Maddalena che era stata peccatrice in città [...] Infatti dopo essersi recata al sepolcro [...]». Qui dunque Maria Maddalena, citata per nome nel racconto della resurrezione, è assimilata alla sola peccatrice anonima di Luca 7, 37, non alla Maria di Betania.

20. S'intenda: «riguardo al primo punto»; infatti ciò che segue si riferisce innanzitutto alla assimilazione di Maria Maddalena alla peccatrice di Luca 7, 37. La supposizione di Gioacchino, secondo cui la prosecuzione dell'episodio dell'unzione di Luca 7, 36-50 sarebbe fondamentalmente a sostegno dell'ipotesi di una assimilazione di Maria Maddalena alla peccatrice, non trova affatto forza in ambito patristico. Cfr. U. Holzmeister, *Die Magdalenenfrage*, pp. 579-582; qui si fa peraltro riferimento (p. 576) al testo di un *Sermo in die resurrectionis* di un certo Eusebio, vescovo della Gallia (V/VI secolo), il cui ragionamento appare molto prossimo a quello di Gioacchino: «beate quelle donne [...] che vengono al Signore sempre con unguenti e con aromi come Maria Maddalena. Ella significava inoltre la Chiesa dei Gentili, da cui il Signore fece uscire sette demoni, e alla quale, dal momento che amò molto, furono rimessi molti peccati» (*Beatae illae mulieres [...] quae sicut Maria Magdalena semper cum unguentis, semper cum aromatibus ad Dominum veniunt. Haec autem significabat Ecclesiam gentium, de qua Dominus septem daemonia eiecit, quae, quoniam dilexit multum, dimissa sunt ei peccata multa*). Qui viene dunque istituito il legame tra la peccatrice e Maria Maddalena intorno all'interpretazione allegorica della figura della Maddalena come simbolo della Chiesa dei Gentili invasata dai demoni. Beda, *In Mc.* 16, 9 (ed. cit., p. 643) procede in modo ancor più semplice, allorché equipara «demoni» semplicemente a «pesi». Gioacchino non si serve però di tale modello interpretativo. Il passaggio più prossimo al suo pare essere quello della *Glossa ordinaria* su Lc. 8, 2 (ed. Rusch, vol. 4, p. 168b): *Cum Maria iter faceret cum Domino, et ei ministrare commemoratur, celebri eam vocabulo «Magdalenam» vocat; ubi eamdem peccatricem describit, reverenter eam generali nomine «mulierem» dicit, ne nomen tantae famae, quod hodie veneramur, prisci erroris nota fuscaret* («Compiendo Maria il percorso insieme al Signore, ricorda che lo serviva, e la chiama notoriamente "Maddalena"; quando la descrive come peccatrice, la presenta rispettosamente con il nome generico di donna, affinché un nome tanto famoso e oggi venerato non fosse contrassegnato dal precedente errore»).

In loco enim illo, ubi agitur de *muliere peccatrice*, cui *dimissa sunt peccata*,[51] adiunctum est protinus, quod supra commemoravi:[52] *Et factum est*, inquit, *deinceps, et ipse* Iesus *iter faciebat per civitates et castella, predicans et evangelizans regnum Dei. Et duodecim cum illo, et mulieres alique, que erant curate a spiritibus malignis et infirmitatibus: Maria, que vocatur Magdalena, de qua demonia septem exierant* etc. Presumitur etiam, per hoc dictum est de *muliere peccatrice*:[53] *«Dimissa sunt ei peccata multa», quoniam dilexit multum,* et videtur quod post passionem eius plus omnibus discipulis dilexerit hec Maria. Sicut enim Petrus plus dilexit quam Iohannes, ita plus ista Maria dilexisse videtur quam Maria soror Marthe, licet Iesus specialiter videatur dilexisse Mariam sororem Marthe, ita ut illa flente *lacrimatus fuerit*,[54] et nichilominus Iohannem, de quo dicit Scriptura:[55] Discipulus ille, *quem diligebat Iesus*. Causa vero misterii una est in utrisque.

51. Lc. 7, 47-48.
52. Lc. 8, 1-2; vedi sopra, p. 124.
53. Cfr. Lc. 7, 47; vedi sopra, p. 124.
54. Cfr. Io. 11, 35.
55. Io. 13, 23.

quel passo, infatti, dove si tratta della *peccatrice* alla quale *furono rimessi i peccati*, furono senz'altro aggiunte le parole che ho ricordato sopra, quando l'evangelista dice: «E avvenne che lo stesso Gesù se ne andava per città e villaggi, predicando ed annunciando il regno di Dio. E c'erano con lui i dodici e alcune donne, che erano state curate dagli spiriti maligni e dalle malattie: Maria, detta Maddalena, da cui erano usciti sette demoni», eccetera. Si ritiene pure che per questo motivo si dica della *peccatrice*: «Le furono perdonati molti peccati, perché amò molto», e pare che questa Maria lo abbia amato, dopo la sua Passione, più di tutti i discepoli.[21] Come infatti Pietro amò più di Giovanni,[22] così pare che questa Maria abbia amato più di Maria sorella di Marta, per quanto sembri che Gesù abbia amato in modo speciale Maria sorella di Marta, al punto che *pianse* mentre lei piangeva, e non meno di Giovanni, riguardo al quale la Scrittura afferma: quel discepolo, *quello che Gesù amava*. La causa del mistero è in verità unica per entrambi.[23]

21. Lo si ricava dal ruolo attribuitole da Io. 20,11-18. Si veda Gregorio Magno, *Homiliae in Evangelia*, II, *Hom. 25* (ed. cit., p. 205): «"Maria stava poi fuori dal sepolcro piangendo" (Io. 20,11). Al riguardo occorre pensare quanto grande fosse la forza d'amore che aveva acceso la mente di questa donna, che non si allontanava dal sepolcro del Signore, mentre pure i discepoli se ne allontanavano». *(«Maria autem stabat ad monumentum foris plorans». Qua in re pensandum est huius mulieris mentem quanta vis amoris accenderat, quae a monumento Domini, etiam discipulis recedentibus, non recedebat*). L'idea che l'amore sia il fondamento del modo di comportarsi di Maria Maddalena è riconoscibile nell'intera omelia.

22. Qui il punto di riferimento è il dialogo che intercorre tra Cristo e Pietro riguardante l'amore di Pietro per Gesù e nel contempo il conferimento del ruolo di pastore a Pietro (si veda Io. 21, 15-25). Si vedano anche il trattato *Sulla Vita e sulla Regola di san Benedetto* II, 3 (ed. cit., pp. 100-101), ed anche la *Expositio in Apocalypsim*, 1, 20 (ed. Venezia 1527, f. 50ra): *Feliciorem dixerim partem Iohannis, qui plus amatur a Christo, parte Petri, qui minus amatur, etsi plus amet ipse; que tamen et ipsa felix est, quia, etsi non equaliter, amatur tamen, et quod minus supplet amoris distantia, supplet prerogativa glorie et maiestas honoris* («E a questo proposito ho definito più fortunata la posizione di Giovanni, che è maggiormente amato da Cristo, rispetto alla posizione di Pietro che è amato meno, anche se lui ama di più; condizione che tuttavia è pur fortunata, poiché è comunque amato, anche se non allo stesso modo, e ciò che manca a causa di un amore minore viene compensato dalla prerogativa della gloria e dell'onore»).

23. La medesima cerchia di persone si ritrova nella *Expositio in Apocalypsim* 2, 24 (ed. Venezia, 1527, f. 77ra): *Qui autem novit omnia Dominus arguit Martham de sorore, Petrum de condiscipulo questionem moventem, loquitur illi ordini, qui in Iohanne et Maria designatus est* («E il Signore, che conosce tutte le cose, rimprovera Marta riguardo alla sorella, e Pietro che pone la questione riguardo al condiscepolo, parla all'ordine designato in Giovanni e in Maria»). La «causa del mistero» viene riconosciuta qui nel differente ruolo storico-tipologico attribuito alle due coppie. Esso ha anche una rilevanza sociale. Infatti Pietro, come Marta, rappresenta la vita attiva; Giovanni, come Maria di Betania, la vita contemplativa, e questa divisione dei ruoli corrisponde all'ordinamento sociale. Alla questione di Pietro e di Giovanni e a questa divisione dei ruoli Gioacchino dedica un'apposita sezione del *Liber introductorius* alla sua *Expositio in Apocalypsim* (cap. 14: ed. Venezia 1527, ff. 17vb-19rb). Risulta molto prossimo alle idee sviluppate da Gioacchino nella questione sulla Maddalena un passo dei *Trattati sui quattro Vangeli*, I, 7 (p. 93), che nel suo nucleo centrale afferma: «A Pietro viene assegnata specialmente la vita attiva, mentre a Giovanni quella contemplativa. Il Signore amò maggiormente Giovanni. Poiché tuttavia a Pietro l'azione non fu imposta a motivo della sua fragilità, ma gli fu imposta la fatica di pascere il gregge perché utile al prossimo, Giovanni, per quanto amato, essendo più giovane, non gli fu mai superiore». Cfr. V. De Fraja, *La «Quaestio de Magdalena»*, p. 83 e s.

Quod autem Maria soror Marthe fuerit illa *mulier*, que *fracto alabastro* uncxit *caput* Iesu, testantur locus et tempus. Locus quidem, quia in utroque loco evangelii Bethanie mentio facta est; tempus, quia in utroque demonstrabatur instare tempus passionis ipsius. Dicit enim de hoc inter multa Iohannes:[56] *Ante sex dies Pasce venit Iesus* in *Bethaniam, ubi fuerat Lazarus mortuus, quem suscitavit. Fecerunt autem ei cenam ibi, et Martha ministrabat. Lazarus* autem *unus erat ex discumbentibus. Maria ergo accepit libram unguenti nardi pistici preciosi* etc. Et paulo post:[57] *Dixit ergo unus ex discipulis eius, Iudas Scariothes, qui erat eum traditurus: «Quare hoc unguentum non veniit trecentis denariis, et datum est egenis?»*. Et infra:[58] *Dixit ergo Iesus: «Sine illam, ut in die sepulture mee servet illud. Pauperes enim semper habetis vobiscum, me autem non semper habebitis»*. Hec Iohannes. Matheus autem sic:[59] *Videntes autem discipuli, indignati sunt, dicentes: «Ut quid perdictio hec! Potuit enim venundari multo et dari pauperibus». Sciens autem Iesus, ait illis: «Quid molesti estis huic mulieri? Opus enim bonum operata est in me. Nam semper pauperes habetis vobiscum, me autem non semper habetis. Mittens enim unguentum hoc in corpus meum, ad sepeliendum me fecit»*. Igitur et nomen loci et opus unctionis et verba Domini conveniunt in idipsum ad hoc, ut mulier ista sancta Maria soror Marthe esse intelligatur.

[3]

Videremur absoluti a nodis questionum istarum, si, sicut consentiunt sibi in idipsum nomen loci et opus, ita quoque in modo unctionis sancti Iohannis evangeliste auctoritas ab aliis evangelistis in nullo esset diversa, quin immo si non potius verbis Luce loquentis de *muliere peccatrice* consonare videretur, qui dicit[60] invitatum Dominum a *quodam phariseo*, cui nomen erat *Symon*, et *mulierem*[61] *peccatricem rigasse lacrimis pedes eius*, *et unguento ungebat*.

56. Io. 12, 1-3.
57. Io. 12, 4-5.
58. Io. 12, 7-8.
59. Mt. 26, 8-12.
60. Cfr. Lc. 7, 36.40.
61. Cfr. Lc. 7, 37-38. Lo stesso afferma con parole quasi del tutto identiche Io. 12, 3; si veda sotto, p. 132.

Luogo e tempo attestano poi che Maria, sorella di Marta, era quella donna che, *rotto il vaso*, unse *il capo* di Gesù:[24] il luogo, perché in entrambi i passi del Vangelo si fa menzione di Betania;[25] il tempo, perché nell'uno e nell'altro caso si mostra l'imminenza del tempo della sua Passione. Riguardo a questo Giovanni dice infatti, fra le molte altre cose: «Sei giorni prima della Pasqua, Gesù si recò a Betania, dove era morto Lazzaro, che egli aveva resuscitato. E qui fecero per lui una cena e Marta serviva. Lazzaro era uno dei commensali. Maria allora prese una libbra di unguento di puro nardo prezioso»[26] eccetera; e poco dopo: «Uno dei suoi discepoli, Giuda Iscariota, che era colui che lo avrebbe tradito, disse dunque: "Perché non ha venduto questo unguento per 300 denari e non si è dato il ricavato ai poveri?"». E più avanti: «Gesù allora disse: "Permettile di conservarlo per il giorno della mia sepoltura. I poveri infatti li avrete sempre con voi, ma non sempre avrete me"». Queste le parole di Giovanni. Matteo invece si esprime così: «Vedendo ciò, i discepoli si indignarono, affermando: "Perché questo spreco! Piuttosto si sarebbe potuto vendere a caro prezzo e il ricavato darlo ai poveri". Poi Gesù venuto a conoscenza di questo, disse loro: "Perché infastidite questa donna? Ella ha compiuto nei miei confronti un'opera buona. I poveri infatti li avrete sempre con voi, invece non sempre avrete me. Versando infatti questo unguento sul mio corpo, mi ha preparato per la sepoltura"». Pertanto sia il nome del luogo, sia l'unzione, sia le parole del Signore convergono nell'attestare che questa donna è da identificarsi con la santa Maria sorella di Marta.

[3]

Potremmo ritenere di esserci liberati dai nodi di tale questione se insieme al nome della località e al fatto narrato, che concordano pienamente, l'autorità dell'evangelista san Giovanni, senza risultare per nulla diversa da quella degli altri evangelisti, concordasse anche riguardo al modo in cui avvenne l'unzione; essa sembra invece accordarsi piuttosto con le parole di Luca, che nel parlare della peccatrice afferma che il Signore era stato invitato *da un fariseo*, il cui nome *era Simone*, e che *la peccatrice aveva bagnato di lacrime i suoi piedi e li cospargeva di unguento*.

24. Si veda sopra, p. 127, dove Gioacchino richiama Mt. 26, 6. La citazione si collega in effetti più strettamente a Mc. 14, 3. Infatti solo questo evangelista non riporta alcun nome, dichiara che la donna unge la testa di Cristo e che rompe il vaso. I racconti paralleli differiscono tutti l'uno dall'altro nell'uno o nell'altro particolare.

25. A quanto pare, come risulta da ciò che segue, ci si riferisce qui al confronto tra i racconti di Giovanni (12, 1-3) e di Matteo (26, 6-7) ovvero di Marco (14, 3), ove, di fatto viene sempre indicata Betania come luogo dell'accaduto e l'episodio viene collocato nel contesto temporale degli avvenimenti della passione.

26. Per la prosecuzione del passo si veda sotto, p. 133.

At de nomine questio cassa est, quia plures esse possunt viri, qui vocentur eodem nomine. Erat enim ille *phariseus*, et vocabatur Symon; hic autem, etsi Symon dicebatur, aut *leprosus* tamen fuerat, aut *leprosus* cognomine dicebatur. Alter ergo ille, alter hic.

De modo autem unctionis questio difficillima perseverat, quia non dicit Iohannes mulierem istam, quam dicimus esse Mariam sororem Marthe, *uncxisse caput* Domini, sicut dicunt Matheus et Marcus,[62] sed *pedes*,[63] ut, quod dicit Lucas de *peccatrice*, hoc videatur Iohannes intimare de virgine. Cum enim diceret:[64] *Martha ministrabat, Lazarus unus erat ex discumbentibus*, adiecit et ait:[65] *Maria ergo accepit libram unguenti nardi pistici pretiosi et uncxit pedes Iesu et exterssit capillis suis pedes eius, et domus inpleta est ex odore unguenti.* Miro autem modo actum est, ut et ille *phariseus*, qui secundum Lucam invitavit Dominum quando venit ad eum mulier que erat *in civitate peccatrix*, vocaretur Symon, et ille, in cuius domo discubuit in Bethania, secundum Matheum[66] Symon nichilominus diceretur. Ne autem unus idemque Simon esse putaretur et una mulier que uncxerit eum, dictus est ille Symon sed tamen *phariseus*, iste vero Symon sed tamen cognomento *leprosus*. Et ille in civitate Naim, hic in castello Bethanie. Sed et ibi mulier *pedes uncxisse* dicitur, hic non *pedes*, sed *caput*, ne ipsa eademque mulier esse putaretur. Verumtamen, quia Iohannes hanc ipsam mulierem, que erat in Bethania, *pedes uncxisse* asserit et non *caput*, quod Lucas factum docet in Galilea per *mulierem peccatricem*, accidit, ut nonnulli unam eandemque fuisse putarent

62. Mt. 26, 7; Mc. 14, 3.
63. Io. 12, 3.
64. Io. 12, 2; vedi sopra, p. 130.
65. Io. 12, 3.
66. Mt. 26, 6.

La questione intorno al nome è stata superata, poiché ci possono essere più uomini aventi lo stesso nome;[27] quello infatti era *un fariseo*, e si chiamava Simone; mentre questo, per quanto si chiamasse pure Simone, era stato *un lebbroso* oppure veniva indicato come *lebbroso*.[28] Quello è uno, questo un altro.

La questione resta invece difficilissima per quanto riguarda il modo in cui avvenne l'unzione, poiché Giovanni non afferma che questa donna, che sosteniamo sia Maria sorella di Marta, *abbia unto il capo* del Signore, come dicono Matteo e Marco, bensì *i piedi*, di modo che ciò che Luca afferma riguardo alla *peccatrice*, a quanto pare viene riferito da Giovanni a una vergine.[29] Dicendo infatti: «Maria serviva, Lazzaro era uno di quelli che erano a mensa», aggiunse le seguenti parole: «Maria prese dunque una libbra di unguento di puro nardo prezioso, ne cosparse i piedi di Gesù e li asciugò con i propri capelli e la casa si riempì del profumo dell'unguento». Ed è un fatto veramente notevole che si chiamasse proprio Simone quel *fariseo*, che secondo Luca aveva invitato il Signore e presso cui era giunta una donna che era *peccatrice in città*; ma secondo Matteo si chiamava Simone pure quello nella cui casa si era fermato a mensa a Betania. Ma perché non si credesse che si trattava di un unico e medesimo Simone e di un'unica donna che unse il Signore, quello fu chiamato Simone con la specificazione di *fariseo*, questo invece Simone detto *il lebbroso*. L'uno nella città di Naim, l'altro nel villaggio di Betania. Ma là si afferma pure che la donna *gli unse i piedi*, mentre qui che unse non *i piedi* ma *il capo*, ad evitare che si credesse trattarsi della medesima donna. Tuttavia, poiché Giovanni afferma che questa stessa donna, che era a Betania, *unse i piedi* di Gesù e non *il capo* – gesto che secondo Luca fu compiuto da *una peccatrice* in Galilea – è accaduto che alcuni abbiano ritenuto si trattasse di un'unica e medesima donna e si sia-

27. Si esprime esattamente in questo senso Agostino, *De consensu Evangelistarum*, II, 79 (ed. cit., p. 260 s.), citato da Pascasio Radberto, *In Matth.*, 26, 6-7 (op. cit., p. 1272 e s.).

28. La medesima chiara distinzione fra i due Simone si trova nella *Glossa ordinaria* a proposito di Matteo 26, 7 (ed. Rusch, vol. 4, facs. p. 79a): *De hoc unguento in domo Simonis leprosi in Bethania dicunt et Mattheus et Marcus et Iohannes. Lucas vero aliud dicit simile huic factum ante in domo alterius Simonis Pharisei non leprosi, neque in Bethania, sed de eadem muliere que tunc accessit peccatrix* («Di questo unguento nella casa di Simone il lebbroso, a Betania, parlano sia Matteo sia Marco sia Giovanni. Luca in verità narra qualcosa di simile, avvenuto precedentemente nella casa di un altro fariseo di nome Simone, che non era lebbroso né ciò avvenne a Betania; ma il racconto riguarda la medesima donna, una peccatrice, avvicinataglisi in quella occasione»). L'indicazione di lebbroso riferita a Simone si trova in Mt. 26, 6 e in Mc. 14, 3; Io. 12, 1-8 non riporta alcun nome.

29. Cfr. sopra, p. 127. Quanto questa concezione fosse solidamente stabilita lo rivela Bernardo di Clairvaux, *In Assumptione Beatae Mariae Virginis Sermo 2*, 8 (ed. cit., p. 237), che pone entrambe le sorelle di Lazzaro in prossimità della Vergine Maria proprio per la loro verginità: perché Marta e Maria soltanto si trovano in un letto verginale (*ut in thalamo virginali inveniantur Martha et Maria tantum*), non invece Lazzaro, che a causa della sua lebbra viene presentato come un peccatore bisognoso di penitenza. È chiaro che tale affermazione sarebbe inconciliabile con l'ipotesi che Maria di Betania sia stata Maria Maddalena. Su questo punto Gioacchino avrebbe potuto richiamarsi a Bernardo.

et indifferenter unam pro altera scriptitarent, sicut et pro Simone illo *phariseo* Simonem qui vocatur *leprosus*. Non est autem sic, sed sicut debet intelligi, ita est.

Est enim una mulier, que commemoratur apud Iohannem *uncxisse* in Bethania *pedes* Iesu, apud Matheum et Marcum non pedes, sed *caput*, vel quia utrumque fecit et forte alia vice pedes alia caput, vel quia, ut utrumque scriberetur, causa misterii exhigebat. Etenim *peccatrix mulier* ad *pedes* eius debuit accedere, non ad *caput*, que autem *peccatrix* non esse dicitur simul ad utrumque.

no espressi indifferentemente in riferimento all'una piuttosto che all'altra;[30] lo stesso è accaduto in riferimento a Simone detto *il lebbroso* piuttosto che all'altro Simone *il fariseo*. Non è però così, ma così è come si deve capire.

C'è infatti una donna che, secondo Giovanni, a Betania *unse i piedi* di Gesù; secondo Matteo e Marco, invece, unse *il capo*, non *i piedi*: o perché fece entrambe le cose e forse una volta unse i piedi e un'altra il capo,[31] oppure perché un mistero esigeva che si scrivesse l'una cosa e l'altra.[32] Infatti *la peccatrice* dovette avvicinarsi *ai* suoi *piedi*, e non *al capo*,[33] mentre quella di cui non si dice che fosse peccatrice

30. È questa l'interpretazione dominante nella Chiesa a partire da Gregorio Magno; si veda sopra, p. 117, nota 1 e l'*Introduzione*, pp. 28-29. In ambito patristico essa fu condivisa anche da Agostino (v. sotto, nota 31), che peraltro non si trovava affatto a suo agio con essa. Infatti nei suoi *Trattati su Giovanni* Agostino (*In Iohannis Evangelium*, *Tract. 49*, § 3 [riguardo a Giovanni, 11, 1], ed. cit., p. 421) esprime dubbi che si trovano formulati in modo molto simile da parte di Bernardo e di Nicola di Clairvaux: *Ecce ipsa soror Lazari – si tamen ipsa est quae pedes Domini unxit unguento, et tersit capillis suis quos laverat lacrymis* [= Lc. 7, 38] – *melius suscitata est quam frater eius: de magna malae consuetudinis mole est liberata. Erat enim famosa peccatrix: et de illa dictum est* [Lc 7,47]: *«Dimittuntur ei peccata multa, quoniam dilexit multum»* («Ecco la sorella stessa di Lazzaro – se tuttavia è lei quella che unse di unguento i piedi del Signore e deterse di lacrime i capelli che aveva lavato –, fu resuscitata meglio di suo fratello, in quanto fu liberata dal gran peso del suo comportamento cattivo. Era infatti una peccatrice celebre: e di lei fu detto: "Le vengono perdonati molti peccati, poiché ha molto amato"»).

31. Così Agostino, *De consensu evangelistarum*, II, 79 (ed. cit., p. 262 s.). L'intera interpretazione di Agostino relativa a Mt. 26, 3-7 si concentra sul punto della successiva unzione da parte di una sola e medesima persona, in quanto egli non solo distingue tra Naim e Betania, ma ritiene che l'unzione dei piedi narrata da Giovanni preceda l'unzione del capo di Gesù narrata da Matteo e da Marco. Lo stesso si trova in Beda, *In Luc.*, 7, 36-37 (ed. cit., p. 166 s.). Girolamo invece butta in niente la questione, in quanto ritiene si tratti di un unico e medesimo atto, quello della unzione della testa e dei piedi: *Quod et duae mulieres in Evangelio, poenitens et sancta, significant: quarum altera pedes, altera caput tenet. Tametsi nonnulli existimant unam esse, et quae primum coepit a pedibus, eam gradatim ad verticem pervenisse*, *Adversus Iovinianum*, II, 29, in PL, 23, col. 326A («E questo significano le due donne dei Vangeli, la penitente e la santa, delle quali l'una ha a che fare con i piedi, l'altra con il capo; per quanto alcuni ritengano che sia una sola, e che prima cominciò dai piedi e poi sia arrivata gradualmente alla testa»). Cfr. B. Z. Kedar, *Gerard of Nazareth*, p. 64 e nota 52. Senza alcuna presa di distanza prospetta la stessa immagine la *Glossa ordinaria* relativamente a Mc. 14, 3 (ed. Rusch, vol. 4, facs. p. 126b): *«Recumbente» se ipso* [= Christus], *id est: humiliante se, ut eum tangeret fides peccatricis: que de pedibus ascendit ad caput, a capite descendit per fidem, id est a Christo, ad membra eius* («"Mentre lui [= Cristo] era sdraiato", cioè si umiliava, perché la fede della peccatrice lo toccasse, ella salì dai piedi alla testa, e dalla testa discese per fede, cioè da Cristo, alle membra di lui»). Si veda inoltre sopra, p. 119, nota 5.

32. Cfr. Ambrogio, *In Lucam*, VI 12 (ed. cit., p. 178): *Hoc loco plerique pati videntur scrupulum, serere quaestiones, utrum nam videantur evangelistae duo discordasse de fide an vero aliquam in diversitate dictorum diversitatem signare voluisse mysterii* («Riguardo a questo passo la maggior parte sembra avere scrupolo di approfondire le questioni, se cioè sembri che i due evangelisti siano discordanti nella fede o se piuttosto la differenza nelle loro affermazioni abbia voluto essere segno di una diversità nel mistero»).

33. Così Ambrogio, *In Lucam*, VI 14 (ed. cit., p. 179); si veda sopra p. 117, nota 3.

Non enim debuit iusta mulier solum sanctum Domini contingere *caput*, ne superbe *pedes* Domini contempnere videretur. Non enim ita non licuit iuste accedere ad *pedes*, quomodo non licuit *peccatrici* accedere ad *caput*, quia aliud est in iustitia humilitatem amplecti, aliud in peccato non tenere sublimia. Illud enim iubetur, cum dicitur:[67] *Cum invitatus fueris ad nuptias, discumbe* in novissimo *loco*. Istud precipitur, cum auditur:[68] *Quanto maior es, humilia te in omnibus!* Sufficit ergo peccatori unum: hoc est humilitatem servare; iustus autem eget utroque. Non enim omnes humiles qui salvantur virgines sunt, sunt autem omnes virgines qui salvantur humiles, alioquin non salvantur. Ergo habent illi solam humilitatem, isti humilitatem et virginitatem. Quocirca illi vadunt ad pedes, quia tantum humiles sunt; isti, quia humiles ad pedes, quia virgines ad caput. Digni sunt enim, qui contingant utrumque. Hec ergo causa est, cur illa *mulier, que erat in civitate peccatrix,* ad *pedes* tantum accessisse describitur; que iam iusta erat et amabatur a Iesu apud Iohannem dicitur accessisse ad *pedes*, apud Matheum et Marcum ad *caput*: ad alterum quia *ancilla*, ad alterum quia in Domino *libera*. Et illud apud Iohannem, qui virgo fuit, ne sibi velut e simili arrogare aliquid videretur, istud apud Matheum, qui aliquando *publicanus*,[69] ne excellentiam sancte mulieris preterire silentio videretur.

67. Cfr. Lc. 14, 8.
68. Eccli. 3, 18.
69. Cfr. Mt. 10, 3.

dovette avvicinarsi ai piedi e al capo insieme.[34] Infatti la donna giusta[35] non dovette toccare solamente il santo *capo* del Signore, perché non sembrasse che disprezzava *i piedi* del Signore con un atto di superbia. E infatti non vi fu nulla di sbagliato nell'accostarsi ai *piedi*; anzi, era giusto; così come alla *peccatrice* non poteva essere consentito accostarsi al *capo*, poiché una cosa è l'abbracciare l'umiltà nella giustizia, altra il non potere raggiungere, nel peccato, le cose sublimi. È infatti proprio ciò che viene comandato, quando si dice: «Se sei invitato a nozze, occupa l'ultimo posto». Questo viene comandato, quando si sente dire: «Quanto più sei grande, tanto più fatti umile in tutto!». Al peccatore basta dunque una cosa sola: conservare l'umiltà; al giusto invece ne occorrono due. Infatti non tutti gli umili che sono salvati sono vergini, mentre tutti i vergini che sono salvati sono umili, altrimenti non sono salvati. Di conseguenza quelli hanno la sola umiltà, questi l'umiltà e la verginità. E pertanto quelli si accostano ai piedi, perché sono soltanto umili; questi in quanto umili ai piedi, in quanto vergini al capo: sono infatti degni di toccare entrambe le parti del corpo. È dunque questo il motivo per cui sta scritto che quella *donna, che era peccatrice in città*, si accostò solamente ai *piedi* di Gesù; Giovanni dice che quella che già era giusta ed era amata da Gesù si accostò ai *piedi*, Matteo e Marco dicono che si accostò al *capo*: in un caso in quanto *serva*, nell'altro in quanto *libera* nel Signore.[36] In Giovanni, che fu vergine,[37] sta scritto così perché non sembrasse che volesse attribuirsi qualcosa in quanto simile a lei; invece in Matteo, che era stato *pubblicano*, sta scritto così, perché non sembrasse che passava sotto silenzio l'eccellenza della santa donna.

34. Questa affermazione è propria di Gioacchino e non ha precedenti nella tradizione. Il pensiero retrostante è quello relativo alla tensione dialettica fra umiltà e superbia come elemento costitutivo del comportamento umano, questione spesso discussa da Gioacchino nel suoi scritti. Si veda l'*Introduzione*, sopra, pagina 32 e relativa nota 194.

35. Il concetto di giusto affiora in questo contesto già in Ambrogio, *In Lucam*, VI 14, 16 (ed. cit., p. 180): *ut saltim ad pedes Iesu venire possimus. Nondum enim possumus, peccator ad pedes, iustus ad caput* («perché possiamo venire talvolta ai piedi di Gesù. Non possiamo infatti ancora venire da peccatore ai piedi, da giusto al capo»).

36. Una contrapposizione che Gioacchino propone spesso e volentieri, esemplificata nella regola di Sara e Agar; si veda ad esempio *Concordia*, V, 2, c. 12 (ed. Patschovsky, vol. 3, p. 781). Si veda anche il passo riferito agli esempi concreti di Agar e Sara in *Concordia*, V, 1, c. 1 (ed. Patschovsky, vol. 3, p. 507), in un passaggio che peraltro non è riportato da tutti i manoscritti: *Videlicet cum videmus aliquam virginem dicatam Deo, et dicimus: «Hec libera est!», videmus coniugatam et dicimus: «Hec ancilla!»* («In verità, quando vediamo una vergine dedicata a Dio e diciamo: "questa è libera!"; vediamo una coniugata e diciamo: "questa è serva!"»). Si veda al riguardo V. De Fraja, *La «Quaestio de Magdalena»*, p. 85 s. Il punto di riferimento biblico è per il resto Gal. 4, 22-23.30 (nel solco di Gn. 21, 10).

37. La convinzione riguardante la verginità di Giovanni è tradizione cristiana comune, affermatasi a partire dagli *Acta Iohannis*, scritto risalente al più tardi alla fine del secondo secolo. Si veda *Acta Iohannis*, c. 113 (ed. cit., pp. 310-313; versione greca), come pure le *Virtutes Iohannis*, c. 9 (ivi, 2, p. 830 s.; versione latina, fine del VI secolo). Riguardo a questa tradizione si veda in sintesi A. Volfing, *John the Evangelist*, pp. 26-41. Si veda anche *Expositio in Apocalypsim*, 2, 18 (ed. Venezia 1527, fol. 74^{ra-b}); *Concordia*, V, 4, c. 5 (ed. Patschovsky, vol. 3, p. 915).

[4]

Igitur antiphona illa, que dicitur «ad mandatum»: *In diebus illis mulier que erat in civitate peccatrix, ut cognovit quod Iesus accubuit in domu Simonis leprosi,* corrigenda est et dicendum: «in domo Symonis pharisei», quia phariseus ille habitabat in Naim, Symon leprosus in Bethania. Sed et versus ille Ambrosianus, in quo dicitur: *Nardi Maria pistici* etc. non est ascribendus Marie Magdalene, sed Marie sorori Lazari et Marthe; siquidem premissum est in eodem ymno: *Sex ante Pasce ferias / advenit in Bethaniam, / ubi pie post triduum / resuscitavit Lazarum.*

Hec nos de duabus Mariis scribere compulit sciscitatio multorum, quin imo ipsa earum veneranda memoria, ut, dum nos earum memores esse gaudeamus, ipse suorum memorum immemores nequaquam existant. Amen.

[4]

Pertanto quell'antifona che, come ordinato, recita:[38] «In quei giorni la donna che era peccatrice nella città, non appena seppe che Gesù era venuto a mensa nella casa di Simone il lebbroso», deve essere corretta; e occorre dire: «Nella casa di Simone il fariseo», poiché quel fariseo abitava a Naim, Simone il lebbroso a Betania. Ma pure quel verso della liturgia ambrosiana, in cui si dice:[39] «Maria dell'unguento di nardo» non va riferito a Maria Maddalena, ma a Maria sorella di Lazzaro e di Marta; infatti nel medesimo inno sta scritto precedentemente:[40] «Sei giorni prima della Pasqua venne a Betania, dove dopo tre giorni pieno di pietà risuscitò Lazzaro».

Il desiderio di sapere da parte di molti ci ha spinto a scrivere tali cose a proposito delle due donne di nome Maria, dal momento che occorre anzi venerare la loro memoria, in modo tale che mentre noi godiamo nel ricordarle, loro non si dimentichino di coloro che le ricordano.

38. CAO 3 (1968) p. 272 Nr. 3224; si veda anche CAO 1 (1963) p. 170 Nr. 72c e p. 416 Nr. 147. Si tratta a questo proposito della liturgia avente per oggetto il comandamento di Cristo del lavaggio dei piedi, il giovedì santo («mandatum novum», cfr. Io. 13, 14.34). Di lì l'antifona approdò con la riforma di Bernardo nell'officio di Maria Maddalena. Cfr. C. Waddell, *St. Bernard's Mary Magdalene Office*, p. 48. Si veda anche la *Interpretazione dei canestri di fichi*, c. 2 (in questo volume p. 103, nota 96).

39. AH 43, p. 237, Nr. 394 v. 3. L'inno prodotto nel IX secolo e iniziante con le parole «Magnum salutis gaudium» è riferito nella liturgia della Chiesa ambrosiana (di qui la sua denominazione «versus Ambrosianus») alla domenica delle Palme. Fece ingresso nell'officio cistercense di santa Maria Maddalena il 22 luglio, senza che si facesse chiaro riferimento ai versi 2 e 3 riguardanti Maria di Betania. Cfr. C. Waddell, *The Twelfth-Century Cistercian Hymnal*, 1, p. 109; 2, pp. 126-129. Nr. XX-22; Id., *St. Bernard's Mary Magdalene Office*, pp. 40-42.

40. AH 43, p. 237, Nr. 394 v. 2.

Opere citate

Abbreviazioni

AH	«Analecta Hymnica»
AJS Review	«Association for Jewish Studies Review»
BHL	Bibliotheca Hagiographica Latina
CAO	Corpus Antiphonalium Officii
CC	Corpus Christianorum
CC cont. med	Corpus Christianorum, continuatio mediaevalis
CLA	Codices Latini antiquiores
CSEL	Corpus Scriptorum Ecclesiasticorum Latinorum
DA	«Deutsches Archiv für Erforschung des Mittelalters»
DHGE	Dictionnaire d'Histoire et de Géographie Ecclésiastiques
GCS	Die Griechischen Christlichen Schriftsteller der ersten Jahrhunderte
HRG	Handwörterbuch zur deutschen Rechtsgeschichte
MEFRM	«Mélanges de l'École française de Rome. Moyen Âge/Temps modernes»
MGH	Monumenta Germaniae Historica
PL	J.B. Migne, Patrologia Latina
SC	Sources Chrétiennes
TLL	Thesaurus Linguae Latinae
ZRG Germ	«Zeitschrift der Savigny-Stiftung für Rechtsgeschichte»

Fonti

Opere di Gioacchino da Fiore

Commento a una profezia ignota, ed. M. Kaup, trad. G.L. Potestà, M. Laffranchi, Roma 1999 (Opere di Gioacchino da Fiore: testi e strumenti, 10)

Confessione di fede. Gli articoli di fede a frate Giovanni, ed. e trad. V. De Fraja, Roma 2013 (Opere di Gioacchino da Fiore: testi e strumenti, 26)

Concordia Novi ac Veteris Testamenti, ed. A. Patschovsky, 4 voll., Wiesbaden 2017 (MGH Quellen Zur Geistesgeschichte des Mittelalters, 28)

Dialoghi sulla prescienza divina e la predestinazione degli eletti, ed. e trad. G.L. Potestà, Roma 2001 (Opere di Gioacchino da Fiore: testi e strumenti, 14)
Enchiridion super Apocalypsim, ed. E. K. Burger, Toronto 1986 (Studies and Texts, 78)
Epistola ad abbatem A. Veldonensis monasterii, ed. A. Patschovsky, in *Scripta breviora*, pp. 315-334
Esortazione agli Ebrei, a cura di R. Rusconi, Roma 2011 (Opere di Gioacchino da Fiore: testi e strumenti, 24)
Exhortatorium Iudeorum, ed. A. Patschovsky, *Appendix: Versio abbreviata Exhortatorii Iudeorum auctore incerto confecta,* ed. B. Hotz, Roma 2006 (Fonti per la storia dell'Italia medievale. Antiquitates, 26: Ioachim abbas Florensis, Opera omnia, IV, 3)
Expositio in Apocalypsim, Venetiis 1527 (rist. anast. Frankfurt a.M. 1964)
Introduzione all'Apocalisse, ed. K.-V. Selge, trad. G.L. Potestà, Roma 1995 (Opere di Gioacchino da Fiore: testi e strumenti, 6)
Il Libro delle Figure dell'abate Gioachino da Fiore, ed. L. Tondelli, M. Reeves, B. Hirsch-Reich, vol. II, Torino 1953, riedizione 1990
Psalterium decem cordarum, ed. K.-V. Selge, Hannover 2009/Roma 2009 (MGH, Quellen zur Geistesgeschichte des Mittelalters, 20 / Fonti per la storia dell'Italia medievale. Antiquitates, 34: Ioachim abbas Florensis, Opera omnia, IV, I)
Il salterio a dieci corde, ed. e introd. K.-V. Selge, trad. F. Troncarelli, Roma 2004 (Opere di Gioacchino da Fiore: testi e strumenti, 16)
Scripta breviora, ed. A. Patschovsky, G.L. Potestà, Roma 2014 (Fonti per la storia dell'Italia medievale, Antiquitates, 40: Ioachim abbas Florensis, Opera omnia, IV, 6)
De septem sigillis, ed. J. E. Wannenmacher, in Ead., *Hermeneutik der Heilsgeschichte*, pp. 333-355
Sermoni, ed. e trad. V. De Fraja, Roma 2007 (Opere di Gioacchino da Fiore: testi e strumenti, 20)
Sulla Vita e sulla Regola di san Benedetto, ed. A. Patschovsky, ed. ital. a cura di R. Rusconi, Roma 2012 (Opere di Gioacchino da Fiore: testi e strumenti, 25)
Tractatus in expositionem vite et regule beati Benedicti. Cum appendice fragmenti (I) *de duobus prophetis in novissimis diebus praedicaturis,* ed. A. Patschovsky, Roma 2008 (Fonti per la storia dell'Italia medievale. Antiquitates, 29: Ioachim abbas Florensis, Opera omnia, IV, 4)
Trattati sui quattro Vangeli, ed. F. Santi, introd. G. L. Potestà, trad. L. Pellegrini, Roma 1999 (Opere di Gioacchino da Fiore: testi e strumenti, 11)

Opere di altri autori e anonime

Acta Iohannis. Praefatio - Textus, ed. E. Junod, J.-D. Kaestli, Turnhout 1983 (CC Ser. Apocryphorum, 1)
Agostino di Ippona, *De civitate Dei*, ed. B. Dombart, A. Kalb, Turnhout 1955 (CC, 48)
—, *De consensu evangelistarum*, ed. F. Weihrich, Wien 1904 (CSEL, 43)
—, *De doctrina christiana,* ed. J. Martin, Turnholti 1962 (CC, 32)
—, *De Genesi contra Manichaeos*, ed. D. Weber, Wien 1998 (CSEL, 91)
—, *In Iohannis Evangelium Tractatus*, ed. R. Willems, Turnholti 1954 (CC, 36)
Aimone di Auxerre, *Expositio in D. Pauli Epistolas. In Epistolam II ad Thessalonicenses*, in Id., *Opera omnia*, PL, 117, coll. 777-784
Ambrogio di Milano, *Expositio evangelii secundum Lucam. Fragmenta in Esaiam*, ed. M. Adriaen, Turnholti 1957 (CC, 14)

Annales Romani, ed. G.H. Pertz, 1844 (MGH Scriptores, 5)

Anonymus Haserensis, *De episcopis Eichstetensibus* (MGH Scriptores, 7)

Anselmo di Havelberg, *Dialogi*, in Anselme de Havelberg, *Dialogues*, ed. G Salet, Paris 1966 (SC, 118)

Arnoldo di Lubecca, *Chronica Slavorum*, ed. I. M. Lappenberg, 1868 (MGH Script. rer. Germ. in usum scholarum, 14)

Beda il Venerabile, *Chronica maiora*, ed. Th. Mommsen (MGH Scriptores Auctores Antiquissimi, 13)

—, *Expositio Apocalypseos*, ed. R. Gryson, Turnhout 2001 (CC, 121A)

—, *Opera didascalica, 2. De temporum ratione*, ed. C.W. Jones, Turnhout 1977 (CC, 123B)

—, *Opera exegetica, 3. In Lucae evangelium expositio. In Marci evangelium expositio*, ed. D. Hurst, Turnholti 1960 (CC, 120)

Berengaudo, *Expositio in Apocalipsin*, PL, 17, coll. 763-970

Bernardo di Clairvaux, *De consideratione*, ed. J. Leclercq, H.M. Rochais, in S. Bernardi *Opera*, vol. 3, Romae 1963

—, *Prologus in antiphonarium quod Cistercienses canunt Ecclesiae*, ed. J. Leclercq, H.M. Rochais, in S. Bernardi *Opera*, vol. 3, Romae 1963

—, *Sermones per annum*, ed. J. Leclercq, H. Rochais, in S. Bernardi *Opera*, vol. 5, Romae 1968

—, *Sermones super Cantica Canticorum*, ed. J. Leclercq, C. H. Talbot, H. M. Rochais, in S. Bernardi *Opera*, vol. 1-2, Romae 1957-1958

Bonizone di Sutri, *Liber ad amicum*, ed. E. Dümmler (MGH Libelli de lite, 1)

Breviarium Cisterciense, ed. C. Waddell, *The Primitive Cistercian Breviary. (Staatsbibliothek zu Berlin, Preußischer Kulturbesitz, Ms. lat. oct. 402). With Variants from the «Bernardine» Cistercian Breviary,* Fribourg 2007 (Spicilegium Friburgense, 44)

Bruno di Segni, *Libellus de symoniacis*, ed. E. Sackur (MGH Libelli de lite, 2)

Cantum quem Cisterciensis, ed. F. J. Guentner, s. l. 1974 (Corpus Scriptorum de Musica, 24); anche in PL, 182, coll. 1121-1132

Cassiodoro-Epifanio, *Historia ecclesiastica tripartita,* rec. W. Jacob, ed. cur. R. Hanslik, Wien 1952 (CSEL, 71)

Cesario di Arles, *Sermones*, ed. G. Morin, Turnholti 1953 (CC, 103)

Corpus iuris canonici, ed. E. Friedberg, vol. 2, Leipzig 1881

De inventione nominum, ed. M.R. James, in *Inventiones nominum*, in «Journal of Theological Studies», 4 (1903), pp. 218-244; ed. A. Amelli, *Miscellanea Cassinese*, 1/1, Montecassino 1897, pp. 1- 9

Ermanno di Reichenau (detto il Contratto), *Annales*, ed. G. H. Pertz (MGH Scriptores, 5)

Eusebio di Cesarea, *Storia ecclesiastica*, ed. Th. Mommsen, Leipzig 1908 (GCS 9/2 = Eusebius, 2/2)

Gerhoch di Reichersberg, *Epistola 17*, *Ad Alexandrum III. Papam,* PL, 193, coll. 564-570

—, *Opera inedita,* II: *Expositionis psalmorum pars tertia et pars nona,* edd. D. ac O. Van den Eynde et A. Rijmersdael, vol. 1, Romae 1956 (Spicilegium Pontificii Athenaei Antoniani, 9)

—, *Tractatus in Psalmum LXIV.* Esegesi ed ecclesiologia nel secolo XII, a cura di P. Licciardello, Firenze 2001 (Per Verba. Testi mediolatini con traduzione, 14)

Giovanni Beleth, *De ecclesiasticis officiis*, ed. H. Douteil, Turnhout 1976 (CC cont. med., 41A)

Giovanni di Würzburg, *Descriptio Terrae sanctae*, in Saewulf, John of Würzburg, Theodericus, *Peregrinationes tres*, ed. R.B.C. Huygens, Turnhout 1994, pp. 78-138 (CC cont. med., 139)

Girolamo di Stridone, *Adversus Iovinianum*, PL, 23, coll. 205-384

—, *Commentariorum in Danielem libri III <IV>*, ed. F. Glorie, in S. Hieronymi presbyteri *Opera*, Turnholti 1964 (CC, 75A)

—, *Epistulae,* ed. I. Hilberg, Wien 1996[2] (CSEL, 55)

—, *Commentariorum in Matheum libri IV*, ed. D. Hurst, M. Adriaen, Turnholti 1969 (CC, 77)

—, *Tractatus sive homiliae in psalmos. In Marci evangelium. Alia varia argumenta*, ed. G. Morin, Turnholti 1958 (CC, 78)

Glossa ordinaria, in *Biblia latina cum glossa ordinaria: Facsimile reprint of the Editio Princeps (Adolph Rusch of Strassburg 1480/81)*, 4 voll., intr. K. Froehlich and M. T. Gibson, Turnhout 1992

Goffredo di Auxerre, *Expositio in Cantica Canticorum*, ed. F. Gastaldelli, 2 voll., Roma 1974 (Temi e testi, 19-20)

Gregorio Magno, *Homiliae in Evangelia*, ed. R. Étaix, Turnhout 1999 (CC, 141)

—, *Homiliae in Hiezechihelem* I, ed. M. Adriaen, Turnhout 1971 (CC, 142)

—, *In Canticum canticorum. In librum primum Regum*, ed. P. Verbraken, Turnhout 1963 (CC, 144)

—, *Registrum Epistolarum. Libri I-VII*, ed. P. Ewald, L. M. Hartmann, 1887 (MGH Epistole, 1)

Ilario di Poitiers, *Contra Arianos vel Auxentium*, PL, 10, coll. 609-618

Innocenzo III, *Regestum Innocentii III. papae super negotio Romani imperii*, ed. F. Kempf, Roma 1947 (Miscellanea Historiae Pontificiae, 12)

Lefèvre d'Étaples J. (Iacobus Fabri Stapulensis), *De Maria Magdalena et triduo Christi disceptatio*, Paris 1518

Liber Pontificalis, ed. L. Duchesne, Paris 1892

Nicola di Montiéramey/Clairvaux, *Sermo in festo beatae Mariae Magdalenae*, PL, 185, coll. 213-220

Odone di Cluny, *Sermo in veneratione sanctae Mariae Magdalenae*, PL, 133, coll. 713-721

Onorio Augustodunensis, *Speculum Ecclesiae*, III, PL, 172, coll. 979-982

—, *Summa Gloria*, ed. I. Dieterich, 1897 (MGH Libelli de lite, 3)

Origene, *Commentarius in Matthaeum*, II, ed. E. Klostermann, E. Benz, U. Treu, Berlin 1976[2] (GCS 61 = Origenes Werke, XI)

Pascasio Radberto, *Expositio in Matheo. V-VIII*, ed. B. Paulus, Turnhout 1984 (CC cont. med., 56 A)

—, *Expositio in Matheo. IX-XII,* ed. B. Paulus, Turnhout 1984 (CC cont. med., 56 B)

Pier Damiani, *Die Briefe des Petrus Damiani*, ed. K. Reindel, 1988 (MGH Die Briefe der deutschen Kaiserzeit, 4.1-4)

Roberto di Auxerre, *Chronicon*, ed. O. Holder-Egger (MGH Scriptores, 26)

Ruperto di Deutz, *De sancta Trinitate et operibus eius*, ed. H. Haacke, 4 voll., Turnhout 1971-1972 (CC cont. med., 21-24)

Vittorino di Petovio, *Opera quae supersunt: Explanatio in Apocalypsin una cum recensione Hieronymi. Tractatus de fabrica mundi. Fragmentum de vita Christi*, ed. R. Gryson, Turnhout 2017 (CC, 5)

Studi

Adorisio A.M., *Codici latini calabresi, Produzione libraria in Val di Crati e in Sila tra XII e XIII secolo,* Roma 1986

Amerise M., *Il battesimo di Costantino il Grande. Storia di una scomoda eredità*, Stuttgart 2005 (Hermes, Einzelschriften, 95)

Berger D., *Three Typological Themes in Early Jewish Messianism: Messiah Son of Joseph, Rabbinic Calculations, and the Figure of Armilus*, in AJS Review, 10 (1985), pp. 141-164

Bignami Odier J., *Notes sur deux manuscrits de la Bibliothèque du Vatican*, in «Mélanges d'archéologie et d'histoire» 54 (1937), pp. 211-241

Blatt F., *Ministerium-Mysterium*, in «Archivum Latinitatis Medii Aevi», 4 (1928), pp. 80-81

—, *Novum Glossarium Mediae Latinitatis M-N,* Hafniae 1959-1969

Bonner G., *Saint Bede in the Tradition of Western Apocalyptic Commentary*, in Id., *Church and Faith in the Patristic Tradition*, Aldershot 1996, XII; già in *Jarrow Lectures 1966*, Jarrow 1967, pp. 1-29

Brennecke H. C., *Studien zur Geschichte der Homoer. Der Osten bis zum Ende der homoischen Reichskirche,* Tübingen 1988 (Beiträge zur historischen Theologie, 73)

Cariboni G., *Il* Tractatus in expositionem vite et regule beati Benedicti *di Gioacchino da Fiore. Problemi di datazione*, in «Rivista di storia della Chiesa in Italia», 69 (2015), pp. 3-20

Classen P., *Karl der Große, das Papsttum und Byzanz. Die Begründung des karolingischen Kaisertums.* Nach dem Handexemplar des Verfassers hg. von H. Fuhrmann und C. Märtl, Sigmaringen 1985 (Beiträge zur Geschichte und Quellenkunde des Mittelalters, 9)

Congar Y., *L'ecclésiologie de S. Bernard,* in *Saint Bernard theologien. Actes du Congrès de Dijon, 15-19 septembre 1953. Deuxième édition,* Roma 1954 (= «Analecta Sacri Ordinis Cisterciensis», 9 [1953]), pp. 136-190

—, *Henri de Marcy, abbé de Clairvaux, cardinal-évêque d'Albano et legat pontifical, in* «Analecta Monastica», 5. Serie, Roma 1958 (= Studia Anselmiana, 43), pp. 1-90

Constable G., *The Interpretation of Mary and Martha,* in Constable G., *Three Studies in Medieval Religious and Social Thought,* Cambridge 1995, pp. 1-141

—, *The Letters of Peter the Venerable*, 2 voll., Cambridge/Mass. 1967

Cross J.E., *Mary Magdalen in the* Old English Martyrology*: The Earliest Extant "Narrat Josephus" Variant of Her Legend,* in «Speculum», 53 (1978), pp. 16-25

Csendes P., *Heinrich VI.*, Darmstadt 1993

Dagron G., *Naissance d'une capitale: Constantinople et ses institutions de 330 à 451,* Paris 1974 (Bibliothèque Byzantine, Études, 7)

Déer J., *Zum Patricius-Romanorum-Titel Karls des Großen,* in «Archivum Historiae Pontificiae», 3 (1965), pp. 31-86

De Fraja V., *Un'Antologia gioachimita: il manoscritto 322 della Biblioteca Antoniana di Padova,* in «Studi medievali», 3a ser. 32 (1991), pp. 231-258

—, *Oltre Cîteaux. Gioacchino da Fiore e l'Ordine florense*, Roma 2006 (Opere di Gioacchino da Fiore: testi e strumenti, 19)

—, *Percorso storico e significato del monachesimo benedettino nell'*Expositio vite et regule Benedicti *di Gioacchino da Fiore*, in «Cristianesimo nella storia», 22 (2001), pp. 381-405

—, *La «Quaestio de Magdalena», uno scritto minore inedito di Gioacchino da Fiore* (Università degli Studi di Padova, Facoltà di Lettere e Filosofia, Dipartimento di Storia, Tesi di Laurea 1986-87)

De Leo P., *Gioacchino da Fiore. Aspetti inediti della vita e delle opere*, Soveria Mannelli 1988

Di Cesare M., *Gioacchino orientalista. Il primo secolo di storia islamica nelle opere di Gioacchino da Fiore e le sue fonti*, in «Annali di Scienze Religiose», 5 (2012), pp. 13-41

Eubel C., *Hierarchia catholica*, I, Münster 1913[2]

Ferrari M., *I* Rotoli figurati *di Vercelli: aspetti bibliologici e paleografici*, in *Ordinare il mondo*, pp. 125-143

Fried J., *Donation of Constantine and* Constitutum Constantini. *The Misinterpretation of a Fiction and its Original Meaning,* Berlin-New York 2007 (Millennium Studies, 3)

Fuhrmann H., *Constitutum Constantini*, Hannover 1984 (MGH Fontes iuris 10)

Gastaldelli F., *Goffredo di Auxerre e Gioacchino da Fiore. Testi e personaggi a confronto,* «Annali della Facolta di Lettere e Filosofia dell'Università di Macerata», 30-31 (1997-1998), pp. 9-60 [Ristampa in F. Gastaldelli, *Studi su san Bernardo e Goffredo di Auxerre*, Tavernuzze-Impruneta (Fi) 2001, pp. 375-422]. Le citazioni si riferiscono alla ristampa

Groh D., *Schöpfung im Widerspruch, Deutungen der Natur und des Menschen von der Genesis bis zur Reformation,* Frankfurt am Main 2003 (Suhrkamp Taschenbuch Wissenschaft, 1489)

Grundmann H., *Gioacchino da Fiore. Vita e opere*, a cura di G. L. Potestà, Roma 1997 (Opere di Gioacchino da Fiore: testi e strumenti, 8)

—, *Libertà della Chiesa e potere imperiale intorno al 1190 nella visione di Gioacchino da Fiore*, in Id., *Gioacchino da Fiore. Vita e opere*, pp. 203-242

—, *Nuove ricerche su Gioacchino da Fiore*, in Id., *Gioacchino da Fiore. Vita e opere*, pp. 1-100

—, *Per la biografia di Gioacchino da Fiore e di Raniero da Ponza*, in Id., *Gioacchino da Fiore. Vita e opere*, pp. 101-202

Hansel H., *Die Maria-Magdalenen-Legende. Eine Quellen-Untersuchung,* 1, Greifswald 1937 (Greifswalder Beiträge zur Literatur- und Stilforschung 16, 1) [= Diss. phil. Greifswald 1937]

Heidrich I., *Titulatur und Urkunden der arnulfingischen Hausmeier,* in «Archiv für Diplomatik», 11-12 (1965-1966), pp. 71-279

Holzmeister U., *Die Magdalenenfrage in der kirchlichen Überlieferung,* in «Zeitschrift für katholische Theologie», 46 (1922), pp. 402-422 e 556-584

Houben H., *Ruggero II di Sicilia: un sovrano tra oriente e occidente*, Roma-Bari 1987

Huck J. C., *Joachim von Floris und die joachitische Literatur. Ein Beitrag zur Geistesgeschichte des hohenstaufischen Zeitalters mit Benützung und teilweiser Veröffentlichung ungedruckter Joachimsschriften,* Freiburg i. Br. 1938

—, *Ubertin von Casale und dessen Ideenkreis. Ein Beitrag zum Zeitalter Dantes,* Freiburg i. Br. 1903

Hufstader A., *Lefèvre d'Étaples and the Magdalene*, in «Studies in the Renaissance», 16 (1969), pp. 31-60

Il ricordo del futuro. Gioacchino da Fiore e il Gioachimismo attraverso la storia, a cura di F. Troncarelli, Bari 2006

Iogna-Prat D., *La Madeleine du Sermo in veneratione sanctae Mariae Magdalenae attribué a Odon de Cluny,* in MEFRM, 104 (1992), pp. 37-70

Iosa A. M., *I codici manoscritti della Biblioteca Antoniana di Padova,* Padova 1886
Jansen K. L., *The Making of the Magdalen: Preaching and Popular Devotion in the Later Middle Ages,* Princeton/NJ 2000
Jotischky A., *The Frankish Encounter with the Greek Orthodox in the Crusader States. The Case of Gerard of Nazareth and Mary Magdalene*, in *Tolerance and Intolerance. Social Conflict in the Age of the Crusades,* edd. M. Greeves, J.M. Powell, Syracuse/NY 2001, pp. 100-114
Kamlah W., *Apokalypse und Geschichtstheologie. Die mittelalterliche Auslegung der Apokalypse vor Joachim von Fiore*, Berlin 1935 (Historische Studien, 285)
Kedar B.Z., *Crusade and Mission. European Approaches toward the Muslims*, Princeton/NJ 1984
—, *Gerard of Nazareth, a Neglected Twelfth-Century Writer in the Latin East. A Contribution to the Intellectual and Monastic History of the Crusader States,* in «Dumbarton Oaks Papers», 37 (1983), pp. 55-77
Kehr P. F., *Italia pontificia*, vol. VIII, Roma 1908
Kienzle B. M., *Henry of Clairvaux and the 1178 and 1181 Missions,* in «Heresis», 28 (1997), pp. 63-87
Leclercq J., *Geoffroy d'Auxerre et la vie cistercienne*, in *Analecta Monastica*, 2. Serie, Roma 1953 (= Studia Anselmiana 31)
—, *Le mariage vu par les moines au XIIe siècle,* Paris 1983
Lerner R.E., *La festa di sant'Abramo. Millenarismo gioachimita ed Ebrei nel medioevo*, Roma 2002 (Opere di Gioacchino da Fiore: testi e strumenti, 15)
—, *Joachim of Fiore as a Link between St. Bernard and Innocent III on the Figural Significance of Melchisedech,* in «Mediaeval Studies», 42 (1980), pp. 471-476
—, *Refrigerio dei santi. Gioacchino da Fiore e l'escatologia medievale*, Roma 1995 (Opere di Gioacchino da Fiore: testi e strumenti, 5)
Lobrichon G., *Le dossier magdalénien aux XI*[e]*-XII*[e] *siecles. Édition de trois pièces majeures,* in MEFRM, 104 (1992), pp. 163-180
Lubac H. de, *Esegesi medievale,* 4 voll., Milano 1996 (Opera Omnia, 17-20)
Luibheid C., *The Arianism of Eusebius of Nicomedia,* in «The Irish Theological Quarterly», 43 (1976), pp. 2-23
Maccarrone M., *Vicarius Christi. Storia del titolo papale,* Roma 1952 (pubbl. 1953) (Lateranum, N. S., 18, Nr. 1-4)
Maleczek W., *Papst und Kardinalskolleg von 1191 bis 1216. Die Kardinäle unter Coelestin III. und Innocenz III.,* Wien 1984 (Publikationen des Historischen Instituts beim Österreichischen Kulturinstitut in Rom, I/6)
Miccoli G., *Chiesa gregoriana. Ricerche sulla Riforma del secolo XI,* Firenze 1966 (Storici antichi e moderni, Nuova serie, 17)
Miethke J., *Die «Konstantinische Schenkung» in der mittelalterlichen Diskussion. Ausgewählte Kapitel einer verschlungenen Rezeptionsgeschichte,* in *Konstantin der Große. Das Bild des Kaisers im Wandel der Zeiten,* edd. A. Goltz und H. Schlange-Schöningen, Köln-Weimar-Wien 2008 (Beihefte zum Archiv für Kulturgeschichte, 66), pp. 35-108
Misrahi J., *A «Vita sanctae Mariae Magdalenae» (B.H.L. 5456) in an Eleventh-Century Manuscript,* in «Speculum», 18 (1943), pp. 335-339
Mottu H., *La manifestazione dello Spirito secondo Gioacchino da Fiore. Ermeneutica e teologia della storia secondo il «Trattato sui quattro vangeli»*, pref. M.-D. Chenu, introd. G.L. Potestà, Casale Monferrato 1983

Nonn U., *Das Bild Karl Martells in den lateinischen Quellen, vornehmlich des 8. und 9. Jahrhunderts,* in «Frühmittelalterliche Studien», 4 (1970), pp. 70-137

Ordinare il mondo. Diagrammi e simboli nelle pergamene di Vercelli, Atti dell'Incontro internazionale di studio (Vercelli, 25-27 ottobre 2017), a cura di T. Leonardi, M. Rainini, Milano 2018 (Dies nova, 3)

Ortenberg V., *Le culte de sainte Marie Madeleine dans l'Angleterre anglo-saxonne,* in MEFRM, 104 (1992), pp. 13-35

Patschovsky A., *Il diagramma di Gioacchino da Fiore dei due alberi Gerusalemme/ Babilonia ed* Ecclesia/*Roma,* in «Florensia», 16/17 (2002-2003), pp. 7-24

—, *Der heilige Kaiser Heinrich „der Erste" als Haupt des apokalyptischen Drachens: Über das Bild des römisch-deutschen Reiches in der Tradition Joachims von Fiore,* in «Florensia», 12 (1998), pp. 19-52

Pennington K., *Pope Innocent III's Views on Church and State: A Gloss to* Per venerabilem, in *Law, Church, and Society. Essays in Honor of Stephan Kuttner,* edd. K. Pennington, R. Somerville, Philadelphia 1977, pp. 49-67

Pick L.K., *Conflict and Coexistence. Archbishop Rodrigo and the Muslims and Jews of Medieval Spain*, Ann Arbor 2004

Potestà G.L., *Apocalittica e politica in Gioacchino da Fiore*, in *Endzeiten. Eschatologie in den monotheistischen Weltreligionen*, edd. W.Brandes, F. Schmieder, Berlin-New York 2008, pp. 231-248

—, *Die Genealogia. Ein frühes Werk Joachims von Fiore und die Anfänge seines Geschichtsbildes*, in DA, 56 (2000), pp. 55-101

—, *Geschichte als Ordnung in der Diagrammatik Joachims von Fiore*, in *Die Bildwelt Joachims von Fiore. Zur Medialität religiös-politischer Programme im Mittelalter*, ed. A. Patschovsky, Ostfildern 2003, pp. 115-145

—, *Ger 24 nell'interpretazione di Gioacchino da Fiore,* in G. Ruggieri (ed.), *La cattura della fine. Variazioni dell'escatologia in regime di cristianità,* Genova 1992, pp. 63-88

—, *Il tempo dell'Apocalisse. Vita di Gioacchino da Fiore*, Roma-Bari 2004 (Collezione Storica)

Pringle D., *The Churches of the Crusader Kingdom of Jerusalem. A Corpus*, 2 voll., Cambridge 1993 e 1998

Rainini M., *Disegni dei tempi. Il «Liber Figurarum» e la teologia figurativa di Gioacchino da Fiore,* Roma 2006 (Opere di Gioacchino da Fiore: testi e strumenti, 18)

—, *Gli alberi di Gioacchino da Fiore tra diagramma e simbolo,* in *Le monde végétal. Médecine, botanique, symbolique,* textes réunis par A. Paravicini Bagliani, Firenze 2009, pp. 403-432 (Micrologus Library, 30)

—, *I rotoli dei diagrammi di Vercelli fra Gioacchino da Fiore e Dolcino da Novara*, in *Ordinare il mondo*, pp. 233-263

Reeves M., *The Influence of Prophecy in the Later Middle Ages*, Oxford 1993[2]

Reeves M., Hirsch-Reich B., *The Figurae of Joachim of Fiore. Genuine and Spurious Collections*, in «Mediaeval und Renaissance Studies», 3 (1954), pp. 170-199

—, *The Figurae of Joachim of Fiore*, Oxford 1972

Rösch, *ΟΝΟΜΑ ΒΑΣΙΛΕΙΑΣ, Studien zum offiziellen Gebrauch der Kaisertitel in spätantiker und frühbyzantinischer Zeit,* Wien 1978 (Byzantina Vindobonensia, 10)

Russo F., *Bibliografia gioachimita* , Firenze 1954 (Biblioteca di bibliografia italiana, 28)

—, *Gioacchino da Fiore e le fondazioni florensi in Calabria*, Napoli 1959 (Deputazione di storia patria per la Calabria. Collana storica, 1)

Sawyer J. F. A., *The Fifth Gospel. Isaiah in the History of Christianity*, Cambridge 1996

Saxer V., *Le culte de Marie Madeleine en Occident, des origines à la fin du moyen age,* 2 voll., Auxerre - Paris 1959 (Cahiers d'archéologie et d'histoire, 3)

—, *La «Vie de Sainte Marie Madeleine», attribuée à pseudo-Raban Maur, oeuvre claravallienne du XII*[e] *siecle,* in *Mélanges Saint-Bernard. XXIV*[e] *Congrès de l'Association Bourguignonne des Sociétés Savantes (8*[e] *Centenaire de la mort de saint Bernard), Dijon 1953,* Dijon 1954, pp. 408-421

—, *Les Saintes Marie Madeleine et Marie de Béthanie dans la tradition liturgique et homiletique orientale,* in «Revue des Sciences Religieuses», 32 (1958), pp. 1-37

—, *Maria Maddalena*, in *Bibliotheca Sanctorum*, vol. 8, Roma 1967, coll. 1078-1104

Schaller H.M., *Die Kaiseridee Friedrichs II.*, in J. Fleckenstein (ed.), *Probleme um Friedrich II.,* Sigmaringen 1974, pp. 109-134 (Vorträge und Forschungen, 16); ristampa in Schaller, *Ausgewählte Aufsätze*, Hannover 1993, pp. 53-83 (MGH Schriften 38)

Schmidt U., *Königswahl und Thronfolge im 12. Jahrhundert,* Köln-Wien 1987

Schrader E., *Bemerkungen zum Spolien- und Regalienrecht der deutschen Könige im Mittelalter,* in ZRG Germ., 84 (1967), pp. 128-171

Selge K.-V., *Eine Einführung Joachims von Fiore in die Johannesapokalypse*, in DA, 46 (1990), pp. 102-131

—, *L'origine delle opere di Gioacchino da Fiore,* in *L'attesa della fine dei tempi nel Medioevo*, ed. O. Capitani, J. Miethke, Bologna 1990, pp. 87-131 (Annali dell'Istituto storico italo-germanico, Quaderno 28)

—, *Editorische Richtlinien fur die* Opera omnia *Joachims von Fiore*, in «Florensia», 10 (1996), pp. 215-223

Simonetti M., *La crisi ariana nel IV secolo,* Roma 1975 (Studia ephemeridis «Augustinianum», 11)

Spicq C., *Esquisse d'une histoire de l'exégèse latine au Moyen Age*, Paris 1944 (Bibliothèque thomiste, 26)

Thiel M., *Grundlage und Gestalt der Hebräischkenntnisse des frühen Mittelalters,* Spoleto 1973

Tischler M.M., *«Tabula abbatiarum Cisterciensium Bambergensis». Eine neue Quelle zur Geschichte des Zisterzienserordens im 12. und frühen 13. Jahrhundert (mit Edition),* in *Institution und Charisma. Festschrift für Gert Melville zum 65. Geburtstag*, ed. F.J. Felten, A. Kehnel, S. Weinfurter, Köln 2009, pp. 73-98

Tondelli L., *Il Libro delle Figure dell'abate Gioachino da Fiore*, vol. I, Torino 1953[2]

Volfing A., *John the Evangelist and Medieval German Writing. Imitating the Inimitable,* Oxford 2001

Waddell C., *Chant cistercien et liturgie*, in *Bernard de Clairvaux: Histoire, mentalités, spiritualité*, Paris 1992, pp. 287-306 (SC, 380)

—, *Saint Bernard's Mary Magdalene Office,* in «Liturgy O.C.S.O.», 23/3 (1989), pp. 31-61

—, *The Twelfth-Century Cistercian Hymnal*, Trappist/KY 1984

Wannenmacher J. E., *Hermeneutik der Heilsgeschichte,* De septem sigillis *und die sieben Siegel im Werk Joachims von Fiore*, Leiden 2005 (Studies in the History of Christian Traditions, 118)

Wessley S. E., *A New Writing of Joachim of Fiore. Preliminary Observations*, in «Florensia» 7 (1993), pp. 39-58

Wolfram H., *Intitulatio* I, *Lateinische Königs- und Fürstentitel bis zum Ende des 8. Jahrhunderts*, Graz-Wien-Köln 1967 (Mitteilungen des Instituts für Österreichische Geschichtsforschung. Ergänzungsband / 21)

Abbreviazioni bibliche

Abd.	Abdias
Act.	Actus Apostolorum
Ag.	Aggaeus
Am.	Amos
Apc.	Apocalypsis
Bar.	Baruch
Col.	ad Colossenses
1 Cor.	I ad Corinthios
2 Cor.	II ad Corinthios
Ct.	Canticum Canticorum
Dn.	Daniel
Dt.	Deuteronomium
Eccle.	Ecclesiastes
Eccli.	Ecclesiasticus
Eph.	ad Ephesios
Esd.	Esdras
Est.	Esther
Ex.	Exodus
Ez.	Ezechiel
Gal.	ad Galatas
Gn.	Genesis
Hab.	Habacuc
Hebr.	ad Hebraeos
Ids.	Iudae
Iac.	Iacobi
Idc.	Iudicum
Idt.	Iudith
Ier.	Ieremias
Il.	Iohel
Io.	Ioannes
1 Io.	I Ioannis
2 Io.	II Ioannis
3 Io.	III Ioannis
Iob	Iob
Ion.	Ionas
Ios.	Iosue
Is.	Isaias
Lam.	Lamentationes
Lc.	Lucas
Lv.	Leviticus
1 Mac.	I Maccabeorum
2 Mac.	II Maccabeorum
Mal.	Malachias
Mc.	Marcus
Mich.	Michaeas
Mt.	Matthaeus
Nah.	Nahum
Ne.	Nehemias
Nm.	Numeri
Os.	Oseas
1 Par.	I Paralipomenon
2 Par.	II Paralipomenon
1 Pe.	I Petri
2 Pe.	II Petri
Philm.	ad Philemonem
Philp.	ad Philippenses
Prv.	Proverbia
Ps.	Psalmi
Rt.	Ruth
1 Reg.	I Regum
2 Reg.	II Regum
Rom.	ad Romanos
1 Sam.	I Samuelis
2 Sam.	II Samuelis
Sap.	Sapientia
Soph.	Sophonias
Tb.	Tobias
1 Thess.	I ad Thessalonicenses
2 Thess.	II ad Thessalonicenses
1 Tim.	I ad Timotheum
2 Tim.	II ad Timotheum
Tit.	ad Titum
Zach.	Zacharias

Indice dei passi biblici

Finito di stampare
nel mese di marzo 2019
da Logo srl
Borgoricco (PD)